基于手机信令数据的可靠度评估方法及其对交通应用效果影响研究

杨 飞　刘好德　钟　宇　孙　鹏　李香静　编著

·上海·

内 容 提 要

传统居民出行调查覆盖范围小、动态性差、采集成本高等缺陷，对交通规划理论和交通模型的发展造成阻滞。如今，手机信令数据被广泛用于分析宏观城市出行特征、出行模式等信息，但目前基于信令数据的研究缺乏对个体出行链信息提取的可靠性论证。因此，本书旨在探索一套基于 4G/5G 高密信令数据的出行链信息的提取方法，并结合实证和仿真技术，多角度验证构建模型的可靠性，最后从模型层面分析可靠性对交通工程实践的影响。

本书能够帮助交通行业的从业者正视手机信令数据在实践应用中的困难及挑战，正确评估现有数据及特征的提取方法对四阶段法的影响，增强其对交通工程中大数据分析技术的信任，并帮助其实现理论创新和技术变革。

图书在版编目(CIP)数据

基于手机信令数据的可靠度评估方法及其对交通应用效果影响研究 / 杨飞等编著. -- 上海：同济大学出版社, 2025.1. -- ISBN 978-7-5765-1422-3

Ⅰ.U495

中国国家版本馆 CIP 数据核字第 2024DZ9003 号

基于手机信令数据的可靠度评估方法及其对交通应用效果影响研究

杨 飞　刘好德　钟 宇　孙 鹏　李香静　编著

责任编辑　姚烨铭　　责任校对　徐春莲　　封面设计　张 微

出版发行	同济大学出版社　www.tongjipress.com.cn
	（地址：上海市四平路1239号　邮编：200092　电话：021-65985622）
经　　销	全国各地新华书店
排　　版	南京月叶图文制作有限公司
印　　刷	常熟市华顺印刷有限公司
开　　本	787mm×1092mm　1/16
印　　张	11.25
字　　数	232 000
版　　次	2025年1月第1版
印　　次	2025年1月第1次印刷
书　　号	ISBN 978-7-5765-1422-3
定　　价	96.00元

本书若有印装质量问题，请向本社发行部调换　　版权所有　侵权必究

前　言

2024年是我从事手机数据交通应用研究的第20个年头。从2004年开始，我在同济大学攻读博士学位，其间得到了导师杨东援教授提供的宝贵机会，能与美国威斯康星大学麦迪逊分校的冉斌教授联合在上海开展手机信令数据方面的交通应用研究，该研究依托上海移动的真实手机信令数据并融合了上海的同步对比测试实证。最终，在2007年完成了我的博士论文，该论文应该是国内交通领域第一篇基于手机数据研究的博士论文。博士毕业后，我来到西南交通大学工作，其间依托国家自然科学基金和工程行业实践项目，持续不断地深入开展与手机数据相关的学术研究和实践工作。2013年，出版了国内最早的研究将手机数据应用于交通领域的专著之一——《基于手机切换定位的道路行程车速采样提取技术研究》。这本书主要针对车辆运行的道路交通流参数特征提取进行研究。2017年，出版了第二部专著——《基于手机定位数据的个体出行特征分析与技术研究》，这本书主要聚焦于通过手机定位数据对人的出行特征提取所作的研究。在手机数据研究方面，迄今为止，我已成功培养了3名博士以及50多名硕士进入交通行业工作。从20年前起，我一直致力于手机数据方面的应用研究，为全面实现交通行业"用数据说话"不懈努力着。其间，我也曾遭遇过不少困难和困惑，例如，无法获取真实手机信令数据带来的科研"断粮"压力，一定的提取效果和精度质量的手机数据对交通行业的可用性焦虑，基于手机数据分析成果如何有的放矢地开展行业应用的困惑，等等。面对这些困难，我不仅组织研究团队持续攻关，还联合了移动通信学科的专家创新构建"通信—交通"集成仿真平台，解决了数据需求问题，并依托该平台开展了大量多样化试验，如对手机数据应用的分析算法和技术效果进行仿真评估和敏感性分析，从而填补了真实通信和交通环境下无法充分开展各种试验的研究空白，提升了对手机数据应用技术的效果的理解深度。直到2018年，我有机会分析贵州联通的真实手机信令数据，得以进一步全面提升和深化多年积累的手机数据分析理论算法，并通过实证对可靠度进行评估；同时，也充分依托贵阳的手机数据项目实践，才得以形成本书的学术成果。2020年，"区块链环境下基于新一代手机通信数据的交通出行分析可靠度评估研究"（编号：52072313）项目获得国家自然科学基金资助。我和我的研究团队依托该项目不断深入相关的学术理论研究并凝练得到应用研究成果。可以说，该项目为本书的出版提供了重要支撑。

只有经过可靠度评估的交通大数据分析成果，才可能被用于交通的治理决策。当前，手机信令数据分析的可靠度问题已经成为其应用于交通行业的瓶颈之一，我之前出版的两本专著主要针对手机数据分析技术对人和车的交通出行特征的提取。本书则聚焦于手机数据分析可靠度这个关键的瓶颈问题进行探索。大约从 2015 年开始,在过去近 10 年时间里,我国交通行业如火如荼地开展过大量的手机大数据分析和应用方面的研究。结合眼花缭乱的可视化数据的呈现,加之能挖掘分析传统小样本交通调查和片段信息化数据采集无法获得的广域范围、大规模的交通运行规律和出行特征,手机数据这一新型研究视角的研究成果让交通管理决策者有耳目一新之感。相对于传统交通现状问题的分析主要依赖于枯燥的人工调查数据和简单图表的展示风格,利用手机大数据进行多元化展示更容易让管理决策者直观、形象地理解交通现状问题所在。这也在一定程度上促进了交通大数据在管理决策中的应用。如今,若交通规划设计项目中缺乏交通大数据分析支撑,则很难得到技术部门和管理决策者的认可。换言之,交通行业发展已完全步入了大数据时代。但是,风风火火的手机大数据在应用之后,近几年管理决策者们也开始冷静审视各种"乱花渐欲迷人眼"的成果背后的数据是否准确、可信。如何理解手机信令数据分析结果与经验以及其他来源标杆数据之间的差异,对此就需要更多的实证评估论证。只有经认证评估的可靠结果,才可能被采纳进入交通技术方案和治理决策,这与前些年各种"热闹纷呈"的手机大数据可视化结果仅能作为辅助参考有着本质区别。鉴于此,近年来的手机数据应用似乎进入了"盛宴"之后的理性阶段,交通行业需要重视手机数据分析的精度和可靠度这个关键瓶颈问题,只有突破瓶颈后,才有可能真正将手机数据应用于广泛的决策支撑和交通技术方案论证应用中。本书主要针对典型的交通出行参数,依托贵州联通的真实手机信令数据,并在贵阳市开展充分的同步对比实证,结合"通信—交通"仿真平台开展仿真试验评估,对出行停留点、出行 OD、出行方式、方式转换点、出行时长等参数进行算法优化论证和可靠度对比评估研究,所得结果可供同行参考。由于数据条件和试验测试规模的限制,本书的成果肯定存在不足,所提出的研究算法和成果还有待运用更多真实手机数据开展大量实证研究进行进一步检验,从而将相关成果拓展到不同城市环境、不同通信参数条件、多样化道路交通环境和状态实践中。另外,也需要通过广大同行的规模化参与和深入共同分享实践、实证应用经验,才可能促成手机数据分析效果和应用的行业共识,进一步建立手机数据应用于交通调查分析和模型应用的技术指南及标准规范,最终使得手机数据的分析成果具有法定定位,进而应用于交通规划设计方案制定、交通政策制定及决策治理支撑。本书还在可靠度研究的基础上,针对手机信令数据在区域交通需求分析、四阶段模型优化、基于活动的交通出行需求分析、低碳交通的定量核定分析与碳普惠行为研究,以及基站新基建布局与交通特征数据提取分析的协同优化等领域的拓展应用进行了展望。

　　本书获得西南交通大学研究生教材(专著)经费建设项目专项资助(项目编号:SWJTU-JC2022-006),并在创作撰写过程中得到了许多同行学者、朋友和研究生的帮助。首先，感谢贵阳市交通委员会钟宇副主任、贵州联通廖强和吴杰两位总监以及交通运输部科学研究院刘好德研究员、李香静副研究员。2017年，时任规划处处长的钟宇先生在推进贵阳手机大数据交通应用平台工作过程中参阅了本人在2013年出版的第一本有关手机数据的研究专著，为了进一步构建贵阳手机数据分析平台，发挥其决策支撑作用，经钟宇先生邀请，由刘好德研究员牵头，在贵阳共同开展基于贵州省交通运输厅的科技项目，我们才有机会分析贵州联通的真实手机信令数据。在与贵州联通的具体合作中，得到了廖强和吴杰两位总监的大力支持，充分确保了手机信令数据源头的质量，为后续研究成果提供了非常重要的数据基础保障。贵阳的手机大数据平台相关成果由本人牵头组织申报并获得了2020年中国智能交通协会科技进步二等奖。其次，感谢姜海航和王彦琛两位已毕业的博士，他们的博士论文《基于手机信令数据的出行端点识别效果实证评估和敏感性仿真研究》和《基于密集手机信令数据的出行特征提取方法优化与可靠度研究》是本书的重要组成内容。再次，还要感谢重庆市交通规划研究院周涛副院长，他在手机数据分析应用研究中与我进行了多次深入的研讨和交流。周涛副院长在交通领域具有丰富的实践经验，他在手机数据分析的效果、价值发挥等方面给予我充分的指导和帮助。这不仅大大拓展和提升了我对于手机数据研发的行业认知和理解深度，还对我能识别出手机数据分析可靠度这个行业瓶颈并将其作为研究重点有很重要的帮助。感谢交通运输部规划研究院孙鹏博士，从区域层面针对交通运输特征分析提取与我一起联合开展了大量讨论和科研合作，这对本书成果形成在区域交通运输层面的思考启发提供了重要支撑。最后，还要感谢博士毕业后在长安大学工作的姚振兴副教授在研究团队的工作付出；感谢博士生郭煜东对本次著作出版工作的大量付出，如组织整理初稿、反复修改等工作；感谢博士生周建尧、王利雷、单振宇、董曜以及硕士生陈晓光、陈旭、刘怡、张楚良、段冉冉等为本书出版所做的学术研究基础工作。

由于我的专业视野和学术水平有限，本书难免有错误和不足之处，敬请读者批评指正。

2024年2月

于西南交通大学，成都

目 录

前言

第1章 概述 1

1.1 研究背景 / 1
1.1.1 手机数据分析的可靠度问题成为阻碍其发展的关键瓶颈之一 / 2
1.1.2 新一代 4G/5G 移动通信网络精细化提取个体出行特征的优势 / 2
1.1.3 手机数据为城市和区域交通需求分析与交通模型发展带来新机遇 / 3
1.1.4 小结 / 3

1.2 研究前景 / 4
1.2.1 学术理论前景 / 4
1.2.2 行业应用前景 / 4

1.3 研究目标 / 5

1.4 主要内容 / 5
1.4.1 手机数据在交通特征提取中的应用历程 / 5
1.4.2 新一代 4G/5G 通信网络环境下手机信令数据的质量解析与特征 / 6
1.4.3 基于手机数据的个体交通全出行链信息提取方法构建与优化研究 / 6
1.4.4 基于"通信—交通"集成仿真的出行特征提取敏感性分析与同步实证可靠度评估 / 7
1.4.5 高质量高密度的手机数据支撑交通需求分析参数优化与交通模型构建方法探索 / 9

1.5 特色与创新 / 9

第2章 手机数据在交通特征提取中的应用历程 11

2.1 第一阶段：以"车"为主导的道路交通流特征提取 / 11
2.2 第二阶段：以"人"为本的交通出行特征精细化分析 / 12
2.3 第三阶段：重视数据可靠度质量与模型决策应用 / 19
2.4 手机信令数据的交通领域应用发展瓶颈问题与观点思考总结 / 21

2.4.1　坚持手机信令数据作为交通大数据的主导定位的理性思考　/　21

　　　2.4.2　手机数据挖掘分析偏差、精度和可靠度问题的认识和理解　/　22

　　　2.4.3　手机数据分析应用的交通行业共识拓展与技术指南规范建立　/　24

第3章　手机信令数据原理解析与特征研究 …………………………………… 26

　3.1　移动通信网络演进　/　26

　　　3.1.1　移动通信网络演进历程　/　26

　　　3.1.2　4G-LTE/5G 移动通信网络架构　/　28

　　　3.1.3　通信网络演进与交通分析需求的关联　/　32

　3.2　手机信令数据技术优势与数据特征　/　34

　　　3.2.1　不同网络演进下的手机数据特征　/　34

　　　3.2.2　4G-LTE/5G 手机信令数据特征　/　36

　　　3.2.3　小结　/　44

第4章　出行链特征提取算法与实验体系设计 ………………………………… 45

　4.1　个体出行链特征提取算法　/　45

　　　4.1.1　出行链特征提取思路　/　45

　　　4.1.2　出行端点提取　/　47

　　　4.1.3　出行方式提取　/　65

　　　4.1.4　出行路径提取　/　69

　4.2　多源数据同步采集实验　/　80

　　　4.2.1　同步对比实验作用机理　/　81

　　　4.2.2　同步对比实验数据类型　/　82

　　　4.2.3　实验详情与数据样例　/　84

　4.3　"通信—交通"一体化集成仿真平台　/　85

　　　4.3.1　仿真平台搭建思路　/　85

　　　4.3.2　仿真平台搭建流程　/　87

第5章　基于手机信令数据的交通信息提取可靠度实证 ……………………… 94

　5.1　出行端点实证　/　94

　　　5.1.1　算法参数设置优化　/　94

　　　5.1.2　识别可靠度评估　/　98

5.2 出行方式实证 / 103

 5.2.1 算法参数设置优化 / 103

 5.2.2 识别可靠度评估 / 104

5.3 出行路径实证 / 105

 5.3.1 算法参数设置优化 / 105

 5.3.2 识别可靠度评估 / 106

第6章 基于手机信令数据分析可靠度对交通应用效果影响研究 ········ 113

6.1 基于粒子群优化算法的重力模型标定方法 / 114

 6.1.1 重力模型及其标定方法 / 114

 6.1.2 粒子群优化算法原理 / 116

 6.1.3 基于粒子群优化算法的重力模型标定流程 / 117

6.2 OD样本量对重力模型预测可靠度的影响 / 119

 6.2.1 研究方法 / 119

 6.2.2 不同抽样率条件下的出行OD分布特征 / 120

 6.2.3 不同抽样率条件下的重力模型预测可靠度 / 124

6.3 OD识别可靠度对重力模型预测精度的影响 / 126

 6.3.1 不同出行端点识别算法可靠度对比 / 127

 6.3.2 算法可靠度对OD矩阵识别结果的影响 / 128

 6.3.3 算法可靠度提升对模型预测结果的影响 / 130

第7章 基于"通信—交通"集成仿真的出行特征提取敏感性分析 ········ 133

7.1 手机信令数据仿真平台改进 / 133

 7.1.1 当前仿真平台缺陷分析及验证 / 133

 7.1.2 集成仿真平台的改进与评估 / 135

7.2 定位频率对交通出行信息识别的影响 / 141

 7.2.1 不同定位频率下手机信令数据特征 / 141

 7.2.2 不同定位频率下交通出行信息识别敏感性分析 / 143

7.3 通信基站密度对交通出行信息识别的影响 / 147

 7.3.1 不同基站密度下手机信令数据特征 / 147

 7.3.2 不同基站密度下交通出行信息识别敏感性分析 / 149

7.4 基站密度与交通小区耦合影响下的OD精度识别影响 / 153

7.4.1 OD识别精度的影响因素分析 / 153

7.4.2 基站密度与交通小区耦合仿真实验 / 154

7.4.3 耦合影响下的出行OD识别精度敏感性分析 / 156

第8章　结论与展望 …………………………………………………… 158

参考文献 ……………………………………………………………… 164

第1章

概　述

1.1　研究背景

我国城市已逐渐由大建设转向大治理阶段。传统的居民出行调查的缺陷导致数据质量模糊、主观。由于粗放式的数据难以满足新时期复杂交通问题治理的分析需求，因此，有待更精细、高质量的数据支撑。基于手机大数据分析来支撑交通规划管理决策已成为交通工程领域的前沿热点，有望突破传统人工调查以及公交地铁刷卡等交通出行数据有限分析的局限性，实现对人群的出行活动停留地和出行时长、出行交通方式等交通出行信息的全链条精准追踪。深入分析、掌握和挖掘个体深层次的出行规律和活动本源机理，对于构建我国城市现代化治理体系，以及支撑交通领域形成高质量发展的新质生产力均具有十分重要的意义。

手机大数据分析是交通大数据领域最具潜力且有望全面实时、广域、动态追踪监测居民交通出行特征的技术，然而，其分析成果的可靠度问题已成为其在应用发展方面的关键瓶颈之一。尽管当前手机大数据分析成果繁多，但仍然缺乏可信度实证研究，也未能形成足够的业内共识，还未能被政府交通管理部门广泛采用作为决策和指导交通规划应用实践的可信依据，大多数情况下其只能作为一种辅助参考。实践中，通常的做法是：如果分析结果与经验相符或者类似，则被采用作为"支撑"交通决策的依据；如果分析结果与经验不一致，则可能被弃之不用。如此做法不仅使得手机大数据分析失去了意义，也仍然无法改善经验主导的交通管理决策模式。

新一代4G/5G移动通信网络技术为精细化可靠提取个体出行特征带来了机遇。随着移动通信技术的发展与普及，我国移动通信用户数量快速增长。根据工业和信息化部公布的数据，截至2023年年底，中国移动电话用户总量达17.27亿户，其中，5G移动电话用户达8.05亿户。新一代4G/5G移动通信网络技术的快速演进和应用为手机大数据注入了新的动力，相比传统2G网络，其通过更加频繁地触发手机位置变化事件，从而具有更强的手机定位追踪能力，如上网、使用通信软件等，每5～10 s就会与移动通信网络发生交互自动报告其手机的位置。因此，随着新一代通信技术时代的到来，手机数据无疑将变革性地改变交通学科的发展，并进一步提升提取手机用户交通出行数据的精度，提高交通大数据应用环境的可靠度。

同时，新一代手机数据有望实现出行特征的精细化提取，从而能更好地反映个体时空活动的本源规律。这不仅对于交通需求分析有着重要意义，还对"四阶段"交通需求模型的更新优化、区域交通模型的构建、基于活动的交通模型发展以及在规划、商业、旅游以及绿色低碳等多个领域均有较大的拓展潜力和应用价值。

下面分别从手机数据分析的可靠度问题、新一代 4G/5G 移动通信网络技术优势和手机数据为城市及区域交通需求分析与交通模型发展带来的机遇三个方面进行详细介绍。

1.1.1 手机数据分析的可靠度问题成为阻碍其发展的关键瓶颈之一

当前基于手机数据的分析成果缺乏足够的可信度和广泛的业内共识，且大多数分析成果缺乏对数据来源可信度、数据处理与挖掘算法精度、相关阈值参数的普适性等关键问题的阐述，导致该类结果未能被政府管理部门广泛采用作为指导和决策交通规划应用实践的可信依据。目前，由于数据购买成本较高、实证实验开展困难等原因，基于手机大数据的交通出行特征挖掘的真实能力缺乏充足的实证研究，同时，在交通行业和学术领域也尚未形成共识。例如，针对手机信令数据对于个体的出行端点识别、出行方式、出行时间、出行换乘、出行 OD 等特征信息的提取，尚没有充足的实验测试给出识别能力与真实可靠的精度水平的权威论证，也没有不同应用环境下各种交通出行特征提取的算法适用性及模型参数设置的合理性方面的深入研究。例如，对于不同的城市形态和基站密度布局环境下的技术精度和适用性缺乏客观实证，现有研究没有考虑城市环境特征是平原城市、峡谷带状城市还是山地城市，而是直接采用相同的算法模型参数，导致手机数据分析结论与用户的主观经验之间可能存在较多分歧。长此以往，许多政府决策者和专家对于手机数据分析成果必然会心存质疑。因此，如果不解决可靠度问题这样的重要瓶颈，那么，手机数据在交通行业的深入应用将会一直受到制约。

1.1.2 新一代 4G/5G 移动通信网络精细化提取个体出行特征的优势

当前，对于手机数据分析学界存在一些质疑，即认为这种分析仅为停留在小区层面的模糊分析，无法用于支撑精细化、深层次且复杂的交通治理决策。这主要是由于现有手机大数据分析主要依托信令数据，定位准确粒度在基站小区覆盖层面，定位频率也不高，导致分析结果局限在城市职住、交通大区等中观和宏观层面。而随着城市交通日益复杂、交通治理难度逐渐增大，直接应用手机数据将无法满足交通管理决策的精细化需求，因此有必要提高其可靠度以延伸其应用深度。随着通信网络向 4G/5G 逐步演进，增强的网络带宽能力足以承担更多链路通信数据。一方面，手机信令数据的位置报送频率将显著增强；另一方面，新一代通信网络链路带宽显著增大，可以支持提取更多测量报告（Measure Report，MR）等通信链路数据，从而主动对手机位置进行三角坐标定位，以便更精准地提取手机位置坐标。根据团队的前期研究发现，在 4G 网络下，MR 数据分析定位精度已达到几十米范围，定位频率最小也可以达到几秒，接近 GPS 数据。这将促使手机数据从"手机信令数据小区粒度"的模糊稀疏型向"手机位置坐标粒度"的精确密集型转变，从而有望精细化地挖掘出行时刻、出行距离、出行方式、出行 OD 等微观层面的交通出行链特征数据，以深入支撑城市交通治理的精细化决策和效果评估。

1.1.3 手机数据为城市和区域交通需求分析与交通模型发展带来新机遇

在我国大多数城市的交通规划中，基本沿用了美国自 20 世纪 60 年代发展起来的"四阶段"交通需求预测模型，其构建依赖完善的交通调查数据。目前，我国在北京、上海、广州、深圳、重庆、成都等大城市建立了大规模交通调查的长效组织机制，但中小城市仍缺乏有效的数据采集手段。作为传统城市交通需求研究方法的有效补充，个体手机数据为描述居民交通出行活动的时空规律提供了重要的数据支撑，以实现城市和区域的交通需求分析，支撑四阶段模型的应用。此外，四阶段法仅从集计角度刻画了城市不同区域的出行需求，而割裂了个体活动链之间的相关性，该缺陷也一直被交通规划行业所诟病。从国际上最新的发展趋势来看，基于活动的模型（Activity-Based Model）正在由理论走向实践。该模型的构建以大量个体出行活动链数据为基础，包括具体的出行时间、到达时间、驻留地点和交通方式等。因此，数据采集手段的局限一直制约着基于活动的模型在城市交通规划中的实践应用。另外，区域交通需求分析模型也需要建立在区域出行特征规律的长期观测分析基础上，无法依靠传统城市居民出行调查获取。无论是基于活动的非集计交通模型，还是区域交通需求分析模型，都需要依托新的交通调查技术来实现可靠、连续、全面的个体出行信息采集，以提供模型构建、标定、校核或扩样所需的数据信息。因此，构建一套可靠度高、适用性强的居民个体出行链信息识别技术，对于交通需求分析理论及其模型构建方法的发展和迭代具有重要意义。

1.1.4 小结

移动通信网络的演进升级提高了手机定位质量，促使手机数据从"信令数据小区粒度"的模糊稀疏型向"位置坐标粒度"的精准密集型转变，从而有望更加精准地追踪个体全出行链特征，提升分析结果的可靠度。新一代 4G/5G 通信网络环境下，手机信令数据已经成为最有可能实现长期、全面、动态地采集与监测居民个体交通出行链信息的交通大数据类型。融合手机信令数据，形成有效的交通出行特征提取与可靠度评估方法体系，可以进一步为城市交通需求模型优化、区域交通模型构建、基于活动的交通模型发展以及规划、商业、旅游、绿色低碳等多个领域的应用提供支撑。

1.2 研究前景

1.2.1 学术理论前景

交通理论的发展与演进需要基于长期的数据与规律积累。面对新时期我国交通问题的特殊性，我国交通理论的发展、演进和变革必须建立在对我国城市交通规律发展过程的长期、持续和客观观察和分析的基础上。而利用手机信令数据最有望实现对个体出行信息进行全面、客观、持续和动态的采集。因此，本书致力于构建4G/5G通信网络环境下基于手机信令数据的个体交通出行链特征识别技术，为我国特色化的交通数据积累和交通理论发展提供良好的技术支持。另外，城市交通需求预测模型正经历从四阶段法到基于活动的非集计模型的演变过程，同时，区域交通需求预测模型也在经历从无到有的过程。交通需求预测模型的构建与标定需要翔实的基础数据作为支撑。尤其对于基于活动的模型或区域交通需求模型而言，传统的居民出行调查无法提供模型构建与标定所需的基础数据。因此，构建一套能够同时满足城市与区域数据采集需求的精细化个体交通出行链信息采集技术，对于交通需求预测理论与模型技术的研究发展，均具有重要意义。

1.2.2 行业应用前景

随着新一代4G/5G移动通信网络的逐步普及应用，我国智能手机用户的数量迅猛增长，这为开展基于手机大数据的个体交通出行活动分析提供了重大契机。基于手机信令数据的出行特征提取技术相对于传统居民出行调查等既有技术具有突出的技术优势与广阔的应用前景。通过覆盖广泛的新一代4G/5G移动通信网络和高拥有率的智能手机传感器数据，有望追踪个体在城市范围内的出行活动特征，从源头上有效把握交通出行需求特点，提高交通问题分析能力，优化交通设施和服务配置，科学合理地制定交通政策。这类分析在提升交通模型精度和保证基于交通大数据的分析结果可靠性基础上，也为新型城镇化背景下诱发的流动人口动态出行规律挖掘、城市群都市圈区域联合开发、大型高铁航空综合交通枢纽客流集散特征分析、公交都市战略下"最后一公里"难题、城市和区域交通需求分析与交通模型优化、绿色低碳交通应用、数字交通经济发展等领域提供应用支撑。

1.3 研究目标

(1) 充分运用实验交通工程学的理念,依托真实的新一代 4G/5G 通信网络数据,设计多样化的实验场景,并在城市广域范围内系统全面地开展实地同步对比实验。结合城市集计数据集和志愿者个体数据集,深度实证基于手机信令数据的定位质量与分析的客观可靠度,同时,提供充足的实证结果来评估对于主要出行特征(如出行 OD、出行方式、出行时刻、停留时长等)的挖掘能力水平,并形成技术评估手册,对分析算法中关键参数的设置范围提供实践应用参考以便于普及应用,从而有力促进交通行业和科研机构对手机信令数据提取中宏观交通出行特征能力的可靠度达成共识。

(2) 探索 4G/5G 新型通信网络环境下个体出行精准定位的数据挖掘能力可靠度。融合密集化手机信令数据、公交地铁刷卡等数据,开展大量同步对比实证和通信与交通集成仿真评估研究,形成闭环技术研究与优化方法,最后依据评估结果对识别模型进行反馈寻优,建立基于新型密集高频手机位置数据的精细化交通出行链特征提取技术方法体系,突破模糊的手机信令数据的应用局限,为手机数据分析深入应用于精细化交通治理决策以及应急管控提供重要支撑。

(3) 进一步将识别技术可靠度研究深入到交通模型应用或决策层面。本书以交通模型中的部分环节为例,探究技术可靠度提升对交通模型精度的影响规律。

1.4 主要内容

本书融合了交通、通信和人工智能等学科视角和理论,通过综合运用识别方法优化理论,并结合同步对比精度实证和技术敏感性仿真评估等研究方法,基于 4G/5G 手机信令数据对个体交通出行链信息识别可靠度这一关键问题展开系统性研究。力争通过模型方法优化和可靠度评估的闭环技术研究,全面揭示客观真实环境及不同技术参数环境下的技术可靠度水平,形成一套可靠度较高且适用性较强的基于 4G/5G 手机信令数据的个体交通出行链特征提取新技术。在此基础上,探索性地研究识别技术可靠度的提升对于交通模型精度的影响规律。具体研究内容包含以下几方面。

1.4.1 手机数据在交通特征提取中的应用历程

近十余年时间,我国交通行业如火如荼地开展过大量的手机大数据分析和应用,呈现出眼花缭乱、五彩缤纷的可视化视觉"盛宴",也挖掘了靠分析传统小样本交通调查和片段信息化数据采集原本无法获得的广域范围、大规模的交通运行规律和出行特征。相对于传统交通现状问题分析主要依赖于枯燥的人工调查数据和简单图表的展示风格,手机大数据的利用及多元化的展示更容易让管理决策者直观、形象地理解交通现状问题。这在一定程度上促进了交通大数据在管理决策中的应用。本书将针对利用手机数据分析技术提取人和车的交通出行特征以及手机数据的拓展应用的发展历程和发展阶段进行系统评述,具体分为三个阶段:第一阶段是以"车"为主的道路交通流分析(1990—2010 年);第二阶段是转向以"人"为主的交通出行特征精细化提取分析(2010—2020 年);第三阶段是迈向"深度挖掘"与"广度分析"的高级拓展应用(2020 年以后)。

1.4.2 新一代 4G/5G 通信网络环境下手机信令数据的质量解析与特征

定位频率和精度是影响基于手机数据提取交通出行特征的关键因素。因此,可将手机数据分为稀疏模糊型、稀疏确定型、密集模糊型和密集精确型四类,对应 2G、3G/4G 以及 5G 环境下的手机定位数据。随着通信网络的升级演进,手机数据类型逐渐向高质量的密集精准位置轨迹型转变,从而显著提高了对个体出行特征的提取能力。鉴于此,本书依托真实且大量的通信网络数据,在我国西南某城市开展了实际环境下的手机信令数据采集实验,并对新型手机数据的质量进行了充分的实测评估,主要包括频率、数据量、精度、类型等方面,以便为后续交通出行特征提取提供数据质量保障基础以及开展数据敏感性分析。在通信运营商的支持下,我们获取了该城市的全样手机信令数据集和志愿者个体小样本数据集。更重要的是,通过开展同步数据采集实验,我们获得了志愿者手机信令数据与对应的真实详细的出行信息,从而为后续研究奠定了数据基础。为全面评估新一代 4G/5G 移动通信网络环境下手机信令数据的定位质量,本次实验尽可能地覆盖了各种城市区域与通信环境区域,同时也要求志愿者保持不同的通信习惯、停留状态与时长,且覆盖所有常见的交通方式,以便能够真实地模拟城市中各类人群的出行行为和通信习惯。在此基础上,本书详细分析了手机信令数据从早期 2G 到当前 4G/5G 环境下的时空解析度发展历程,并从通信技术原理出发,分析了当前手机信令数据定位质量显著提升的根本原因。之后,进一步从通信基站密度、数据量、时间分布、定位频率、定位误差等特征角度全面分析了当前手机信令数据的定位频率与定位精度水平,从而为后续识别方法构建、模型参数选择、仿真平台构建和可靠度评估提供支撑。

1.4.3 基于手机数据的个体交通全出行链信息提取方法构建与优化研究

出行链是指以家为起讫点、包含一个或多个中途活动地点的一系列出行的组合。个体交通出行链信息包括出行 OD、出行时间、出行路径和出行方式等,是开展城市居民出行特征与行为模式分析的基础信息。结合手机信令数据的定位原理与定位特征以构建准确高效的识别方法和模型,是分析个体交通出行链信息识别可靠度的重要基础环节。本书将重点研究利用多种数据挖掘思想与算法完成个体交通出行链信息的识别,构建出行端点-出行方式-出行路径的识别技术框架与流程。在出行端点识别中,首先提出两种端点识别路径:

(1) 基于模式识别思想,融合兴趣点(Point of Interest,POI)数据与手机信令数据,利用随机森林(Random Forest,RF)或双向长短期记忆网络(Bidirectional Long Short Term Memory,Bi-LSTM)识别出行端点。

(2) 基于信令数据时空分布特征,考虑到真实标签数据难以获取的问题,提出基于聚类半径动态选择机制的优化聚类算法。结合基站方位角布局提升停留位置识别精度,完成出行端点识别,从而将个体一天的出行轨迹切割为多个出行段。其次,在出行方式识别中,针对每个OD间的出行段,将出行方式识别转化为多对一的分类问题,利用深度学习门控循环单元(Gated Recurrent Unit,GRU)神经网络在多对一分类中的强大预测能力,构建出行方式识别模型,完成个体一天中每个出行段的出行方式识别。最后,在出行路径识别中,利用通信网络与交通网络间的映射关系,结合不同交通方式和交通网络的拓扑特征,利用隐马尔可夫模型构建多模式出行路径识别模型,识别个体每个出行段的行驶路径,从而最终完成个体出行链信息的全面识别。

1.4.4 基于"通信—交通"集成仿真的出行特征提取敏感性分析与同步实证可靠度评估

在大量实证测试的基础上,本书拟在现有无线通信规律的基础上搭建"通信—交通"一体化集成仿真平台。通过优化仿真平台模拟居民在真实出行过程中产生的基站连接距离的波动程度,开展针对部分关键算法和相关技术参数敏感性的研究,以弥补实证测试中较难设置的交通和通信场景条件,从而有助于开展多样化实验研究。通过实验深入了解算法及技术参数的可靠度,明确交通活动提取分析技术在不同的城市环境、通信条件和交通状态下的应用精度和适用性,包括不同技术条件下的算法模型、参数选择、阈值设置等。其中,通信环境影响因素不仅影响基于移动轨迹数据进行交通活动特征提取的精度,在实际环境中也较难被控制与调整。而通信基站分布密度是移动通信网络覆盖质量的直接影响因素。在不同的基站分布密度场景下,基于手机信令数据的定位精度存在显著差异,若分析技术不考虑基站分布密度的影响,采用同一套算法模型处理不同区域产生的手机信令数据,将导致交通出行特征识别结果的误差难以控制,识别结果与政府管理部门的主观经验不符。图1-1所示为不同区域出行端点识别算法聚类半径R阈值变化示意。

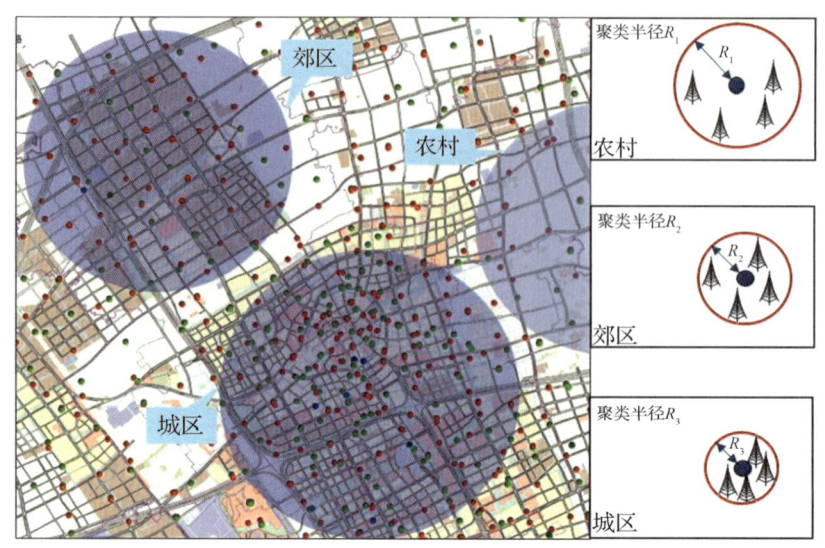

图1-1 不同区域出行端点识别算法聚类半径 R 阈值变化示意

此外,仿真平台可综合评估不同系统参数和影响因素对多种交通活动特征提取的影响效果。例如,不同交通小区尺度下出行OD提取敏感性评估所需测试数据量较大,若完全在现实环境中采集数据,成本会较高。因此,搭建"通信—交通"一体化集成仿真平台,能够为本书提出的个体出行链信息识别方法的参数标定、模型优化以及准确性、敏感性等技术可靠度的全面实证评估提供充分的研究与测试环境。通过仿真平台设置不同的通信扰动强度值(即对数阴影衰落值),以便仿真出不同出行情况下不同出行端点的识别距离偏差值,从而有助于探索具有普适性的提取算法和模型。最终实现在可控的系统状态参数环境下研究技术方法的效果,深入全面把握基于手机数据的技术分析效果的适用性和敏感性。

常规客观环境下识别技术的准确性是评价技术可靠度的一项重要指标。由于涉及个人隐私、网络安全等敏感问题,长期以来,研究人员难以获取大量充足的实证数据,以对各种技术条件与环境下手机信令数据的识别效果进行全面评估。本书利用同步采集的多源数据,对出行端点、出行方式和出行路径等各阶段的识别方法和模型的技术精度进行验证。通过对比分析技术优化效果,揭示常规环境下基于4G/5G通信网络的手机信令数据的个体交通出行链信息识别能力。对于优化效果不理想的方法模型,依据可靠度实证结果对算法参数和模型结构进行反馈优化。不同条件和环境下的识别技术敏感性也是评价技术可靠度的另一项重要指标。对于手机信令数据而言,通信定位频率和通信基站密度是影响定位质量的两大重要因素。明确不同通信因素条件下的个体交通出行信息识别技术敏感性,是认识手机信令数据识别可靠度和应用潜力的重要维度,也对该技术在不同城市环境、不同人口结构以及大数据平台中的实践应用具有较强的指导意义。本书利用"通信—交通"一体化仿真平台构建不同的研究环境,并通过仿真数据评估在不同基站密度、定位频率等影响因素下的识别技术的敏感性规律。具体评估对象包括不同通信频率和通信基站密度下的出行端点、出行方式、出行路径的识别方法敏感性,以及交通小区尺度与通信基站密度耦合影响下的OD识别精度等。

1.4.5 高质量高密度的手机数据支撑交通需求分析参数优化与交通模型构建方法探索

本书以交通分布预测中的重力模型为例,将新一代4G/5G通信网络环境下手机信令数据研究深入到交通模型应用层面,以探索技术可靠度的提升对于交通模型预测精度的影响规律。首先,本书提出大数据环境下基于粒子群优化算法的重力模型标定方法。在此基础上,重点研究两个关键问题:一是不同抽样率下基于大数据的重力模型预测精度和稳定性的变化规律,以探索抽样率与模型预测可靠度之间的作用关系,寻找满足模型精度目标的合理数据量级和抽样率;二是研究不同可靠度的OD识别方法对重力模型预测精度的影响,通过对重力模型的误差传递规律进行研究,分析预测过程的误差传递结果是"误差叠加"还是"误差降低"。通过上述研究,为提高实际交通规划应用中交通模型的精度奠定了理论基础。

1.5 特色与创新

本书围绕新一代4G/5G移动通信网络技术,在系统性地总结以往研究的基础上,研究基于4G/5G通信网络环境下的手机信令数据精细化提取个体出行特征的模型算法与优化方法,通过构建"通信—交通"一体化集成仿真平台,对出行特征提取进行敏感性分析与同步实证可靠度评估,以分析算法可靠度对交通模型精度的影响。本书的研究路线如图1-2所示,主要包括手机数据在交通出行分析中的应用的发展历程与发展阶段评述、手机信令数据原理解析与特征研究、出行链特征提取方法体系与实验设计、融合多源数据的出行链信息提取与实证、算法可靠度对交通模型精度的影响分析以及"通信—交通"集成仿真平台应用及研究结论。

本书的研究特色和创新主要包括以下几个方面。

(1) 系统全面地总结了过去二十年手机数据的研究应用历程,明晰了当前手机数据分析的瓶颈与发展前景,分三个阶段针对利用手机数据分析技术提取人和车的交通出行特征以及手机数据拓展应用的发展历程和发展情况进行评述。

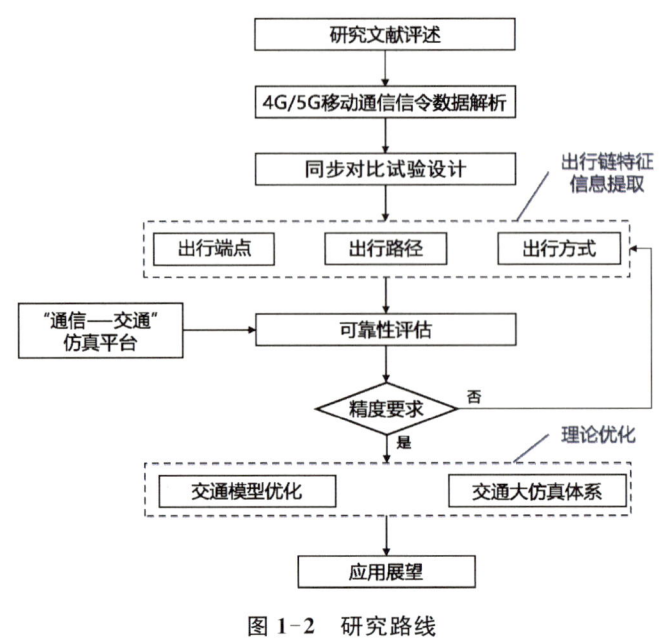

图 1-2 研究路线

（2）提出基于手机信令数据的个体出行链信息识别技术总体框架以及各阶段的关键识别算法和模型。结合随机森林算法、聚类算法、GRU 神经网络、隐马尔可夫模型等方法，从理论层面论述基于手机信令数据的个体出行链信息识别方法，以形成完整的技术框架、处理流程和算法模型，为后续实证研究和敏感性评估提供了理论支撑。

（3）实证基于多源数据的出行链信息识别的准确性。以我国西南某城市为例，开展多源数据同步采集实验，获取志愿者手机信令和对应的 GPS 两种出行活动的轨迹数据，并同步采集出行日志以便于识别结果的校核。在此基础上，分析关键参数的选择方法，对本书提出的出行端点、出行方式和出行路径识别模型的应用效果和识别精度进行验证。

（4）构建"通信—交通"一体化集成仿真平台，评估采用手机数据对各类交通出行参数进行提取与分析的可靠度，并研究了手机信令数据仿真平台的优化方法。通过给每个仿真通信事件设置基站连接距离，以及引入 4G/5G 通信环境下的最新分区域无线信道模型，对通信仿真子模型进行改进和优化。结果显示，改进后的仿真平台生成的手机信令数据与真实数据在定位误差的分布规律上更加接近。在此基础上，从定位频率和通信基站密度两个角度出发，利用仿真数据评估所提出模型在不同条件下的识别效果敏感性。

（5）开展既有"四阶段"城市交通需求模型参数优化与新一代区域交通模型和活动模型构建探索，在提出完整、可靠的个体交通出行链信息识别技术的基础上，进一步将技术可靠度研究深入到模型应用层面。探索识别技术可靠度对双约束重力模型预测精度的影响规律。

第 2 章

手机数据在交通特征提取中的应用历程

本章将根据利用手机数据分析技术提取人和车的交通出行特征和手机数据的拓展应用的发展历程和发展阶段进行分阶段的系统评述,分为以"车"为主导的道路交通流特征提取、以"人"为本的交通出行特征精细化分析、重视数据可靠度质量与模型决策应用三个阶段。

2.1 第一阶段:以"车"为主导的道路交通流特征提取

20 世纪 90 年代至 2010 年前后,由于手机信令数据具有覆盖范围广、成本低廉的显著优势,因此其在交通领域的巨大研究价值开始受到关注。为有效提升道路交通设施的监控管理水平,欧美国家政府交通管理部门联合移动通信运营商和高校,最先发起了各类基于手机信令数据的实测研究项目。同一时期,我国进入城市化稳定发展阶段,城市交通基础设施建设快速发展。然而,当时的交通信息定点检测设施(如环形线圈、RFID、视频监控等)成本高、投入大,难以有效支撑这一时期的道路交通流特征提取与管理需求,因此,当时我国探索手机信令数据的交通流特征分析与研究基本以高校为主。

在欧美国家(如美国、德国、法国、加拿大、荷兰等),以政府、企业、运营商和高校等机构为代表,包括美国联邦高速公路管理局、弗吉尼亚交通部、法国交通部、加拿大交通发展中心、AirSage、沃达丰和马里兰大学,先后开展了基于手机信令数据、三角定位、切换定位等的交通数据采集和提取分析项目。此外,法国、美国、芬兰等国的学者们先后开展了基于手机定位的交通数据采样技术仿真试验研究。在我国,部分科研院所也先后展开了一系列探索,主要集中于对 TDOA、A-GPS、CellID、Handover 等各类手机定位技术的初步认识和对数据基本特征的分析。少部分学者进一步探索了手机信令数据应用于高、快速路行程车速和流量的监测。从国内外测试项目与科学研究的评估结果来看,最早基于手机定位技术的交通数据提取效果还无法达到交通运营管理的需求,由于定位精度不足,无法正确完成道路匹配环节。尽管随后的实测项目显示定位精度有所提高,但提取的行程车速和时间数据存在较大误差,也缺少对误差的统计分布特征分析。以行程车速为例,识别误差往往会达到 20~30 km/h,因而识别结果不能广泛应用于实践。同时,由于受实际数据获取困难和精度较低的制约,学者们则在理论仿真研究方面取得了相对较多的成果，其主要思路是通过设定不同的道路网络、定位精度、定位频率等影响因素，研究这些因素组合条件下的技术效果特征，探索了在控制性条件下的技术影响因素和可能应用效果。但是，由于这一阶段的仿真研究几乎完全脱离了实际中手机通信的机理和框架结构，因此研究大多是简单的几何和数值假设，这使得仿真结论在很大程度上较多地偏离手机定位技术的真实应用效果，无法有效反映真实环境下的技术特征。

2.2 第二阶段：以"人"为本的交通出行特征精细化分析

自2010年起步至2020年，随着4G/5G移动通信网络设施的升级和智能手机的普及，我国的手机用户数量飞速增长，手机信令数据在定位频率和定位精度方面也有较大提升。在这一时期，我国沿海发达城市的交通也处于高速发展阶段，其间，铁路、城际轨道交通、城市轨道交通、城市公交和小汽车出行等多模式交通问题开始逐渐凸显，因此亟须从交通出行需求本质出发给出缓解城市交通问题的答卷。这也使得学者们逐渐从传统的以"车"为导向的交通流特征研究转向以"人"为本的交通出行特征分析，以辅助分析复杂的拥堵成因。新一代通信网络的迭代升级也为追踪人的出行活动特征带来机遇，学术界开始关注对"人"的交通出行特征的精细化提取。在2G/3G通信环境下，研究主要是基于低频率和低精度的手机信令数据，结合阈值判定或聚类等方法对出行特征进行识别。这类方法存在经验依赖或需要提前对路网进行基站序列标定等问题，难以在城市大规模路网中应用。随着新一代通信网络技术的发展和定位频率、定位精度的提升，逐渐出现了基于4G/5G手机信令数据的出行OD、出行路径和出行方式精细化识别技术，该类技术通过综合运用多种模型提升识别精度，形成了较为完整的城市交通个体出行特征提取方法体系。在此基础上，业界通过综合分析识别得到的城市交通出行特征，集成开发用于交通实践的各种手机大数据平台，这些平台逐步成为支撑城市交通规划、建设和治理等工作的数据辅助决策工具。

针对"人"的出行特征分析，主要包括对出行OD、出行路径和出行方式等特征的识别。其中，出行OD是反映城市居民出行需求、开展交通规划和交通管理的重要基础信息。从出行链识别角度来看，出行OD识别也是个体全日轨迹切割和出行方式等其他交通信息识别的前提和基础。在2G/3G数据条件下，大量学者针对低频、稀疏的手机信令数据基础，提出了基于阈值规则的OD识别方法[1-8]。这类方法主要是利用不同运动状态（停留或移动）的时空特征差异，通过设定相邻数据轨迹点间的时间阈值、距离阈值或速度阈值来识别个体的运动状态。然而，根据所研究的城市特征和数据特征，不同研究者设定的具体规则及具体阈值参数存在较大差异。同时，由于阈值参数大多为固定值，过大的阈值会遗漏短距离出行，过小的阈值又会将等公交车、街边购物等活动误识别为停留点。因此，基于阈值规则的出行OD识别方法虽然操作方便、易于实施，但存在依赖研究者的主观经验、适用性和可移植性相对较差、识别误差难以控制等缺陷。随着4G/5G通信技术的升级，手机信令数据在定位频率和定位精度质量上有了显著提升，部分学者[9-15]开始研究基于时空聚类算法对出行OD进行识别，此类方法主要通过对移动或停留两种不同状态时手机信令轨迹点在时间、空间和密度方面的特征差异进行识别。其识别效果较基于阈值规则的算法有所提升，但聚类算法识别效果受到聚类空间半径、时间半径等参数的固定取值合理性影响，在不同城市环境和不同通信基站密度下的算法适用性和可移植性仍然存在一定的局限。

出行路径识别是车辆导航、道路流量监测、动态路径规划、路线行程预测、短时交通流预测以及出行需求模型分析的重要基础。出行路径识别(也被称为路网匹配或地图匹配)的目标是根据空间集合位置或网络拓扑信息，将一系列有序的位置轨迹点转换成一系列有序的网络节点或边。早期，大多研究利用GPS数据识别出行路径，最直观的算法就是基于最短距离的几何匹配算法，包括点到点、点到线、线到线等不同方法[16-18]。这类算法主要利用轨迹点与道路网络的几何关系，原理相对简单，且易于实现，在定位误差较小且路网关系明确的环境下运用的效果较好。部分研究则利用网络的拓扑信息进行路网匹配[19,20]。这类算法关注路网的连通性，运用历史数据、车辆速度或道路拓扑特征等限制轨迹点的匹配目标。还有部分研究利用概率统计方法进行路网匹配和路径识别[21,22]。这类算法以轨迹点为中心设置一个路段候选区域，通过概率模型确定轨迹点的最佳匹配路段。但以上这些算法仍然容易受到轨迹点噪声的影响，且在轨迹点采样率较低时的表现通常不佳。此外，还有一些研究利用复杂数学理论构建的路网匹配算法，如，基于卡尔曼滤波[23]、模糊逻辑模型[21]、凸优化[24]等。总的来看，GPS数据定位精度较高，能够较好地识别出行路径，但GPS数据需要主动采集并上传数据，在数据获取方面存在局限，特别在有遮挡的高架路段，识别效果较差。相较于GPS数据，手机信令数据则具有覆盖范围广、采集成本低、周期性动态性好等优势。大量学者和机构[25-31]展开基于手机信令数据的路网匹配和路径识别研究，甚至能够实现近90%的路径识别准确率，可见其识别效果与GPS相当。

出行方式识别是城市交通结构分析、交通规划与交通管理工作开展的重要基础。由于不同出行方式在出行距离、移动速率、速度分布等特征方面的数据特征差异相对更小，甚至存在相互重叠的情况，因此，相较于出行端点识别只须区分运动或静止，出行方式的识别难度更大。利用手机信令数据的出行方式识别研究总体上也出现得更晚，目前其仍是手机信令数据领域的研究热点。在2G/3G手机信令数据定位频率较低的情况下，研究常以信号强度的变化或者蜂窝网格的切换速率为特征，探索出行方式的识别效果[11,32-34],这类方法无法区分速度相似方式的不同物体,如公交车和小汽车,且准确率未被充分论证。随着4G/5G手机信令数据的定位质量和精度的提升,开始有学者探索识别多模式精细化的出行方式,主要方法包括贝叶斯概率、模糊逻辑、机器学习等多种算法[35-37]。该类方法通过计算手机信令数据出行路径与不同出行方式导航数据之间的路径匹配度、时间匹配度以及二者的权重,综合判断个体的出行方式,识别精度相对较好。但由于不同城市出行环境的差异性,如何提高研究方法的鲁棒性仍然是有待探索的关键问题。同时,该时期关于"车"的研究也在我国政府、移动通信运营商和规划设计院等各类政企部门探索更深入的实践应用。北京、上海、广州、深圳等多个城市的交通研究主体[38-42]探索了融合浮动车数据、线圈数据、卫星影像数据和地理信息数据等多源数据的交通流特征提取方法,逐渐实现城市交通运行监测、交通影响分析和预测工作,支撑了政府决策和辅助规划研究等应用场景落地。

从2015年开始,得益于手机数据所涵盖的丰富的居民出行特征信息,在城市数字化转型的背景下,我国交通行业如火如荼地开展了大量对手机大数据的分析和应用。北京、上海、广州、深圳等多个大型城市已逐步建立利用手机信令数据支撑的交通大数据平台,以提升交通管理业务的智能化和效率。如北京市交通运行监测调度中心(TOCC)主要负责监测、预测和预警交通运行状况,提供日常交通行政管理、交通运行组织协调和交通应急处置的信息保障工作。上海市交通规划大数据平台实现了对城市交通的综合运用监测、协同调度、应急指挥和信息服务等功能。广州市智能交通大数据体系对机场、港口、机动车和公交等多个行业的数据进行集成,实现了综合信息监测和多维专题分析预警等功能。深圳市TOCC平台覆盖了港口、航空、铁路、公共交通、道路运输、静态交通、道路设施及交通服务等全行业的数据,实现了与数据中心的互联互通。

相较于传统人工调查的低抽样率与片段化特征,大多数平台能够分析广域、大规模的交通运行规律,表达形式也更加直观明了,让管理决策者形象地理解交通现状问题,一定程度上促进了交通大数据在管理决策中的应用。然而,目前手机大数据仍处于实验阶段,业内由政府平台或企业单一主导的平台建设模式,大多缺乏对可靠性的充分讨论。数据可靠性不清晰,分析方法也缺乏效果评估,这些问题严重阻碍着行业统一标准的构建,难以支撑政府对交通治理方案的决策。因此,在政府决策支撑、产业需要和高校研究发展这三者的背景下,基于手机信令数据的"产学研"发展模式应运而生。政府为其提供数据应用场景,企业针对场景开发应用产品,高校负责对产品技术可靠度进行评估,三方联合以形成可持续发展模式。本节以贵阳、重庆交通大数据平台为例,介绍可持续平台建设发展模式。

1. 贵阳市交通出行大数据分析应用平台

为深入落实国家大数据发展战略,实现城市交通数字化转型,贵阳市深入实施"大数据＋交通"战略,推动大数据在交通领域的全面应用。通过深度"产学研"的合作模式,贵阳市交通发展委员会、中国联合网络通信有限公司贵州省分公司和西南交通大学共同协作开发,建立贵阳市交通出行大数据分析应用平台。

该平台基于海量的贵州联通原始手机信令数据和交通行业数据,从源头确保数据可靠度;同时,借助云上贵州强大的云计算能力进行数据采集、存储、分析和可视化等方面的应用开发,从而实现日产生6亿条基础信令数据、11亿条上网信令数据、2亿条通信信令数据和2 000万条业务数据的实时处理。图2-1为平台模块示意图,包括交通情况总览、人口分布分析、市内迁徙分析、交通出行分析、公共场所往来和城市联系强度六大功能模块,全面分析掌握城市居民的活动范围与出行特征、城市典型交通走廊客流情况、区域人群聚集与疏散、人口职住分布特征、市内迁徙特征及校核线穿越客流等情况,实现了城市交通运行实时展示和全面监测等业务分析功能,为贵阳市城市总体规划和综合交通规划调整优化建设、轨道线网规划、公共交通发展规划等重大项目提供量化分析基础,为道路路线方案选定与建设标准规模布局优化、客运线路制订、运力规划调整等工作提供有力支撑。

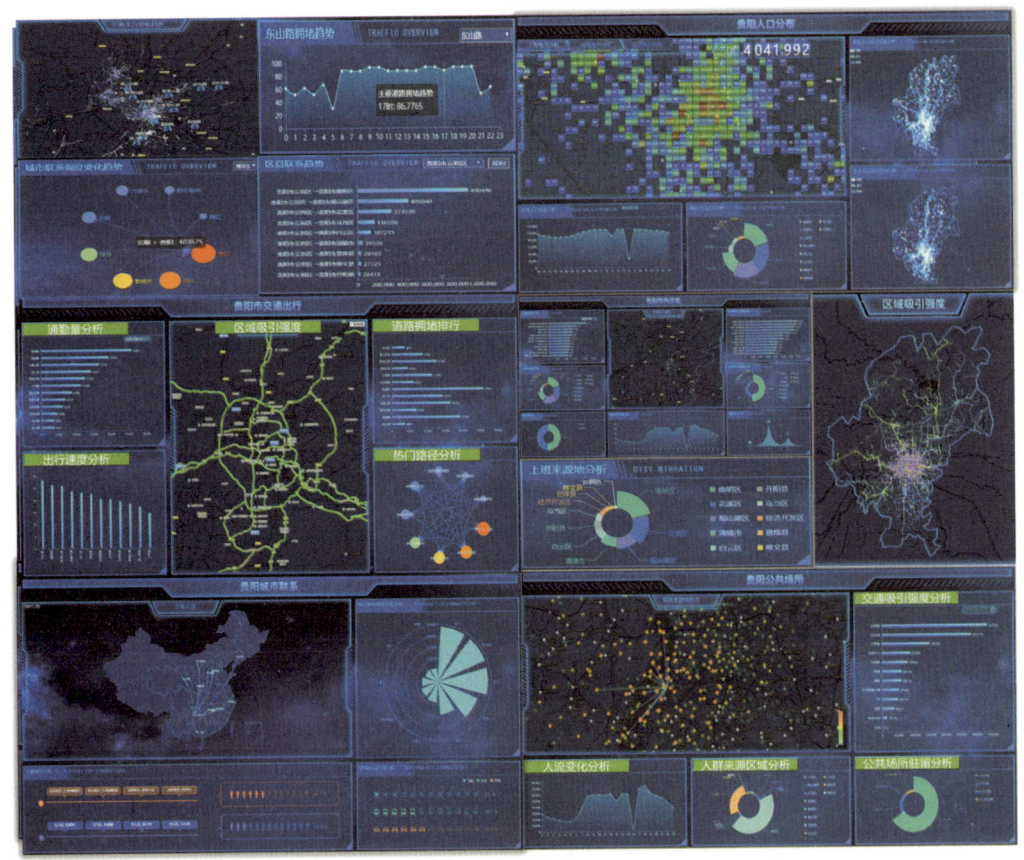

图2-1 贵阳市交通出行大数据分析平台模块示意图

2020年,该平台获得中国智能交通协会科学技术二等奖,并被首批授牌成立贵阳市专家工作站,如图2-2所示。通过创新人才工作模式,平台基于产学研机制进行搭建,为贵阳大数据科创建设及发展建言献策,科学高效地推进了贵阳市的交通发展。

 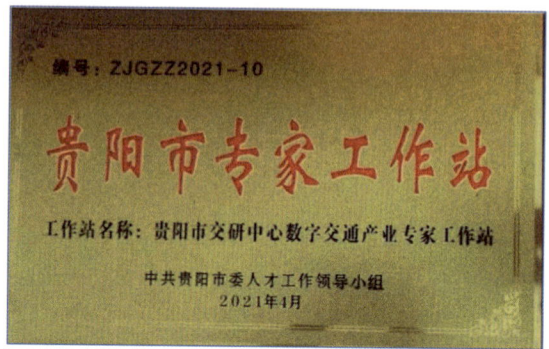

图 2-2 贵阳市交通大数据平台获奖情况

2. 重庆市交通出行大数据分析应用平台

重庆模式有别于贵阳,虽然其没有借助完整的"产学研"模式,但依托自身对重庆本地多年的研究基础以及专业交通智囊机构的支撑,前瞻性地设立专门的手机大数据研发部门,打通与通信运营商的合作渠道。得益于政府的重视和研究院自身的不懈努力,在重庆市政府的大力支持下,重庆市交通规划研究院主导建设了交通出行大数据服务平台,推进手机大数据与交通信息资源整合与应用。由于其针对性深入支撑交通治理和政府决策,深入扎根交通实际思维的需求,政府管理部门对其高度依赖。

该平台数据类型全面,涵盖手机信令、公交地铁IC卡、线圈等10多类动态数据资源,覆盖主城区逾 $600\ km^2$ 的范围,动态大样反映交通出行全链条。平台包含10个节点的大数据分析子平台,可以满足450万联通手机信令的实时分析处理与数据可视化需求,实现对交通运行状况的全面评价。平台包含交通综合信息和大数据分析两个子平台,涵盖人口活动与城市职住、道路运行监测和交通指标查询三个关键模块,如图2-3所示。交通综合信息子平台通过融合处理道路交通流监测信息、手机定位信息、浮动车信息,监测道路交通运行状态,反映整个城市交通状况。该子平台成果被广泛应用于支撑重庆市交通发展年度报告、年度交通运行分析报告、交通半年报、交通月报编制,领导决策参考编制,各类规划编制及规划研究,也开始为公安交管局等政府部门及社会公众提供服务。大数据分析子平台基于联通手机信令数据,统计重庆主城在交通小区、街道、组团等不同空间尺度下的人口、岗位分布情况,并得到各区域范围的通勤交换关系,为城市交通规划提供数据参考和决策支持,以评估城市规划成效,提升城市规划的定量化、科学化水平。在该平台的功能模块中,人口活动与城市职住模块专注于分析城市居民的居住就业分布及职住平衡情况,通过职住比、独立指数等指标,揭示城市不同区域的居住和就业特征。道路运行监测模块侧重于主城区道路交通运行指标的长期观测,包括车速、流量、拥堵指数等,实现对道路交通状态的实时监控和历史分析。交通指标查询模块整合年报、月报、交通大调查等数据资源,提供当前和历史交通数据查询服务,包括居民出行状况、机动车使用情况、道路规划建设等六大方面。

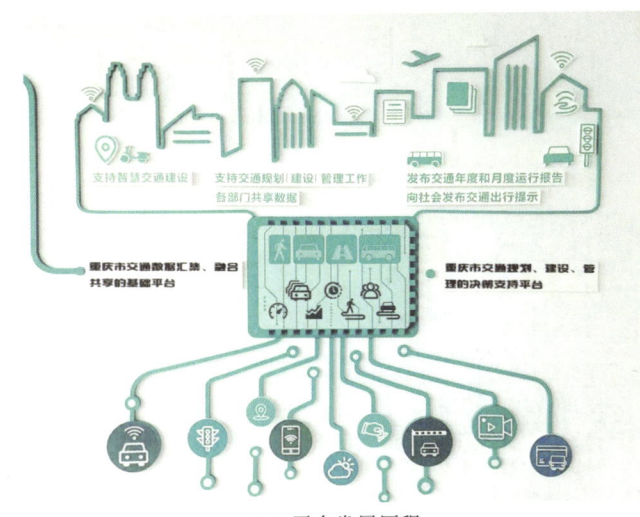

(a) 平台发展历程

(b) 平台基础架构

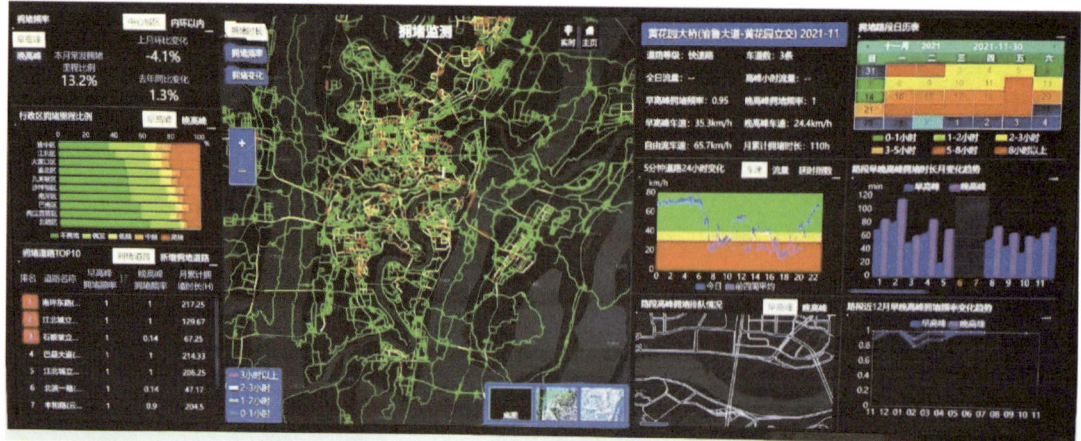

（c）城市拥堵监测

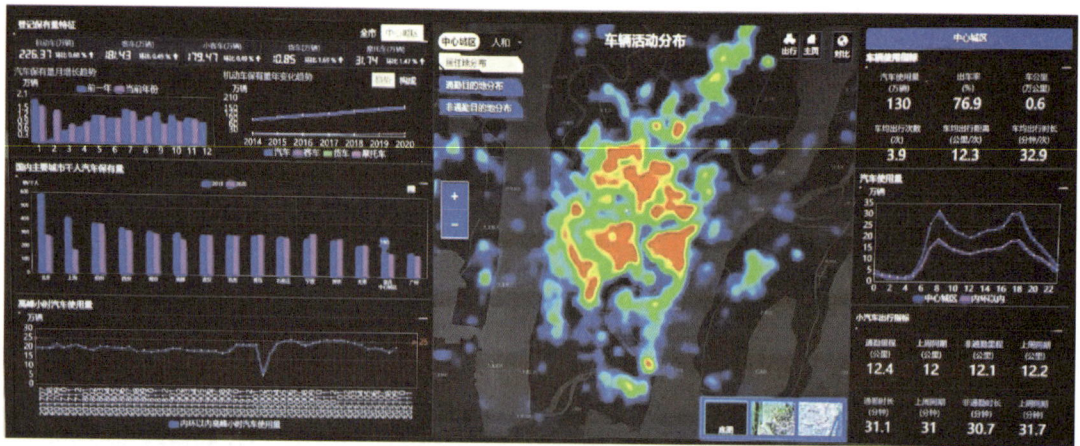

（d）车辆活动分布

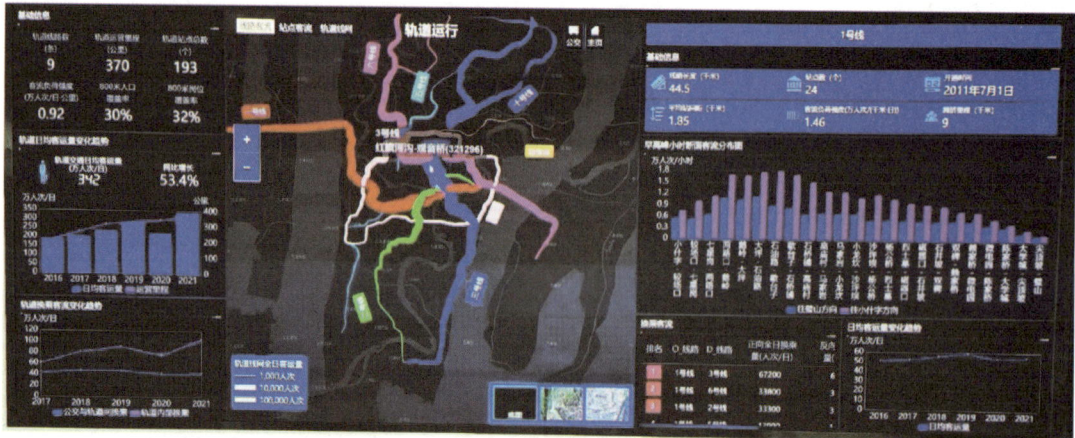

（e）轨道客流分布

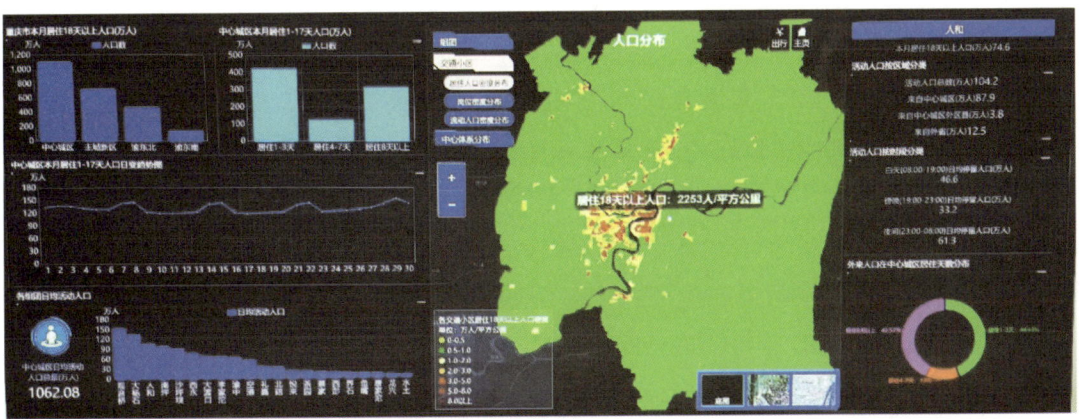

(f) 人口职住分布

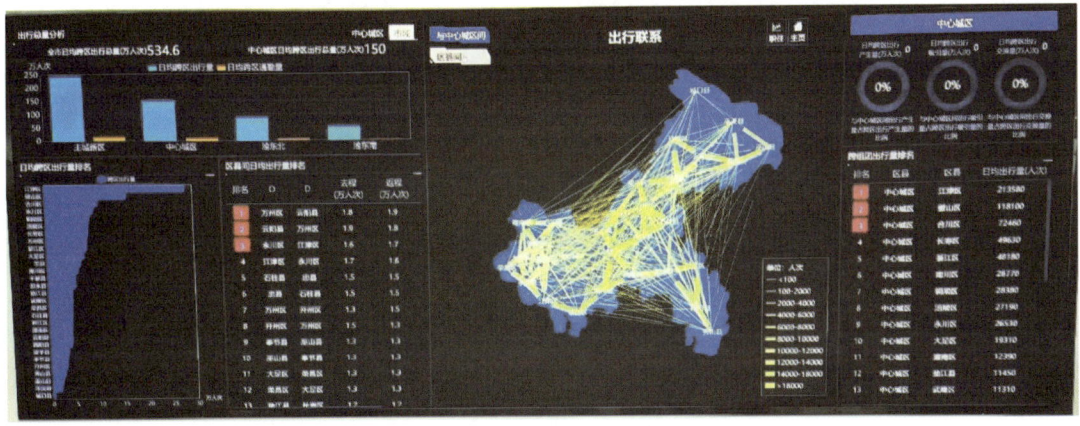

(g) 区域出行联系强度

图 2-3 重庆市交通出行大数据服务平台分析示意图

该平台不仅能够处理和分析大量复杂的交通数据,还能够根据政府部门具体需求提供定制化的数据分析服务,为公众提供实时、准确的交通信息,提高出行效率和安全性。该平台的成功运营得到了重庆市人民政府的认可,成为城市交通信息化的标杆,对缓解交通压力、促进资源合理配置发挥着关键作用,也为重庆市可持续发展和市民便捷出行提供了坚实的技术支撑。

2.3 第三阶段:重视数据可靠度质量与模型决策应用

2020 年后,城市交通基础设施建设开始逐步放缓,对交通拥堵的治理逐渐成为城市交通的重点关注问题。当前,手机信令数据分析已取得较多成果,但其研究仍然缺乏足够的可信度实证探索，未能形成足够的业内共识，也未能被交通政府管理部门广泛采用作为决策和指导交通规划应用实践的可信依据，大多数情况下仅作为一种辅助参考。因此，手机大数据分析需要向重视数据可靠度质量与模型决策应用阶段迈进。

由于数据的购买成本较高、实证实验开展困难等原因，基于手机大数据的交通出行特征挖掘实际能力缺乏充足的实证研究。这类研究更多在北京、上海、广州、深圳、成都、贵阳等大城市得以开展，而在大多数中小城市仍难以进行，因此导致手机数据应用效果在交通行业和学术领域尚未能形成共识。例如，对于出行端点识别、出行方式、出行时间、出行换乘及出行OD等特征信息的识别能力和真实可靠的精度水平尚没有充足的实验测试并给出权威论证，对于不同应用环境下各种交通出行特征提取的算法适用性、模型参数合理设置也缺乏深入研究。在不同城市形态和基站密度布局环境下，技术精度和适用性也缺乏客观实证，如，尚未考虑城市环境特征是平原城市、峡谷带状城市还是山地城市，直接采用相同的算法模型参数将造成分析结论与用户的主观经验可能存在较多分歧。近年来，笔者结合中国联通和四川移动的原始信令数据，针对可靠度质量分析开展了针对出行OD、出行路径和出行方式等特征信息识别的系列研究，并通过大量的志愿者出行数据对识别效果进行评估，初步对数据质量给出部分回应，如，在城市交通中出行端点、出行OD、交通方式（小汽车）的识别准确率均可达90%。

融合新一代移动通信信令数据的个体出行活动特征精细化提取新方法体系的建立和相应识别精度的提升，为研究精细化出行数据对交通模型和理论的优化重构提供了基础，为交通模型优化、低碳交通检测等应用带来了期待。通过提升数据质量以及提供传统人工问卷调查无法获取的出行信息，能够提升改善四阶段交通模型的标定精度，包括从数据质量改善、交通小区细分、真实出行路径与交通分布等方面。这些信息也能够实证标定区域交通需求模型和基于活动的交通需求分析模型等，相关研究课题成为当前国际交通领域还未能开展研究的方向。通过手机信令数据研究的交通出行精细化特征提取，有望弥补这方面的不足，对从理论视角分析和观测个体出行行为模式特征和活动规律的演化及影响关联机理提供一项重要支撑，有望促进交通理论发展的重构和更新，建立与我国交通问题实际相符合的特色化交通理论体系。

同时，我们在基于原始数据形成的方法理论基础上，跨学科融合通信和计算机相关理论，探索构建"通信—交通"一体化集成仿真平台，通过融合通信信号仿真、交通流仿真和人流仿真，突破现实手机信令数据获取困难的条件局限。其中，交通流仿真依托VISSIM软件实现多种交通环境可控的车辆出行仿真，行人仿真利用社会力模型实现出行行为可控的行人仿真。通信信令事件仿真根据通信网络布局原则构建通信网络，配置通信网络参数，依托概率统计函数加载通信活动事件。通过一体化仿真的创新研究手段，能够获取手机信令数据，进而对出行特征识别进行敏感性分析和技术效果评估。相应的分析方法和模型在成都、贵阳等大城市进行了部分实践和验证,均获得了较好效果。同时,通过仿真平台,能够进一步对基站布局和优化进行模拟评估,有望支撑下一步国家 5G 手机基站建设以及优化的新型基础设施建设战略的实施部署。

2.4 手机信令数据的交通领域应用发展瓶颈问题与观点思考总结

2.4.1 坚持手机信令数据作为交通大数据的主导定位的理性思考

位置大数据能够明确个体出行活动,是交通大数据最重要的组成之一。相比仅有片段式反映个体局部出行特征的交通大数据,例如公交轨道刷卡数据、视频线圈数据等,位置大数据更能反映个体的时空变化,也只有这类数据才可能对当前我国复杂的城市和区域交通出行特征进行全出行链、连续、动态的观测,以提取各种特征指标来作为各类交通规划设计方案以及交通政策和治理的决策支撑。

当前,位置大数据的来源类型主要有两种,即通信运营商的手机信令数据和互联网企业的各种 App 在使用时产生的互联网位置数据。从数据产生的频率、位置精度等特性来看,互联网位置数据通常用一定规模尺度的栅格网表征。由于在使用各种 App 时才能产生个人位置数据,因此数据频率可能存在不规律性,这就无法较好地实现对个人时空位置变化情况的连续追踪,尤其在分析移动速度较快的个体以及在交通方式转换期间,可能出现失真或误判其交通出行状态特征。另外,相对于手机信令数据而言,现有互联网数据不仅频率与样本量相对较小,而且受制于隐私保护政策,互联网位置数据很难实现与个体用户的标签对应,不仅对个人的出行追踪形成障碍,也无法获取充分的个人属性关联。近年来互联网位置数据在交通行业中的应用效果反馈表明,其应用于较为宏观层面的人员流动出行规律统计有较好的效果,但应用于交通领域的规划设计和交通政策评估、治理方面显然有较大欠缺,尚不能充分满足和支撑其数据需求,有待进一步通过大量实证评估其可用性。

综合比较,手机信令数据具有高频率、全链条连续追踪交通出行个体的观测能力优势,而且个体手机号码具有唯一标签辨识度,在充分尊重个人隐私保护机制和手机原始数据不出机房的前提下,其关联和推断的丰富个体属性特征经过算法集计处理脱敏后,对于个体用户画像和交通行为研究具有较大潜在价值。因此有理由相信,坚持以手机信令数据作为交通大数据的主导来源进行交通运行规律特征的观测和分析符合交通发展的合理需要,其他互联网位置数据、公交地铁刷卡数据、共享单车数据、兴趣点 POI 数据及视频线圈数据等可以作为重要补充,通过融合来提升观测精度效果。

2.4.2 手机数据挖掘分析偏差、精度和可靠度问题的认识和理解

大约从 2015 年开始，近 10 年时间，我国交通行业如火如荼开展过大量的手机大数据分析和应用，呈现眼花缭乱的可视化视觉数据，并能挖掘分析传统小样本交通调查和局部信息化数据采集无法获得的广域、大规模的交通运行规律和出行特征，这让交通管理决策者有耳目一新之感。相对于传统交通现状问题分析主要依赖于枯燥的人工调查数据和简单图表的展示风格，这些分析应用更容易让管理决策者直观、形象地理解交通现状问题，在一定程度上促进了交通大数据在管理决策中的应用。如今如果交通规划设计项目中缺乏交通大数据分析支撑，很难得到技术部门和管理决策者的认可，交通行业发展已完全步入大数据时代。但是，风风火火的手机大数据应用之后，近几年的管理决策者也开始冷静审视，各种"乱花渐欲迷人眼"的成果背后的数据是否准确可信，只有经论证评估的可靠结果才可能被采纳进入交通技术方案和治理决策，这与前些年各种"热闹纷呈"的手机大数据可视化结果仅能作为辅助参考有根本的区别。由此，近年来，手机数据应用似乎进入"盛宴"之后的理性，交通行业需要重视手机数据分析的精度和可靠度这个关键瓶颈问题，只有突破瓶颈后，才可能真正将相关分析应用于广泛的决策支撑和交通技术方案论证应用中。

当前，交通行业对手机数据分析精度效果的疑惑存在多方面原因。例如，一些交通管理部门或者规划设计院通过手机运营商购买的数据结果与其他来源的标杆数据对比差异较大。根据笔者调研交流发现，国内相当数量的手机运营商的大数据团队人员大多毕业于计算机或通信学科专业，缺乏交通专业的背景或者团队中的交通专业人员配备不足。由于无法充分理解交通行业的管理与规划设计技术的数据需求，通常挖掘分析结果在交通领域缺乏较好的应用价值，或者采用的挖掘算法对交通分析的适用性不佳，从而导致处理结果与交通实际情况差距较大。绝大多数运营商团队更没有针对各种分析结果开展精度效果评估，这样采取的"黑箱"式数据结果势必导致交通行业的疑惑。又如，一些规划设计院尽管组建了自身的专业团队，对手机信令数据进行挖掘分析，但深入开展手机数据挖掘算法的适用性研究及同比对比试验评估分析精度效果的工作，需要耗费大量的人力资源，这对于以产值目标为发展导向的规划设计院企业而言，很难得到充分的保障和支持。因此，国内有相当一些企业对手机数据分析的效果精度仍缺乏透彻解析，在使用这些结果时，面对交通管理者和同行专家的质疑无法自信地解释说明。最终导致交通行业从手机运营商方面购买数据结果后产生的疑惑仍然无法在自身交通行业内的专业机构中得到解答。这样的疑惑持续弥漫，将严重阻碍手机信令数据本应具备的价值潜力在交通行业中发挥作用。

在交通学术研究领域中，也存在对手机信令数据分析能力的误解。最常见的是将手

机信令数据简单理解为类似于GPS定位技术，在交通特征提取的应用模式中，认为通过手机定位得到用户坐标点位就可以套用GPS的技术方法体系。由于在2G和3G通信技术时代，通过网络技术得到的手机位置坐标精度较差，通常在几百米范围扰动，现在有许多学者仍停留在曾经的因手机定位精度差而导致交通参数提取应用效果不理想的认识阶段。随着手机通信技术演进到新一代的5G阶段，强大的通信网络已经具备对手机用户实现较好的高精度定位能力，例如，结合MR(Measure Report)数据的手机定位精度可以达到10～50 m的范围，定位频率理论上可以实现每秒就生成定位坐标，相对于2G和3G时代，其定位能力已有大幅提升。此外，5G通信网络的大容量产生的密集、高强度的信令事件，尽管其只能判定信令事件关联的周边基站的范围，但通过海量的基站序列时空变化，追踪建立与城市和道路交通网络空间的映射模型，能够推断出许多较好精度质量的交通出行特征参数，而不仅仅局限于定位坐标的追踪技术模式。

通过笔者近二十年的研究发现，手机信令数据提取的交通参数特征肯定存在偏差或误差，但对于主要常用的参数具有较好的提取效果，例如，出行停留点、出行OD、出行时长以及快速路和主干道的道路交通流提取精度通常能达到80%～90%以上，融合其他交通来源数据和地理信息特征数据对出行方式、出行换乘点、出行路径等交通出行链特征也能有较好的效果。当然，对少量交通出行参数而言，手机信令数据的特性还无法充分捕捉。

面对这样的问题，可能需要下面这样的认识视角：当前我国大量城市面临的复杂交通还能有多少比手机信令数据更理想的观测方式和手段？对于手机信令数据的偏差问题，一方面，需要持续大量开展不同道路交通、通信、城市等环境下的各种算法适用性和同步对比试验精度效果评估，充分把"黑箱"数据"白化"，让交通管理者和行业专业人士充分理解，哪些交通参数特征具有较好的提取效果，精度水平如何；哪些参数提取效果不理想，偏差程度水平如何。通过定量计算来客观地揭示手机信令数据的分析能力，用其所长，避其所短，或者融合其他互联网数据、刷卡数据等多源交通大数据来提升分析效果。另一方面，需要指出的是，客观实证评估准确度不是证明识别精度有多高，而是给出其在不同外界环境因素条件下相应的准确度水平，这样可以通过关键点与真实标杆数据校核的差值进行修正。通过手机数据分析结果曲线修正间接获取真实曲线，避免对手机数据分析结果认知为一味追求分析精确度的迷茫。如图2-4所示，通过长周期连续动态积累观测的手机数据分析曲线偏差如果具有稳定性，那么，通过关键节点修正平移拟合，有望逼近真实交通规律曲线，毕竟手机数据的连续、海量、动态和广域的出行监测能力是难得的宝贵资源，应该充分设法去有效利用。

综上所述，笔者认为，手机信令数据分析的可靠度，并非一味强调追求绝对的每个交通特征参数的提取精度，可修正校核的稳定误差或者偏差的连续动态累计观测能力是手机信令数据可靠度具有的独特性。这个过程中,笔者特别强调运用真实原始的手机信令数据进行研发分析,才能从源头上确保可靠性。对手机原始信令数据的样本质量评估、清洗,对数据挖掘处理的算法和参数做出说明,对于分析精度要有同比对比试验抽样评估结果,这样的手机信令数据分析透明流程得到的结果才可能可信。而当前现状几乎所有的手机运营商和相关公司都是采用直接给出结果的"黑箱"数据流程,其对原始数据情况、挖掘处理过程以及可靠度抽样自检评估大都缺失并不作交代,只有从根本上改变这样的局面,才可能良性促进手机信令数据在交通行业中的应用。

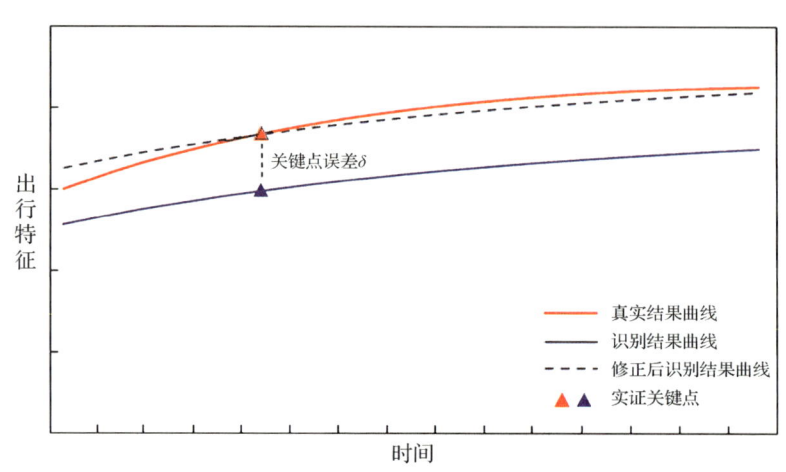

图 2-4　手机信令数据分析结果曲线误差修正间接逼近真实曲线设想

2.4.3　手机数据分析应用的交通行业共识拓展与技术指南规范建立

当前,手机信令数据开展交通调查分析存在这样一个尴尬的情况,尽管交通行业对手机信令数据分析交通现状问题越来越重视,也有一定共识认为其可能比传统人工调查数据效果更优。但由于缺乏行业标准规范赋予的法定地位,手机信令数据分析结果仍停留在辅助研判交通现状态势,还无法充分作为制订交通规划设计方案的定量依据。相反,对于以传统人工方式为主的交通调研,我国住房和城乡建设部已经出台了行业规范赋予其法定地位。尽管交通行业管理者和专业人士都深知传统人工调查的缺陷,如受访者的主观随意性造成数据质量偏差甚至错误,但由于传统人工调查方式的可操作性和复制推广性较好,在过去几十年中,我国绝大多数城市都积累了相关的实践经验,对于传统人工调查方式的缺陷造成的偏差已形成较为统一的行业共识和处置经验,能够较好地采用和把握这些有"瑕疵"的数据结果,实现理性和有限地支撑交通规划设计方案和交通管理决策。遗憾的是,当前手机信令数据调查分析技术还只能望洋兴叹,还需要交通行业共同努力,通过更广泛的实践来揭示其分析能力效果并形成共识。这需要全国多个城市的交通行业机构不断积累和分享经验效果,再进行归纳总结,形成技术指南规范,界定手机信令数据的清洗、处理算法、参数选择和适用性、扩样方法和校核方法等技术环节。在这样的技术规范指导下,不同机构都可以实践操作进行较为科学合理的分析,处理手机信令数据,得到符合交通行业需要的结果,从而取得在交通行业法定层面上的推广应用。

然而,由于当前缺乏产学研一体化的合作机制和合作环境,数据资源与研发能力的严重割裂制约着人们对手机信令数据分析共识的形成及建立相应的技术指南和规范。当下面临的典型困局是,手机运营商坐拥数据资源,但缺乏交通行业专业技术团队进行融合研发,导致其提供的分析结果未能得到交通行业相关机构的广泛认可;交通管理部门和规划设计院企业花费成本购买的"黑箱"数据分析结果无法应用,因此可能逐步对继续购买手机运营商的交通数据产品失去信心,一些企业自主组建团队进行手机信令数据研发时,又迫于产值生产任务的压力而无法可持续支撑足够的人力物力成本,相关工作开展停滞不前;受制于数据购买成本的压力和数据安全保护的壁垒,高校和研究院机构虽具备丰富的研发能力和科研人力资源,但很难获取原始手机信令数据去进行大量广泛的数据挖掘分析探索和同步对比试验研究。因此,迫切需要手机运营商、政府管理部门和企业以及高校和研究院三位一体共同开展联合组建实验室研发工作,才可能助推手机信令数据分析技术获得行业共识和建立技术指南规范。目前,笔者组建的研究团队,已经与中国联通、四川移动等运营商建立合作机制,有机会进入其机房并在数据得到安全保障的前提下开展研究工作。本书的许多成果得益于共同的合作,尤其是与贵阳市交通委员会、贵州联通、交通运输部科学研究院和西南交通大学的产学研合作取得了较好效果。通过近 5 年多的联合研究和实践,由贵阳市交通委员会牵头制定了贵州省基于手机信令数据的交通调查地方标准,应该是全国在该领域的第一个地方标准。

第3章

手机信令数据原理解析与特征研究

手机信令数据作为移动终端与移动通信网络交互的记录数据,其数据质量与通信网络演进历程息息相关。因此,本章从移动通信原理出发,首先介绍移动通信网络演进历程及与交通分析的联系,然后介绍不同网络演进下信令数据的特征。在此基础上,重点对当前4G/5G并行环境下的手机信令数据特征进行全面研究,包括基站密度、数据量、时间分布、定位频率及定位精度等,以全面评估当前手机信令数据的定位质量水平。最后,通过横向类比对个体交通出行链信息识别的可行性与可能性进行分析。

3.1 移动通信网络演进

3.1.1 移动通信网络演进历程

过去40年来,基于蜂窝技术的无线通信业务已遍及全球。无论是实用性还是用户数,无线通信都已经成为当今世界最主要的人类交流载体。早期的无线通信系统主要应用于公共安全领域,容量极其有限。直到蜂窝概念的出现,才真正让无线通信技术产生了质的飞跃。蜂窝概念是指将单个高功率发射器覆盖的区域分配给若干个低功率的发射器。每个发射器覆盖业务区的一小块区域,同时只使用总频谱的一部分,如图3-1所示。这样,只要同频率的基站足够远,频率就可以复用。虽然这个构想早在1947年就被贝尔实验室所提出,但是直到1970年以后,该技术才真正落地实现。而蜂窝技术的落地实现最终促成了商用无线通信系统的快速发展与部署。

1. 前三代蜂窝系统(1G—3G)

第一代蜂窝系统(1G)建立在30 kHz的信道宽度上,采用调频模式传输模拟语音信号,且只能提供语音通话业务。其最早由日本电报电话公司(Nippon Telegraph and Telephone)实施。随着技术和设备的不断发展,移动端和网络系统等硬件平台的处理能力得到显著提高,这使得2G无线系统的开发成为可能。

第二代无线通信系统(2G)采用数字调制技术,从多个方面提高了系统性能,从而能够提供更高的通信容量、通话质量以及安全性。短信业务就是在2G蜂窝系统时代产生的新业务。2G数字蜂窝系统在全球各地产生了多种标准和系统,包括全球移动通信系统

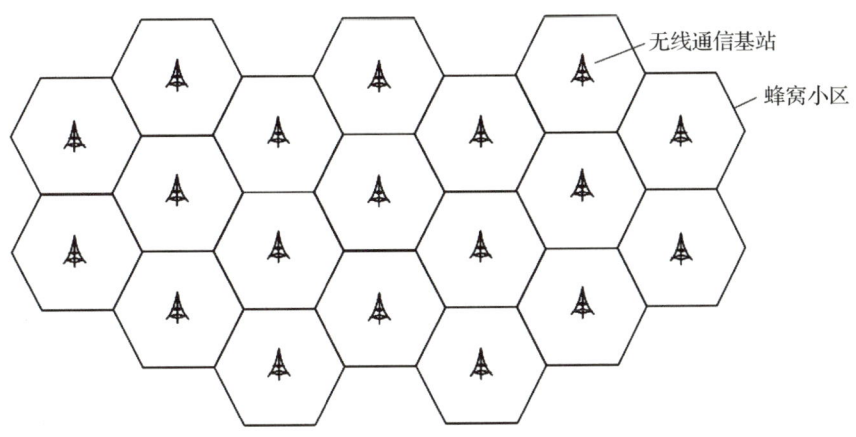

图 3-1　无线通信蜂窝技术概念示意图

(Global System for Mobile Communications,GSM)、IS-95CDMA 和 IS-136TDMA 等。GSM 曾是全球范围内部署最广泛的系统,遍及 220 个国家,占市场份额的 90%。GSM 网络采用由基站子系统(BSS)与网络交换子系统(NSS)构成主要部分的体系架构,如图 3-2 所示,这成为后来 3G 及 LTE 演进的基础。

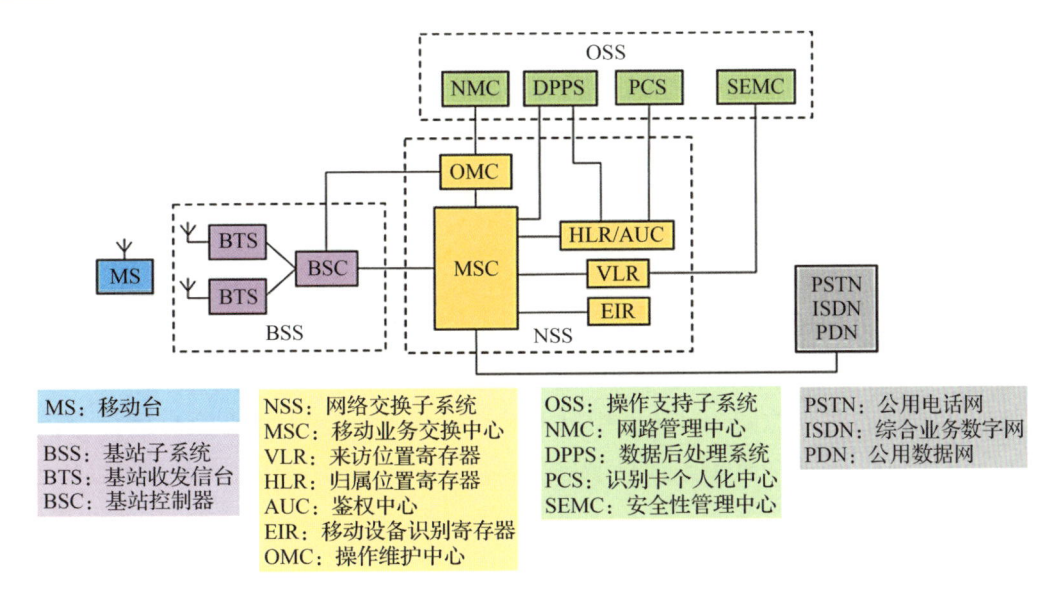

图 3-2　GSM 网络体系结构

第三代无线通信系统(3G)是无线通信网络系统的第一个重大飞跃。由于具备较高的数据速率和语音容量,3G 无线系统能够支持包括多媒体在内的多种高级业务和应用。

同时，在高数据速率的保障下，3G系统还能为大量应用提供更好的服务质量控制，包括语音电话、互动游戏、Web浏览和流多媒体应用等。20世纪90年代，国际电信联盟着手征集3G系统的提案。随后15年间，先后有6种方案被国际电信联盟接受，其中以W-CDMA和CDMA2000/EV-DO为主要代表。W-CDMA是GSM向3G演进的系统，被超过346个运营商在超过148个国家中进行部署[43]。

2. 4G-LTE/5G/6G 移动通信系统

第四代无线通信系统4G-LTE(Long Term Evolution)是3GPP组织制定的通用移动通信系统(Universal Mobile Telecommunications System，UMTS)技术标准的长期演进结果。4G-LTE无线通信系统的全面普及真正让人们进入了无线互联的新时代。LTE系统借助正交频分复用(Orthogonal Frequency Division Multiplexing，OFDM)、多输入多输出(Multi-Input & Multi-Output，MIMO)等关键技术突破，以及扇区分裂的应用普及，实现了频谱效率和数据传输速率的跳跃式上升。基于4G-LTE带来的高数据速率和低时延的移动数据环境，用户可以开展更多高带宽的应用业务，包括音乐下载、视频共享、移动电视、游戏互动和音、视频实时交流等。在此背景下，快速发展的无线互联网已经逐步取代传统因特网成为人们交流分享和生活娱乐的首选载体。

第五代移动通信网络(5G)是面向未来移动通信需求而发展起来的新一代移动通信系统。3GPP组织分别于2017年12月批准了5G非独立组网(NSA)标准，于2018年6月批准了5G独立组网(SA)标准。5G移动通信网络应用大规模多输入多输出(Massive MIMO)、高效空口多址接入技术、新型信道编码和同频同时全双工等新型技术，对网络架构和通信空口进行创新改进，通过宏站和微站的结合，极大地提升了通信网络在复杂场景下的整体性能。

第六代移动通信网络(6G)是通信、信息、大数据和AI等技术深度融合的新一代通信系统，呈现出跨学科、跨领域发展特征。2019年，我国科学技术部、国家发改委、教育部、工业和信息化部、中国科学院及国家自然科学基金委员会正式启动和部署中国6G研究工作。6G网络在频谱效率、网络能效、峰值速率、用户体验速率、时延、流量密度、连接数密度、移动性和定位能力等关键指标上都有显著提升，其有望在全息通信、数字孪生、智慧城市群、智慧交通和无人区探测等领域实现"泛在连接、万物智联"的宏伟愿景。

3.1.2 4G-LTE/5G 移动通信网络架构

由上述可见，现阶段已步入4G-LTE/5G移动通信网络时代，网络性能与数据质量出现飞跃式提升。对此，本节主要介绍4G-LTE/5G的技术原理及架构，深入解析当前环境下信令数据差异机制。

1. 4G-LTE 移动通信网络架构

图 3-3 所示为 4G-LTE 的系统架构,包括演进的核心网(EPC)和演进后的接入网(E-UTRAN)两部分。E-UTRAN 可以看作是通信基站网络,负责为移动端(UE,主要代表为手机)提供无线信号和连接服务。演进后的 E-UTRAN 由无线基站(eNodeB)组成,去掉了传统 2G/3G 中的 BSC 功能实体,以减少用户面和控制面的时延。EPC 可以看作是运营商的核心网服务器,可以提供包含移动管理实体(MME)、归属用户服务器(HSS)等在内的用户管理,也可以提供业务或数据管理,如业务网关(Serving GW)、分组数据网关(PDNGW)、策略与计费规则功能单元(PCRF)等。EPC 和 E-UTRAN 组合在一起被称为演进后的分组系统(EPS),也就是 LTE 网络的核心部分。

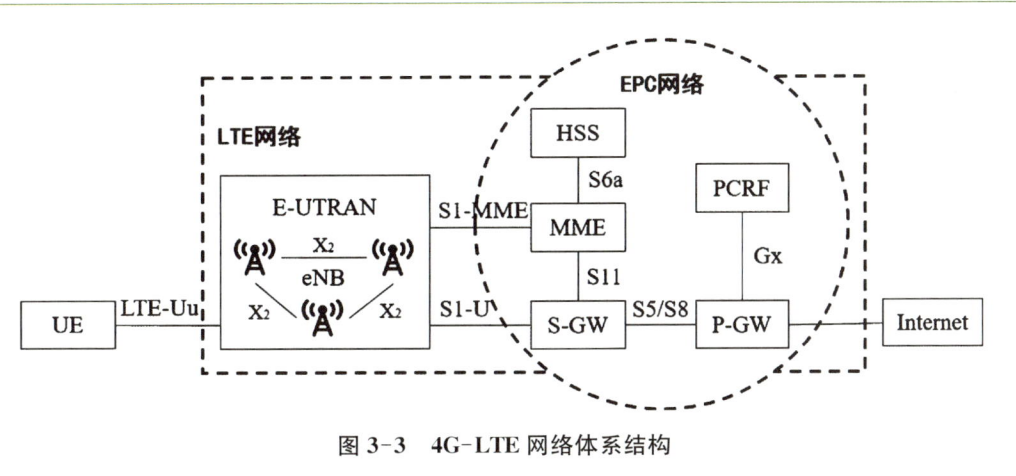

图 3-3 4G-LTE 网络体系结构

根据环境、覆盖模式等特征,4G-LTE 通信基站被分为宏站和室分站两种。宏站一般指户外大范围的基站站点,通常需要设置定向天线以进行更好的信号覆盖。室分站则布设在环境复杂的高层楼宇内部,通常采用吸顶天线。4G-LTE 蜂窝系统分为三个层级,即 TAC(Tracking Area Code)、eNB 和 ECGI,如图 3-4 所示。TAC 与 GSM 系统中的 LAC 类似,覆盖一定城市区域并包含若干个通信基站(eNB)。如根据运营商提供的基站信息,以贵阳市观山湖区为例,总共划分了 11 个 TAC。eNB 代表通信基站。对于宏站而言,每个 eNBID 对应一个经纬度。对于室分站而言,一个 eNBID 有可能对应多个经纬度。ECGI(E-UTRAN Cell Global Identifier)代表通信网络最小服务单元扇区的编号,对应 GSM 系统中的 Cell。不论是宏站还是室分站,一个 eNBID 都有可能对应多个 ECGI。

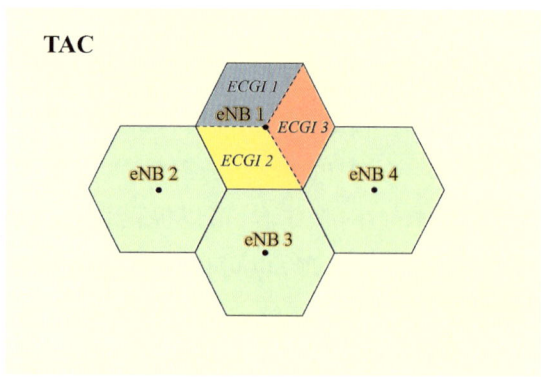

图 3-4 4G-LTE 通信网络覆盖层级

4G-LTE 移动通信系统中通信基站的主要工程参数如表 3-1 所列。对于宏站而言，由于覆盖区域较大，通常需要安装多个定向天线来提高基站的通信服务质量，一个基站覆盖范围将被划分为多个扇区。每个定向天线都有一个方位角和下倾角。蜂窝中的扇区数量由服务范围内的通信需求数量和空间分布特征决定，大多数在 10 个扇区以下。对于体育馆、大学等特殊区域，可能会出现超过 10 个的多扇区蜂窝。对于室分站而言，其功能主要是服务室内复杂环境的通信需求，通常采用吸顶全向天线，因此不存在方位角和下倾角。

表 3-1 4G-LTE 通信基站主要工程参数

参数字段	样例	备注
序号	101	
所属地市	贵阳市	所属城市
所属市县	白云区	所属行政区
站点名	X 商场楼顶_LF	运营商按照一定规则命名
网络类型	FDD	TDD：时分复用，即上、下行时间错开 FDD：频分双工，即上、下行频率分开
站点分类	宏站	分宏站、室分站两种
TAC	34065	追踪区，相当于 GSM 的 LAC
eNBID	656414	基站 ID，宏站与经纬度 1 对 1 室分站与经纬度 1 对多
ECGI	168041995	扇区 ID，相当于 GSM 的 CellID
经度	106.644722	扇区经度
纬度	26.673055	扇区纬度

(续表)

参数字段	样例	备注
天线挂高	12 m	天线距离地面的高度
海拔	928.6 m	天线的海拔高度
方位角	40°	宏站有,室分站无
机械下倾角	3°	基站天线向下倾斜的角度
电子下倾角	3°	天线信号向下倾斜的角度
总下倾角	6°	机械下倾角+电子下倾角
参考信号(RS)功率	152 dB	天线接收功率
带宽	20 MHz	信道带宽

相较于2G/3G移动通信网络,4G-LTE通过划分更多的扇区来提升移动通信基站网络密度,并有助于提高基站网络的定位精度。4G-LTE也能支持多种带宽分配,还能兼容主流2G/3G频段和新增频段,实现更加灵活的频谱资源分配,较大地提升了整个网络系统的容量及网络覆盖能力。同时,4G-LTE系统通过减少网络节点和系统复杂度,在网络架构上更加扁平化和简单化。得益于这些演进优势,4G-LTE系统信息传输效率显著提升,能够支持用户更高频次和更高流量需求的通信业务,也降低了网络部署和维护的总成本。因此,无论是定位频率还是定位精度,4G-LTE通信环境下的手机信令数据都已产生显著的跃升。

2. 5G移动通信网络架构

与前几代网络架构中"节点"或"网元"不同,5G核心网基于服务的网络架构将系统中的网元定义为由服务组成的网络"功能",即每个节点同时作为服务使用者和服务提供者,如图3-5所示。这些功能通过框架的接口为任何许可的其他网络功能提供服务。这种统一核心网络架构能够为不同类型的接入网提供服务,使得用户可以在3GPP接入与非3GPP接入之间实现无缝切换,并允许根据不同的使用场景(如不同的网络切片)需要来定制用户认证。同时,该架构也有助于网络快速升级、提升资源利用率、加速新能力的引入并便于网内和网外的能力开放,使得5G系统从架构上全面云化,利于快速扩、缩容。基于服务的网络架构及对应的网络切片标志着5G网络真正走向开放化、服务化、软件化方向,有利于实现5G与垂直行业的融合发展。

5G国际标准包括SA和NSA两种组网方式。其中,SA是与前代系统相互独立的5G网络架构,能够提供端到端的5G能力和业务,是5G网络连续覆盖的目标网络。而NSA是依附于4G基站工作的5G网络架构,是5G网络的过渡方案,主要解决5G快速部署、初期覆盖不完善和互操作频繁等问题。

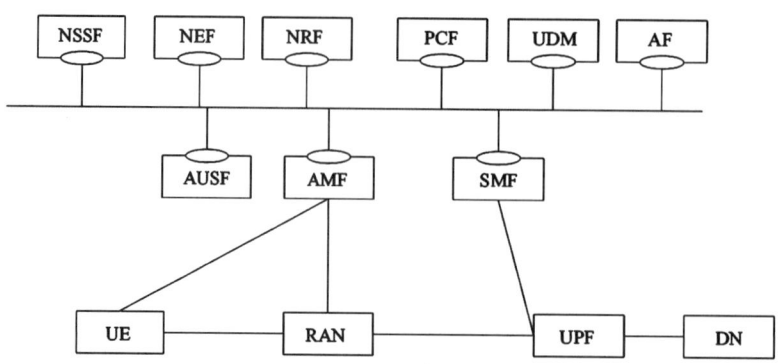

图 3-5　基于服务的 5G 网络框架

总体来看,当前移动通信环境正处于 4G 逐步向 5G 全面演进的阶段。随着 5G 网络的持续建设发展,当前,4G/5G 无线通信环境下的定位频率和定位精度相较于纯 4G 环境下有了新的提升,4G/5G 手机信令数据的定位质量已经接近粗糙 GPS 的定位质量,由此为个体交通出行链信息的采集提供了可能性。

3.1.3　通信网络演进与交通分析需求的关联

综上,随着移动通信网络由 2G/3G 步入 4G-LTE/5G 时代,信道带宽不断加强,峰值数据速率不断提高,通信网络能够为用户提供信息获取、通信交流和生活娱乐等越来越丰富、数据速率越来越高的服务选择。同时,智能手机在品种、数量与成本上均获得了长足发展,在我国实现了广泛普及。随着几乎所有生活、娱乐、工作和公共服务等传统业务和服务逐渐转移至无线互联网端,人们已经越来越离不开智能手机。加上我国持续推进的 5G 基站建设工作,移动通信网络设施密度将得到可观的增长。

手机信令数据是移动通信系统识别交通出行信息的主要数据源,当手机在移动通信网络中发起通信业务时,如开关机、打电话、发短信和连接移动互联网等,产生的信令数据将记录交互基站信息与时间戳。因此,信令数据识别交通信息的基本原理即通过采集移动台产生的信令数据中蜂窝小区识别号(CellID)确定提供通信服务的基站位置,以此获取用户的位置信息,该过程如图 3-6 所示。

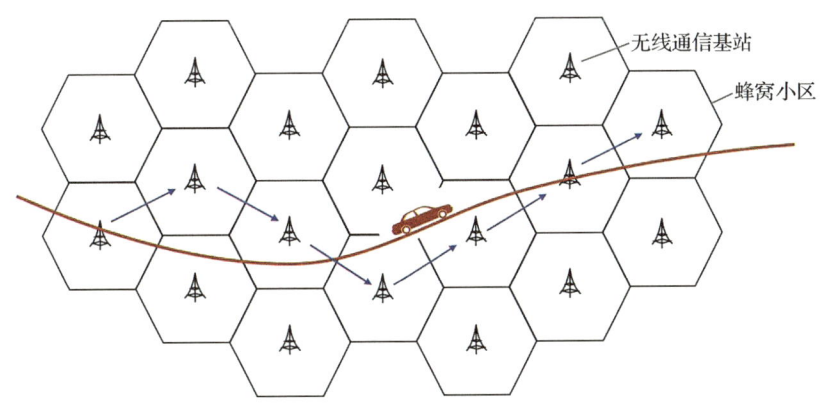

图 3-6 基于蜂窝网络的手机定位技术原理

因此,作为一种被动定位数据,手机信令数据在数据量、频率及定位精度方面都受到无线通信系统发展水平的重要影响。此外,通信基站网络布局密度、用户通信行为频率、用户出行活跃程度等多种因素也都对手机信令数据时空特性存在影响。如城市区域中基站覆盖密度高,基站服务区域半径较小,基于蜂窝网络(Cell of Origin,COO)定位的定位精度可达到较高的水平。而在城市郊区等基站分布较为稀疏的地方,手机定位精度就会显著下降。自 21 世纪初以来,利用手机信令数据开展交通出行特征分析和研究成为交通领域的热点和前沿。随着技术演进和通信设施布局的不断加密,手机信令数据的时空特性也在不断变化。不同无线通信网络技术时代的信令数据定位原理与特征如图 3-7 所示。

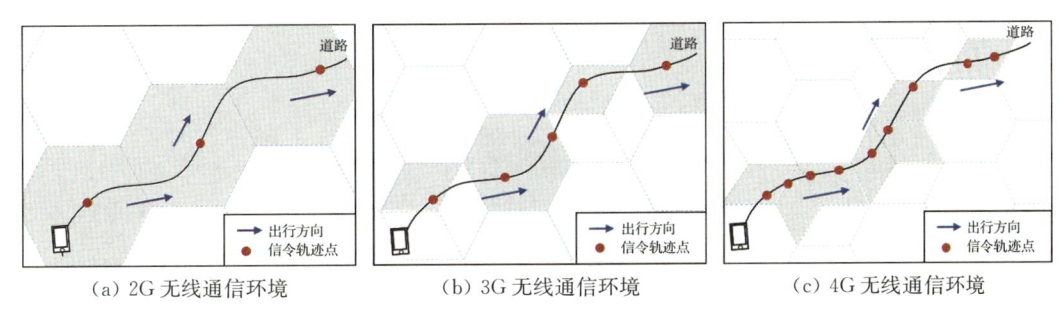

(a) 2G 无线通信环境　　(b) 3G 无线通信环境　　(c) 4G 无线通信环境

图 3-7 各代无线通信系统下手机信令数据定位原理示意图

在 2G 无线通信时代,通信基站网络密度偏低且主要安装全向天线,信道带宽只能支撑基础通信业务,手机信令数据的定位频率和空间精度均不理想,仅能支撑宏观层面交通特征的提取,如城市职住流量、大客流分布等。从 3G 无线通信开始,通信基站开始应用定向天线,网络密度也随着通信设施建设而不断提高,手机信令数据被逐渐应用于快速路、主干路等主要通道出行特征分析。随着 4G-LTE 无线通信网络的完善和 5G 无线通信设施的持续建设,扇区分裂技术与定向天线已经在大部分城市环境中全面普及应用。同时,我国大部分城市范围内的通信基站网络密度在世界范围内已经达到了较高的水平。结合 OFDM 和 MIMO 等技术的应用以及信道带宽显著提升等,手机信令数据定位质量显著提升,为提高基于蜂窝网络的手机定位技术的定位精度和适用范围作出了巨大贡献[25,44-46],手机信令数据已逐渐具备精细化提取出行特征的能力。

3.2 手机信令数据技术优势与数据特征

虽然手机信令数据获取机制造成其目前定位效果略不及 GPS 等高精度定位采集设备,但其在覆盖范围、覆盖广度上具有天然优势,适合于城市宏观级别交通信息监测。此外,作为我国移动通信系统交互记录,手机信令数据均来自运营商等国家企业机构,数据可靠性、安全性、保密性也得到有效保障。对此,本节主要介绍 4G-LTE/5G 环境下信令数据特性,并详细对比不同网络演进下信令数据的特征差异,进一步评估手机信令数据的可能应用效果。

3.2.1 不同网络演进下的手机数据特征

由上述可知,不同通信网络演进环境下的手机信令等定位数据特征存在显著差异,其中定位频率和精度是影响手机数据提取交通出行特征的关键因素。基于此,手机数据主要可划分为如图 3-8 所示四种类型。

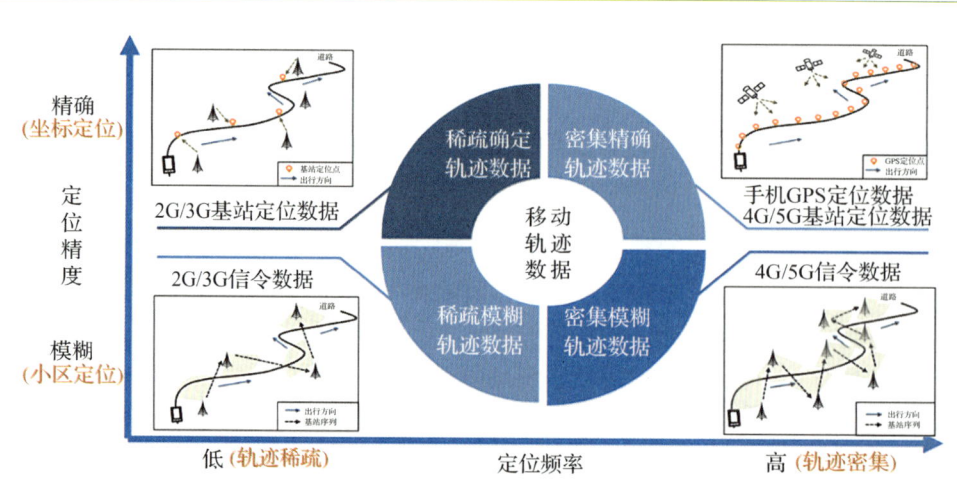

图 3-8 手机数据类型

1. 稀疏模糊型轨迹数据

如图 3-8 所示,其左下角为稀疏模糊型手机轨迹数据示意。在早期 2G 通信网络条件下,手机数据大都属于稀疏模糊型,其仅依靠手机在通话、短信等通信事件产生信令数据,例如切换、位置区更新。该类数据主要记录手机在基站小区间的时空变化信息,定位精度在基站小区信号覆盖范围波动。其中,市中心基站的小区覆盖半径为几十米至几百米,郊区或者乡村的基站覆盖半径通常为几千米。早期的稀疏模糊型手机数据提取个体交通出行特征的能力较弱。

2. 稀疏确定型轨迹数据

如图 3-8 左上角所示为稀疏确定型手机轨迹数据示意。该类数据是通过手机与基站之间的信号传输时间差结合波速进行的位置坐标定位,基本原理是以手机与周围三个基站的距离作为半径,三个圆即可确定一个点的位置坐标。这种方法可以得到手机位置的确定(X,Y)坐标,而不像信令数据只能得到模糊的基站小区覆盖区域。但在早期的 2G 通信网络条件下,由于通信链路资源很有限,实际网络无法大量承担额外的坐标定位带来的信道链路资源占用,因此,该类数据定位频率较低,定位精度也不高,相对于 GPS 定位精度差距较大,误差水平通常为几十米至几百米。因此,在传统 2G 网络条件下,几乎没有开展基于稀疏确定型手机数据的交通出行特征提取挖掘应用。

3. 密集模糊型轨迹数据

如图 3-8 中右下角所示为密集模糊型手机轨迹数据示意。随着 3G/4G 时代的到来,通信链路带宽资源大幅提高,大量移动网络应用的出现使得手机通信信令事件频率显著提升,手机信令数据具备了基站小区级定位精度和显著增加的定位频率,本书将该类手机信令数据界定为密集模糊型手机数据。根据既有 4G 信令数据,尽管该类数据定位精度模糊,但其定位间隔大多数都在 1 min 以内,这样密集的手机数据在中宏观层面的城市规划和交通规划管理方面可能具备相对足够的支撑力。

4. 密集精确型轨迹数据

如图 3-8 右上角所示为密集精确型手机轨迹数据示意。随着通信网络演进升级到 4G-LTE/5G 环境,链路带宽资源足以支撑大量手机位置的平面坐标定位。在 4G 网络环境下,运营商已经可以实现主动对手机用户发起追踪定位。MR 数据作为手机移动台所在位置通信信号强度的测量信息,在通常情况下,是由同一手机与周围若干基站相连时,以 480 ms/次的频率发送至通信网络的数据包,包括电平强度、质量和 TA(Time Advanced)信息。其中,TA 信息代表手机信号到达基站的实际时间。通过到达时间(Time of Arrival,TOA)、到达时间差(Time Difference of Arrival,TDOA)等更高定位精度的算法,能够获取更为精确的手机定位坐标位置信息。

密集精确型手机数据具备较强的个体出行追踪能力,定位频率理论上最快可以达到几秒,定位精度有望接近 GPS 的定位精度。但由于受到基站网络布局的影响,实际中不完全存在手机附近具备三个有效基站的情况,实际出行环境下,定位频率和定位精度也还有待更多真实数据的测试和质量评估。另外,提取这类数据需要占用较多通信链路信道资源。而在既有网络中,运营商为了保障通话、短信等常态业务的通信质量稳定,未能开展大规模的数据链路解析提取。因此,这类数据在现有的城市规划、交通规划管理领域基本还没有应用。随着通信网络演进到 4G-LTE/5G 时代,充足的通信链路资源提升有望实现全样本、海量的 MR 数据采集,进而提供高频密集精准的手机坐标定位数据。

可见,虽然目前通信环境下的手机信令数据仍无法达到 GPS 定位的精度水平,但是已经接近稀疏 GPS 的定位频率和粗糙 GPS 的定位精度。从类比的角度来看,大量研究已经证明基于稀疏粗糙的 GPS 数据也能达到较好的出行信息采集精度[47-50]。因此,虽然 4G-LTE/5G 通信环境下的手机信令数据仍有瑕疵,但根据其目前的定位精度与定位频率,已经具备较好地完成个体出行信息识别的潜力。

3.2.2　4G-LTE/5G 手机信令数据特征

1. 数据产生与提取

在图 3-3 所示的 LTE 系统中,S1、S5、S6、S8 等均为信令接口,而在图 3-5 所示的 5G 移动通信系统中,Xn 和 NG 均为信令接口。当有业务申请、数据包或控制命令通过这些接口时,网络就会产生信令数据。基于运营商提供的原始数据集,删除与时空信息无关的字段后,形成如表 3-2 所列的原始手机信令数据。其前三个字段主要代表用户 SIM 卡和移动设备的 ID 信息。为确保数据安全和用户隐私,在一般商业应用中,运营商只会提供匿名处理后的用户全球标识码。TAC 和 ECGI 分别代表追踪区编号和扇区编号,与表 3-1 中所列的相关字段对应。最后三个字段代表该条的通信事件类型与时间。

表 3-2　原始手机信令数据主要字段

用户全球标识码	用户手机号码	终端设备标识	TAC
4600178＊＊＊5255	130＊＊＊2588	3548530＊＊＊2343	34052
4600178＊＊＊5255	130＊＊＊2588	3548530＊＊＊2343	34052
4600178＊＊＊5255	130＊＊＊2588	3548530＊＊＊2343	34052
ECGI	流程类型	流程开始时间(s)	流程结束时间(s)
172569867	103	2019/9/7 12:27:00	2019/9/7 12:27:00
172569867	103	2019/9/7 12:27:02	2019/9/7 12:27:02
172569867	103	2019/9/7 12:27:06	2019/9/7 12:27:06

表 3-2 中的"流程类型"代表该条信令数据产生时对应的业务类型,共有 13 种代码,详情如表 3-3 所列。其中,100—102 代表附着流程和分离流程,即在移动端与网络间建

立连接和断开连接。103 为跟踪区更新，在用户切换跟踪区时产生。104 和 105 分别代表网络或 UE 触发的业务请求，可以直观近似地理解为下载和上传。110—112 代表网络发起的 EPS 承载环境控制信令。当手机移动端需要使用数据业务（语音业务、上网业务等）时，移动端与通信网络间必须先激活 EPS 承载，并根据业务状态修改或停用，以优化通信质量或停止通信业务。

表 3-3　信令数据业务流程类别

流程类型	流程类型英文名	流程类型名
100	Attach	附着流程
101	UE-initiated detach procedure	UE 发起的分离流程
102	Network-initiated detach procedure	网络发起的分离流程
103	Tracking area updating	跟踪区更新
104	Network triggered service request	网络触发的业务请求
105	UE triggered service request	UE 触发的业务请求
106	UE requested PDN connectivity	UE 请求的 PDN 连接
107	UE requested PDN disconnect	UE 请求的 PDN 断开
110	Network initiated dedicated EPS bearer context activation	网络发起 EPS 专有承载环境激活
111	Network initiated EPS bearer context modification	网络发起 EPS 承载环境修改
112	Network initiated EPS bearer context deactivation	网络发起 EPS 承载环境停用
119	SMS send	短信发送
120	SMS receive	短信接收

与 2G/3G 手机信令数据相同，4G-LTE/5G 信令数据也基于 COO 定位。因此，4G-LTE/5G 手机信令数据本身并不包含位置坐标信息。表 3-4 所列是根据 TAC 和 ECGI，将手机信令数据与通信基站工程参数表匹配后，得到包含基站位置坐标的手机信令数据。

表 3-4　手机信令数据样例

用户全球标识码	TAC	ECGI	日期	时间	基站经度	基站纬度
460＊＊＊340	34054	1710732	2019-9-21	9:00:34	106.69921	26.58389
460＊＊＊340	34054	1710732	2019-9-21	9:01:41	106.70253	26.58639
460＊＊＊340	34054	1678945	2019-9-21	9:02:10	106.70253	26.58639

2. 数据特征分析

本节以贵阳市真实手机信令数据为例，分析信令时空分布等特征。其中空间分布主要依赖通信网络基站分布特征，并影响数据定位误差，而时间分布包括数据时间间隔与日分布特征。

1) 总体特征

运营商提供的数据集包含 2019 年 6 月 1 日至 6 月 30 日期间该运营商所有用户产生的手机信令数据，并以日期划分为 30 个数据文件。单日数据文件的大小从 54.86G 到 69.59G 不等，其中 2019 年 6 月 7 日数据文件最小，2019 年 6 月 24 日数据文件最大。利用 SQL-Server 对数据进行导入和统计后发现，单日数据集包含的数据量从 6.696 亿条至 8.494 亿条不等，包含的用户总数量从 105.78 万人到 134.18 万人不等，单日数据集的人均平均数据量在 591.3 条/人/日与 667.9 条/人/日之间波动。

本书随机选取 2019 年 6 月 12 日（周三）和 2019 年 6 月 16 日（周日）的数据集作为工作日和周末的代表性数据集，进一步分析用户数据量、各流程类型占比和时间分布等特征。该日数据总量分别约为 7.77 亿条和 7.55 亿条，用户数量分别约为 125.26 万人和 125.11 万人，人均数据量分别约为 620 条/人/日和 605/人/日。相较于工作日，周末的数据总量略低，但不存在数量级差别。

考虑到居民出行活动主要集中在白天，本书进一步对每个用户白天时段（6:00am 至 9:00pm，共 15 h）的数据量分布进行分析，结果如图 3-9 所示。在工作日白天时段，用户平均数据量为 501 条，在周末白天时段，则为 476 条。从数据量分布情况看，在工作日和周末的白天时段，分别约 37.5% 和 37.7% 的用户个体数据量少于 200 条。这部分用户属于不活跃用户，即平均超过 4.5 min 才能产生一条信令数据，难以实现个体交通出行活动信息的精确识别。同时，有 0.70% 和 0.56% 的用户个体数据量超过 3 000 条。这部分用户属于过度活跃的异常用户，可能由广告推销、电信诈骗等非个人业务手机所产生。

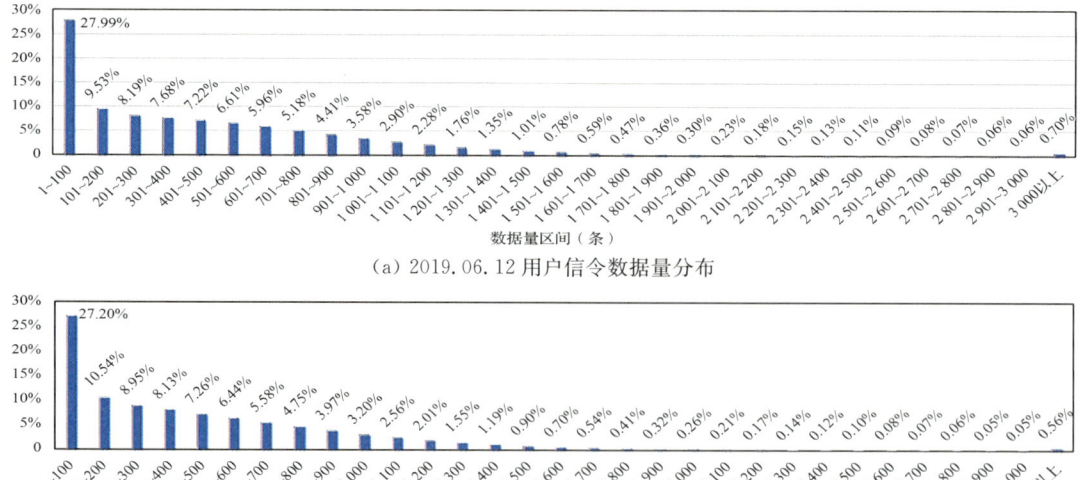

(a) 2019.06.12 用户信令数据量分布

(b) 2019.06.16 用户信令数据量分布

图 3-9 不同日期白天时段用户信令数据量分布

2）通信基站空间分布密度

贵阳市行政区划包括六区一市三县，市域面积 8 034 km²。运营商在该范围内布设的通信基站达到 10 009 个，包含扇区 39 477 个（包含 4G 天线和 5G 天线），基站平均覆盖范围达到 0.8 km²，远小于 2021 年 Bonnetain 等[5]统计的巴黎（1.45 km²）和里昂（2.33 km²）的基站覆盖范围。为分析不同区域的通信基站和扇区覆盖密度，本书进一步以该市为研究区域，建立 1 000 m×1 000 m 网格体系，计算各网格的基站密度。

通常情况下，城市建成区的通信业务需求远大于郊区、农村、景区等区域，因此，城区的通信基站密度相对更高，如云岩区、南明区、观山湖区等中心城区。其中，云岩区南部和南明区北部属于城市老城区，城区人口密集，建筑和道路布局错综复杂，通信需求较大，是通信服务质量的重点关注区域。因此，该区域通信基站密度最大，扇区密度的平均值达到 594 个/km²。观山湖核心区属于重点打造的城市新区，金融城、国际会展中心、奥林匹克体育中心等组团均位于该区域。同时，该区域存在大量高层建筑，通行需求较大，通信环境复杂。因此，观山湖区的核心区基站覆盖密度也比较高，扇区密度的平均值达到 363 个/km²。花溪区大部分区域属于城市郊区，其核心区主要以工业厂房和低密度居住小区为主。因此，该区域的通信基站密度较低，扇区密度的平均值为 99 个/km²。对于外围区市县，如开阳县、息烽县、修文县、清镇市和乌当区等，只有县城核心区附近的通信基站密度较高，个别网格的扇区密度能够达到 200 个/km² 至 300 个/km²，其他区域大部分在 30 个/km² 以下。

3）定位误差特征

目前，手机信令数据只能实现基站扇区级别的定位，即知道个体位于哪个扇区而不知道其真实坐标，因此存在较大的定位误差。这个误差就是个体真实位置与基站位置间的距离，即基站连接距离。由于匿名的手机信令数据无法获取个体的真实位置信息，无法评估定位误差。在运营商的支持下，本书组织志愿者在贵阳市范围内开展数据采集实验，同步采集手机信令数据与 GPS 数据。最终实验共采集 17.9 万条手机信令数据，其中 97 267 条手机信令数据成功匹配到同时刻的个体 GPS 位置信息，实验具体细节详见 4.2 节。

本书以同时刻 GPS 坐标为个体真实位置，计算基站位置与个体真实位置间的距离，得到的距离分布概率与累积概率如图 3-10 所示。可以看出，连接距离在 100~200 m 区间的概率最高，达到 23.1%。基站连接距离在 500 m 以内的数据累积概率达到 73.2%。经计算发现，基站连接距离的平均值为 357 m，连接距离的中位数为 278 m。可见，当前手机信令数据的定位精度已远高于早期的 2G/3G 时期，为提升出行信息识别准确率奠定了基础。随着未来 5G 移动通信环境下更高精度的 MR 定位等技术的全面普及应用，手机信令数据的定位精度有望继续得到大幅度提升。

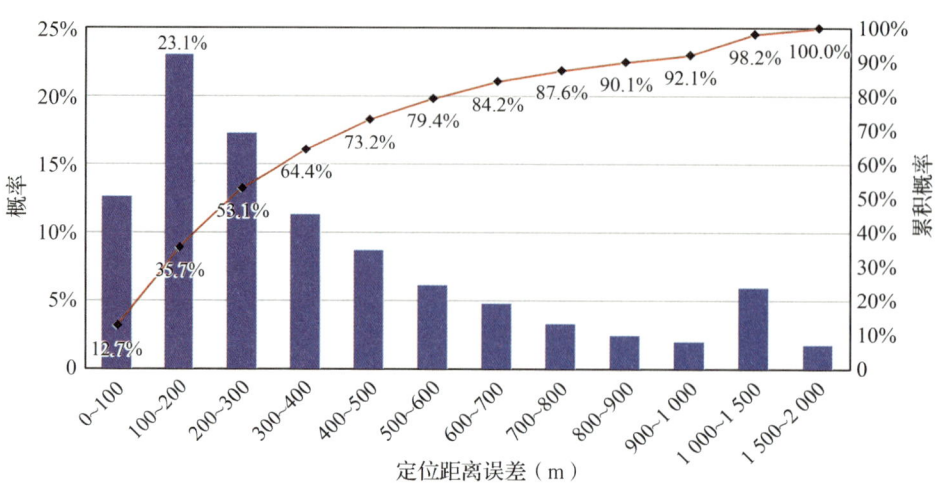

图 3-10 基站连接距离(定位距离误差)概率及累积概率分布

基站连接距离可以间接反映通信基站服务覆盖范围的大小。一般情况下,基站密度高的区域连接距离较小,定位精度较高,而基站密度低的区域则相反。本书进一步以每条手机信令数据对应的 GPS 位置为中心、以 564.3 m 为半径划分圆形范围(面积约为 1 km^2),计算该范围内的基站扇区密度。针对不同的基站扇区密度区间,本书统计符合该密度区间要求的所有数据的基站平均连接距离,结果如图 3-11 所示。可以看出,基站连接距离随着基站密度的增加而逐渐减小。当基站密度小于 40 个/km^2 时,基站连接距离的平均值超过 500 m。当基站密度大于 560 个/km^2 后,基站连接距离平均值将下降至 157 m。

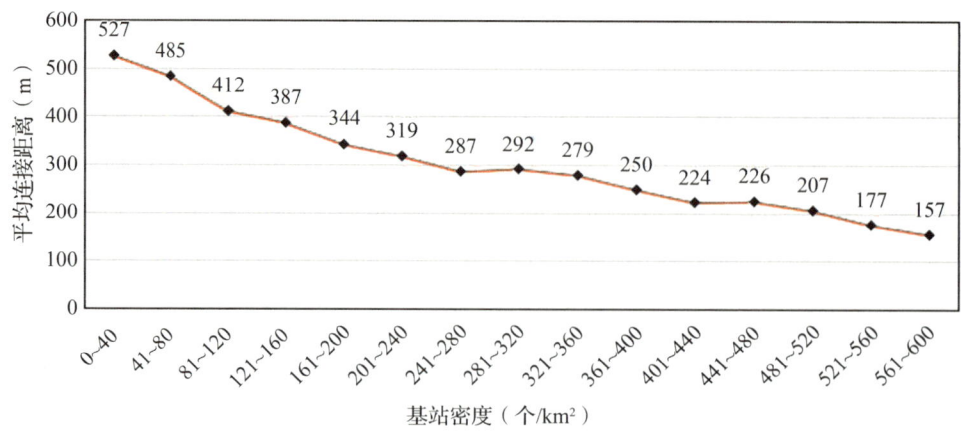

图 3-11 不同基站扇区密度下的基站平均连接距离

本书对不同基站密度下的基站连接距离分布进行函数拟合。针对每个基站密度区间，本书首先计算该密度下所有信令数据的基站连接距离，随后以连接距离分布的累计概率值作为自变量，连接距离作为因变量进行函数拟合，最后根据 SSE（和方差：计算拟合数据和原始数据对应点的误差平方和）和 R^2（确定系数）来判断拟合效果。其中，SSE 越接近 0，R^2 越接近 1，拟合效果越好。经过不同函数形式的比较，最终确定指数函数的拟合效果最好，如式（3-1）所示：

$$y=\begin{cases} 1.27\times 10^{-6}\times e^{13.57x}+0.148\,6\times e^{1.589x}, & 1\leqslant i\leqslant 40 \\ 3.99\times 10^{-7}\times e^{13.99x}+0.121\,8\times e^{1.971x}, & 41\leqslant i\leqslant 80 \\ 5.29\times 10^{-15}\times e^{33.23x}+0.135\,8\times e^{1.47x}, & 81\leqslant i\leqslant 120 \\ 1.94\times 10^{-15}\times e^{33.95x}+0.098\,72\times e^{1.92x}, & 121\leqslant i\leqslant 160 \\ 1.22\times 10^{-15}\times e^{34.4x}+0.037\,32\times e^{2.897x}, & 161\leqslant i\leqslant 200 \\ 7.52\times 10^{-15}\times e^{32.94x}+0.088\times e^{1.626x}, & 201\leqslant i\leqslant 240 \\ 4.95\times 10^{-16}\times e^{34.53x}+0.044\,18\times e^{2.671x}, & 241\leqslant i\leqslant 280 \\ 3.55\times 10^{-15}\times e^{32.75x}+0.103\times e^{0.538\,1x}, & 281\leqslant i\leqslant 320 \\ 1.1\times 10^{-15}\times e^{33.66x}+0.086\,62\times e^{1.338x}, & 321\leqslant i\leqslant 360 \\ 1.572\times 10^{-15}\times e^{33.4x}+0.084\,73\times e^{1.168x}, & 361\leqslant i\leqslant 400 \\ 0.059\,91\times e^{1.784x}, & 401\leqslant i\leqslant 440 \\ 1.43\times 10^{-6}\times e^{11.99x}+0.043\,6\times e^{1.467x}, & 441\leqslant i\leqslant 480 \\ 7.93\times 10^{-9}\times e^{17.31x}+0.046\,6\times e^{1.461x}, & 481\leqslant i\leqslant 520 \\ 4.76\times 10^{-16}\times e^{34.24x}+0.054\times e^{1.065x}, & 521\leqslant i\leqslant 560 \\ 3.66\times 10^{-6}\times e^{10.49x}+0.036\,82\times e^{1.344x}, & 561\leqslant i\leqslant 600 \end{cases} \quad (3\text{-}1)$$

式中，x 为基站连接距离的累积概率；y 为基站连接距离，单位为 km；i 为基站密度，单位为个/km^2。表 3-5 所列为不同密度下连接距离累积概率分布函数的拟合效果。

表 3-5　不同密度下连接距离累积概率分布函数拟合结果

基站密度(个/km^2)	[1, 40]	[41, 80]	[81, 120]	[121, 160]	[161, 200]
SSE	0.344 6	0.353 7	0.157	0.037 4	0.328 7
R^2	0.978 2	0.974 8	0.982 8	0.994 3	0.984 5
基站密度(个/km^2)	[201, 240]	[241, 280]	[281, 320]	[320, 360]	[361, 400]
SSE	0.758 4	0.248 4	0.116 7	0.064 8	0.132 4
R^2	0.965 4	0.965 5	0.945 2	0.969 6	0.958 2

(续表)

基站密度(个/km²)	[401, 440]	[441, 480]	[481, 520]	[521, 560]	[561, 600]
SSE	0.037 6	0.007	0.016 4	0.025 3	0.001 92
R^2	0.877 9	0.982 7	0.955 1	0.917 8	0.973 6

4) 时间间隔分布特征

对于一组手机信令数据，相邻数据的平均时间间隔可以反映这组数据的定位频率。针对 2019 年 6 月 12 日用户个体白天时段的手机信令数据，本书统计了相邻信令数据的时间间隔分布，如图 3-12 所示。其中，时间间隔小于 30 s 的累积概率达到 70%，小于 90 s 的累积概率达到 90%，而小于 180 s 的累积概率超过 95%。相邻数据平均时间间隔为 55.54 s，中位数达到 19.40 s。可以看出，在 4G/5G 并行的移动通信环境下，手机信令数据定位频率已经达到稀疏 GPS 的定位水平[6,7]，能够较为频繁地记录个体位置轨迹的变化，并形成密集的定位数据，为个体精细化的交通出行信息提取提供了可能性。随着未来 5G 通信技术的全面应用，居民移动通信业务类型更加丰富，手机信令数据的定位频率也会更加频繁，更有助于精细化个体出行链信息的精确识别。

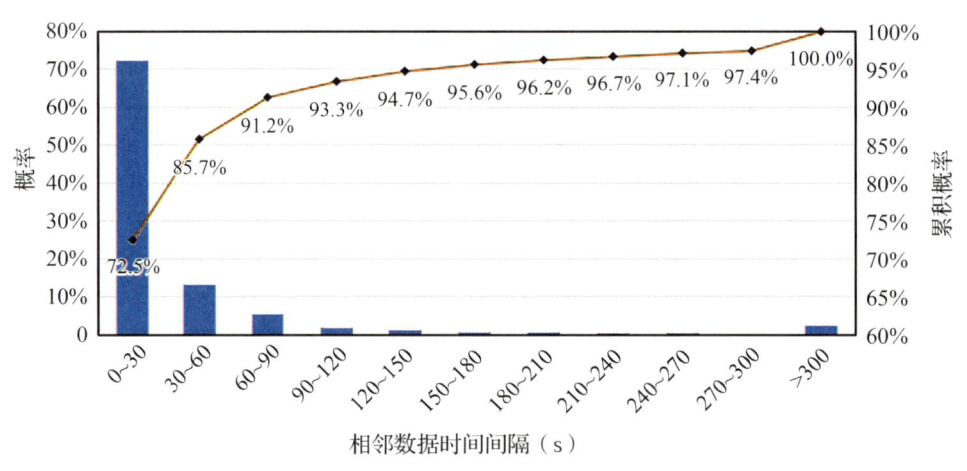

图 3-12 相邻手机信令数据的时间间隔分布概率及累积概率

本书进一步利用多种函数对手机信令数据时间间隔的分布概率进行拟合，包括韦伯函数（Weibull）、指数函数（Exponential）、高斯函数（Gaussian）和幂函数（Power）。拟合结果如图 3-13 所示，蓝色空心散点代表不同时间间隔值的发生概率，不同颜色的曲线代表各类函数的拟合结果。

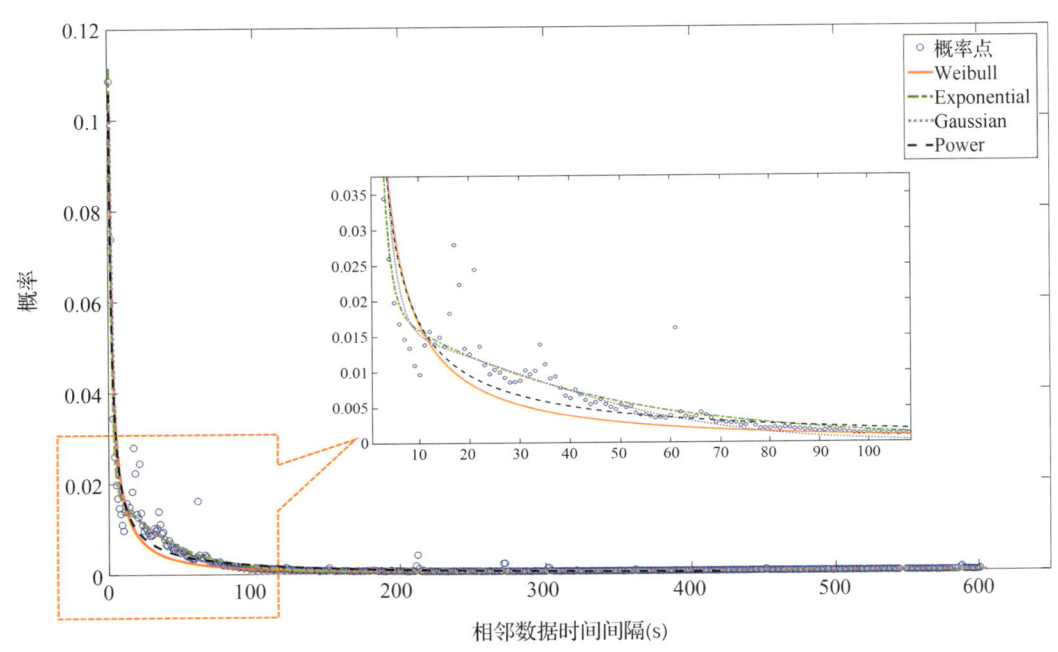

图 3-13　相邻手机信令数据的时间间隔分布概率拟合结果

从结果来看，指数函数拟合效果最好，其决定系数（R-Square，R^2）为 0.9597，均方根误差（Root Mean Square Error，RMSE）为 0.013，函数形式如式（3-2）所示：

$$f(x) = 0.191 \times e^{-0.734x} + 0.02 \times e^{-0.025x} \tag{3-2}$$

式中，x 为手机信令数据时间间隔，单位为 s。

5）日均分布特征

利用 2019 年 6 月 12 日数据集，本书对全天 24 h 的数据产生量进行统计，得到如图 3-14 所示的数据时间段分布。可以看出，以小时划分时间段后，全日各时间段的数据产生量在 3%～5% 之间波动。其中，早上 7 点至晚上 9 点之间属于全日数据量较为集中的时间段，每小时数据的占比均超过 4%，这符合城市居民白天通信活动较为频繁的预期特征。中午 11 点至 12 点的手机信令数据量最大，所占比例达到 5.03%。晚上 11 点至 12 点的手机信令数据量占比最小，为 3.45%。

6）数据类型分布特征

通过对 2019 年 6 月 12 日的所有手机信令数据流程类型进行统计，本书发现，流程类型为 104（网络触发的业务请求）和 105（UE 触发的业务请求）的数据占据了总数据量的 45.7%，是手机信令数据的主要流程类型。这两种类型是用户产生语音、视频或连接移

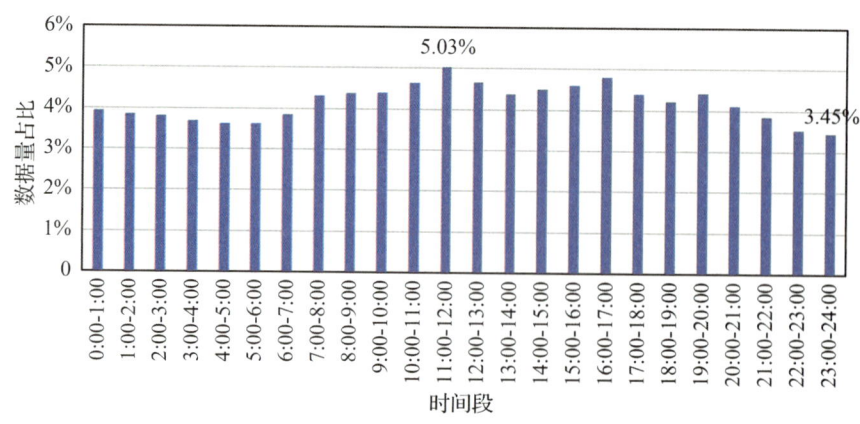

图 3-14　手机信令数据产生的时间段分布

动互联网等服务产生的信令类型。其中网络触发的业务请求表示 LTE 核心网向用户移动端发起数据流业务请求，如发起数据下载等。UE 触发的业务请求则表示用户移动端向核心网发起数据流业务请求。由此可见，随着手机社交软件、短视频软件、即时通信软件等的广泛流行，通信用户的移动互联网业务在所有业务类型中已占据绝大部分。这种新业务的产生与普及，使得手机信令数据的定位频率大大增加。流程类型 103（追踪区位置更新）的数据占比达到 37.4%，这部分数据由用户个体发生位置移动导致蜂窝追踪区变化后所产生，对于记录个体出行轨迹而言非常重要。该类型数据占比较高，也从侧面反映出 4G 环境下通信基站密度较高，用户个体会更频繁地发生追踪区位置更新。其他 10 种流程类型数据占总数据量的 16.9%。

3.2.3　小结

综合来看，随着无线通信技术的不断演进，手机信令数据的定位质量正在不断改善和提高。在时间频率方面，手机信令数据的平均时间间隔已由早期的 8.2 h 逐步发展至当前的 60 s 左右。随着通信网络技术的进一步普及，定位频率还有望继续提升。在通信基站密度方面，当前 4G/5G 移动通信环境下的通信基站密度已经远高于 2G/3G 时代，使得手机信令数据的定位精度得到显著提高。凭借通信基础设施建设能力与规模效益的总体优势，我国大部分城市的基站分布密度水平在国际上处于领先地位。随着我国 5G 等无线通信网络不断建设与逐渐普及，手机信令数据的定位质量在未来仍有大幅改善的可能性。综上，本书研究的 4G/5G 混合移动通信环境下定位频率与基站密度已得到显著提升，为个体出行链信息提取提供了可能性和可行性。

第 4 章

出行链特征提取算法与实验体系设计

合理有效的出行链特征算法是可靠性分析的基础。本章首先基于现有提取技术,提出更高效的出行链特征提取算法体系;其次介绍同步采集实验设计机理及流程,采集算法实证所需的信令数据;最后介绍融合交通与通信领域的信令数据一体化仿真平台,以实现不同影响因素环境下识别技术的敏感性分析。

4.1 个体出行链特征提取算法

4.1.1 出行链特征提取思路

出行链是指以家为起讫点、包含一个或多个中途活动地点的一系列出行的组合,包括居民在一天之内开展各种活动和出行发生停留时产生的出行端点,每两个出行端点之间采用的某种出行方式,每一次在城市交通网络(道路网络、公交网络、轨道网络)中产生的出行路径。如果想还原一个居民在城市中的完整出行活动链,就需要对其出行端点、出行方式和出行路径进行识别。图 4-1 所示是本书提出的基于手机信令数据的个体交通出行信息识别流程与思路,主要技术流程与思路包含下述四个主要部分。

1. 数据预处理

手机信令数据在产生与传输过程中会产生漂移、乒乓切换、字段缺失等异常情况。如不提前处理,这些噪声数据会影响个体出行信息的提取精度。本书将结合个体出行信息识别各环节的算法需求,分别针对缺失数据、漂移数据、乒乓切换数据设计预处理算法。在此基础上,对比"先乒乓切换后漂移"和"先漂移后乒乓切换"两种技术的流程差异,探索构建更有效合理的预处理方法。

2. 出行端点识别

针对完整的个体出行数据,出行链特征提取首先需要识别出行端点,从而将完整的轨迹切割为单一的出行 OD 段。本书提出两种识别思路:①根据停留与出行两种状态在速度、活动范围等特征上的差异,将出行端点识别问题转化为运动状态的模式识别问题,通过融合 POI 等多源数据综合提高不同状态的特征差异,构建基于随机森林的识别算法。②基于信令数据时空特征分布,针对真实标签数据难以获取的情况,在现有空间聚类

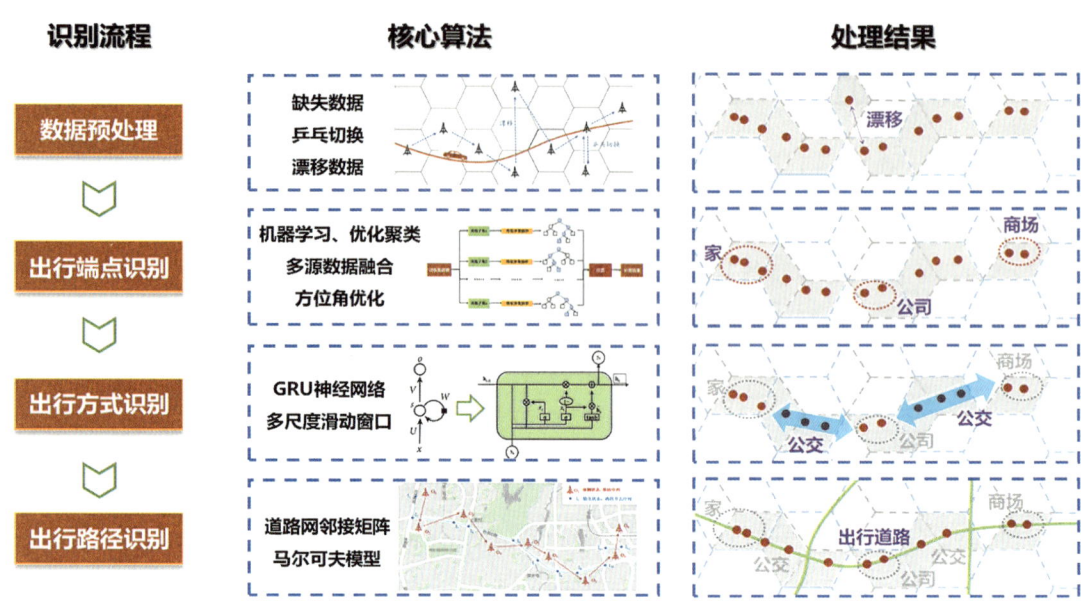

图 4-1　个体交通出行信息提取技术流程与主要算法示意图

算法的基础上,提出基于聚类半径动态选择机制的优化聚类算法。在此基础上,本书针对手机信令数据定位误差较大这一瓶颈,通过融合基站方位角与定位误差概率分布,设计针对性算法优化停留位置坐标的识别精度。

3. 出行方式识别

利用手机信令数据识别多模式出行方式一直是手机信令数据研究中的难题。主要原因是手机信令数据定位精度不理想,导致其轨迹点计算出的速度、加速度等特征并不能准确反映各种交通方式间的差异性。本书在完成出行端点识别的基础上,将出行 OD 间的时空特征加入出行方式识别的特征参数中,并通过引入 GRU 深度神经网络模型进行交通出行方式识别。该过程参考学习算法解决"多对一"分类问题的思路,将 OD 间的出行方式识别转化为"多对一"的分类问题,利用深度学习模型强大的自学习和预测能力来完成对交通出行方式的识别。

4. 出行路径识别

在完成出行端点和出行方式识别后,本书根据出行端点将个体出行链分割为若干段及每段对应的出行方式。在识别出每段出行的路径后,本书即可完整地还原个体全链条的交通出行信息。出行路径识别与解码问题近似。若将手机信令在通信网络中的转换作为观测状态,将居民在真实交通网络中的移动作为隐藏状态,则出行路径识别即为问题解码过程。本书基于隐马尔可夫模型在解码问题处理中的优秀能力和鲁棒性,识别出行路径,先针对手机信令数据特征进行模型参数的构建、比选和优化,随后探索适用于手机信令数据出行路径识别的隐马尔可夫模型。

4.1.2 出行端点提取

在过去20年中,出行端点识别已积累了大量研究成果,包括规则算法、聚类算法等[51-54]。这些研究大多依赖于常识或相对简单的先验知识,可能会忽略短距离/时间出行,且缺乏鲁棒性,结果极易受到异常值影响[55]。随着近年来手机信令数据时间解析度的提高,许多经典的机器学习算法逐渐应用于基于手机信令数据的特征提取[56]。由于在个体完整出行链中,不同通信环境下信令数据定位尺度的显著差异使得数据空间分布范围不同。因此,如何高效地利用手机信令数据中的时空信息以及不同基站密度下的聚类半径参数寻优问题都有待进一步解决。并且,本书在获取技术评估数据的基础上,分别对监督学习算法和非监督学习算法进行优化,以提升出行端点的识别效果。

1. 非监督学习算法提取出行端点

非监督学习算法是指在没有标签或预先定义输出的情况下,基于数据自身特点,挖掘发现数据中的结构和模式的算法。因此,该算法适应各种类型、分布复杂且庞大的数据。由于手机信令数据量庞大且较难实现数据预先标签,对此,本书利用非监督学习中的空间聚类算法、时空聚类算法、层次聚类算法进行出行端点提取。

1) 空间聚类算法

空间聚类算法(Density-Based Spatial Clustering of Application with Noise, DBSCAN)是一种基于密度的聚类方法。其能够将密度相连的点的最大集合确定为簇,即将具有足够点密度的区域自动划分为目标簇。相比其他方法,DBSCAN能够发现轨迹点组成的任意形状的簇,因此适用于出行端点识别。传统DBSCAN预设参数为密度检测单元的聚类半径R和点密度参数$Minpts$。在该算法中,轨迹点包括核心点、边界点和噪声点三类,分别定义如下。

(1) 核心点:若某轨迹点在其半径R范围内其他轨迹点数量超过$Minpts$,则该点为核心点。

(2) 边界点:若某轨迹点在其半径R范围内其他轨迹点数量小于$Minpts$,但是该点距离某核心点距离小于R,即其在某核心点邻域内,则该点为边界点。

(3) 噪声点:如果某轨迹点不是核心点与边界点,则该点为噪声点。

然而,由于信令数据定位尺度受基站分布影响显著,不同区域信令数据空间分布差异显著,相同参数难以用于多个地区(如城市中心和郊区)。因此,算法无法满足复杂情况下端点提取的需求,整体移植性较差。对此,本书对其进行优化,提出基于聚类半径动态选择机制的DBSCAN算法。图4-2为优化算法示意图,可见优化DBSCAN在确定核心点和边界点时,将既有的固定聚类半径 R 改进为基于轨迹点附近基站密度和映射关系自适应动态选择的 $R=f(\text{density})$。即在确定核心点之前,优化算法先统计该点周围的基站密度,选取相对应的最佳聚类半径,然后再统计这个半径范围内点的个数。因此,聚类半径在高基站密度区时选取较小,在低基站密度时则选取较大。最终,所有轨迹点被聚类成不同簇,其中,簇编号相同且持续时长大于设定时长 T_k 的簇被定义为出行端点簇。

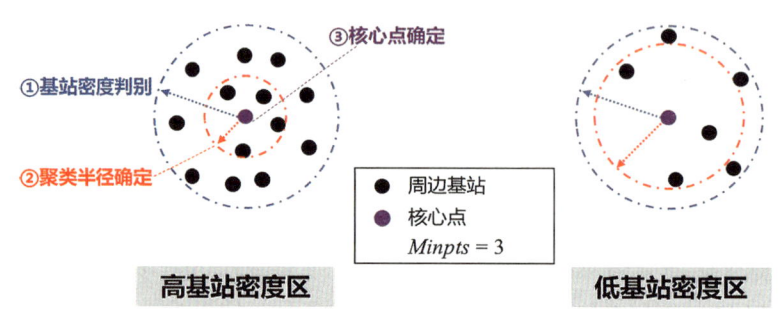

图 4-2　聚类半径动态选择机制的 DBSCAN 算法出行端点识别示意图

需要注意的是,由于经过等时距插点,相邻轨迹点之间时间间隔均为 Fs,即某范围内轨迹点个数可以等比例(比值为 F)换算为停留时间。因此,DBSCAN 的两个参数设置也具有实际意义:若半径为 R 的空间范围内的轨迹点时长大于等于 $T_k = Minpts \times F$,则算法将该范围内轨迹点归为出行端点簇。

2) 时空聚类算法

时空聚类算法(Spatial-Temporal Density-Based Spatial Clustering of Applications with Noise, ST-DBSCAN)是空间聚类算法的重要改进方向。相比空间聚类算法,该方法通过增加时间轴,能够更好契合信令数据实际特征,以往被广泛应用在基于 GPS 数据的出行端点识别。手机信令数据也包含经纬度及时间信息,因此,其适用于该方法下的端点识别。ST-DBSCAN 参数定义与算法原理阐述如下。

E 邻域:给定对象空间距离半径为 Eps,时间距离为 ΔT 的区域为该对象 E 邻域。

核心点:如果给定对象的 E 邻域内的样本点数大于等于 $MinPts$,则称该对象为核心点,如图 4-3 所示。

直接密度可达:对于样本集合 D,如果样本点 q 在 p 的 E 邻域内,并且 p 为核心点,那么,对象 q 从对象 p 直接密度可达,如图 4-3(c)所示。

密度可达:对于样本集合 D 中的一串样本点 $p_1, p_2, \cdots, p_n, p = p_1, q = p_n$,假如对象 p_i 从 p_{i-1} 直接密度可达,那么对象 q 与对象 p 密度可达。

密度相连：对于样本集合 D 中的点 o，如果对象 o 到对象 p 和对象 q 都是密度可达的，那么，p 和 q 密度相连。

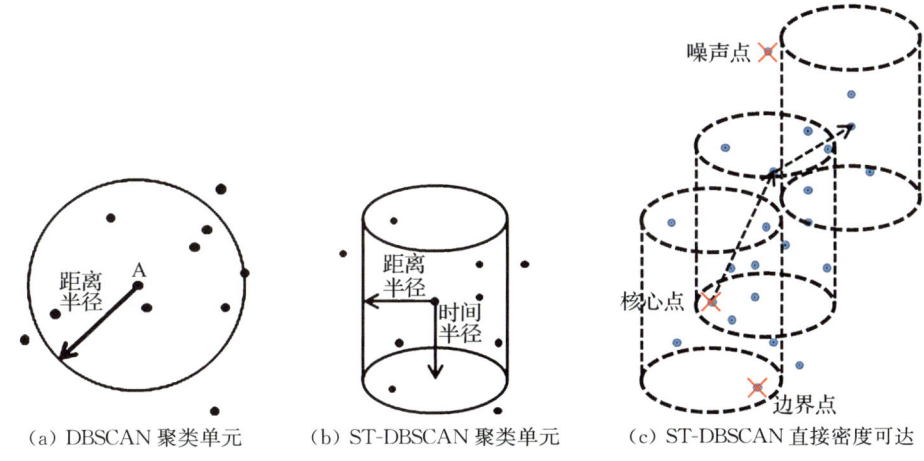

图 4-3　ST-DBSCAN 算法参数与原理示意图

利用 ST-DBSCAN 识别出行端点须标定三个参数：邻域距离半径 Eps、邻域时间半径 ΔT 以及相应的样本点数 $MinPts$。三个参数共同确定了聚类点簇拓展条件和核心点的时空密度要求，最终聚类形成的轨迹点簇，即实现出行端点的识别。ST-DBSCAN 算法流程如下。

步骤 1：初始化核心对象集合 $\Omega = \varnothing$，初始化聚簇数 $k=0$，初始化未访问样本集合 $\Gamma = D$，簇划分 $C = \varnothing$。

步骤 2：对于 $j=1, 2, \cdots, m$，按如下步骤找出所有的核心对象。

（1）通过距离、时间度量方式，找到样本 x_j 的 Eps、T 邻域子样本集 $N(x_j)$。

（2）如果子样本集样本个数满足 $N(x_j) | \geqslant MinPts$，将样本 x_j 加入核心对象样本集合：$\Omega = \Omega \bigcup \{x_j\}$。

步骤 3：如果核心对象集合 $\Omega = \varnothing$，则算法结束，否则转入步骤 4。

步骤 4：对于核心对象集合 Ω，随机选择一个核心对象 o，初始化当前簇核心对象队列 $\Omega_{cur} = \{o\}$，初始化类别序号 $k = k+1$，初始化当前簇样本集合 $C_k = \{o\}$，更新未访问样本集合 $\Gamma = \Gamma - \{o\}$。

步骤 5：对于当前簇核心对象队列 Ω_{cur}，若 $\Omega_{cur} = \varnothing$，则当前聚簇 C_k 生成完毕，随后更新簇划分 $C = \{C_1, C_2, \cdots, C_k\}$，更新核心对象集合 $\Omega = \Omega - C_k$，转入步骤 3。

步骤 6：对于前簇核心对象队列 Ω_{cur}，取出一个核心对象 o'，通过邻域阈值 Eps、T 找出所有的邻域子样本集 $N(o')$，令 $\Delta = N(o') \bigcap \Gamma$，更新当前簇样本集合 $C_k = C_k \bigcup \Delta$，更

新未访问样本集合 $\Gamma=\Gamma-\Delta$，更新 $\Omega_{cur}=\Omega_{cur}\bigcup(N(o')\bigcap\Omega)$，转入步骤5。

最终，簇划分 $C=\{C_1,C_2,\cdots,C_k\}$。

3）凝聚层次聚类优化

凝聚层次聚类(Hierarchical Agglomerative Clustering，HAC)先将每个定位点作为一个簇，然后循环迭代合并两个距离最近的簇，直到所有簇间距离大于聚类半径。由于出行与停留过程手机信令数据的空间差异相对显著，该方法也被用于出行端点识别。与DBSCAN 一样，HAC 也面临不同区域信令数据空间差异特征显著的问题。因此，本书在HAC算法基础上提出以下两点优化。

(1) 基于聚类半径动态选择机制的 HAC 算法则

传统 HAC 的聚类半径设置是提前确定并且固定的，显然，该特性不适用于市郊这类基站密度分布不均的区域。因此，本书在传统 HAC 基础上，构建基于聚类半径动态选择机制的 HAC 算法则，当基站密度较低时，选择更大半径，而当密度较高时，选择较小半径，如图 4-4 所示。随后，若距离最近的两个簇间距离小于等于其基于基站密度确定的最优聚类半径，则将两个簇合并；否则，则跳过该对簇，寻找下一对距离最近的簇对；不断重复这一步骤，直到所有簇之间距离均大于该簇周边基于基站密度确定的最优聚类半径。

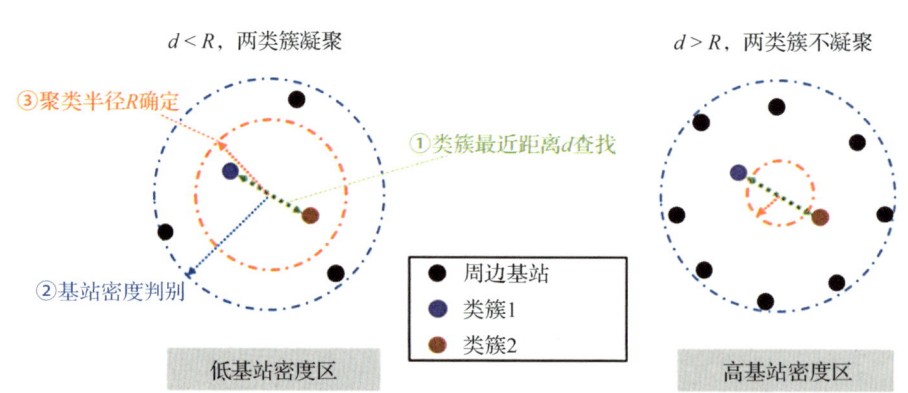

图 4-4　聚类半径动态选择机制的 HAC 出行端点识别示意图

下面详细介绍改进流程。

簇距离计算有多种方式，如单链距离、多链距离、组平均距离和质心距离等。由于信令数据具备空间特性，本书选取质心距离作为簇距离的计算方式，对于任意簇 r 和簇 s，其距离如式(4-1)所示：

$$d[(r),(s)]=Distance\left(\frac{1}{n_r}\sum_{k=1}^{n_r}c_k^r,\frac{1}{n_s}\sum_{k=1}^{n_s}c_k^s\right) \qquad(4-1)$$

其中，$d[(r),(s)]$ 表示簇 r 和簇 s 之间的距离，也是 M 中第 r 行和第 s 列的元素；n_i 表示第 i 类簇包含轨迹点个数；c_k^i 表示第 i 类簇中第 k 个轨迹点坐标；$Distance$ 为计算不同坐标（经纬度）间距离的函数。式(4-2)为簇 r 和簇 s 的质心坐标定义：

$$k[(r),(s)] = \frac{\sum_{k=1}^{n_r} c_k^r + \sum_{k=1}^{n_s} c_k^s}{n_r + n_s} \quad (4-2)$$

其中，对于包含 N 个轨迹点的待聚类目标，则任意两点间距离的距离矩阵 M 大小为 $N \times N$；(i) 表示第 i 类簇编号；$L(m)$ 表示第 m 次聚类的层次。算法步骤描述如下。

步骤 1：初始化 $L(0)=0,m=0$，将每一个轨迹点视为一个簇。

步骤 2：对于距离矩阵 M 里所有现存元素，找到距离最近的两个簇 (r) 和 (s)。

步骤 3：统计簇 r 和 s 的质心 $k[(r),(s)]$ 周边基站密度 $density_{r,s}$，根据映射函数 $R=f(density_{r,s})$ 得到最优聚类半径 $R_{r,s}$。

步骤 4：若簇 r 和 s 间距离 $d[(r),(s)]$ 大于聚类半径 $R_{r,s}$，则在距离矩阵 M 中删除簇 r 和 s 的距离元素 $d[(r),(s)]$，转到步骤 2。

步骤 5：若簇 r 和 s 之间距离 $d[(r),(s)]$ 小于等于聚类半径 $R_{r,s}$，则令 $m=m+1$、$L(m)=d[(r),(s)]$，然后将簇 r 和 s 合并为新的簇 (r,s)，转到步骤 6。

步骤 6：更新距离矩阵 M，即删除关于簇 r 和 s 的行列，并增加新生成簇 (r,s) 和其他簇间的距离。

步骤 7：重复步骤 2 至步骤 6，直到每两个簇间的距离都大于其质心所在坐标的最优聚类半径。

（2）基于端点振荡修正算法的出行端点识别结果优化

通信信号在传播过程中容易受到地形、天气等多种环境因素影响，造成同一位置的基站信号强度会不断变化。因此，当不同基站在某出行端点处的通信信号此消彼长到一定程度时，手机所连接服务基站即会发生切换。该情景在信令数据中会错误地表现为个体位置发生变化。尤其是当个体所处位置通信扰动程度较大时，信令数据可能会在距离较远的基站间来回切换，此时同一位置的轨迹点密度等状态特征将显著降低，最终造成同一出行端点被误识别为多个出行端点，本书将该情景定义为端点振荡。对于如图 4-5(a)所示轨迹点时空分布，优化 HAC 的识别结果如图 4-5(b)所示。可见红色框内标记的点集虽然属于同一停留点，但其在两个端点间多次来回，不符合个体日常出行行为。

以图 4-5(b)中的端点震荡点集为例，将其按图 4-6 进行标记，其中蓝色和紫色端点停留簇分别标记为簇 a 和簇 b。随后，本书提出端点震荡修正算法进行后优化，使得端点震荡点簇合并。

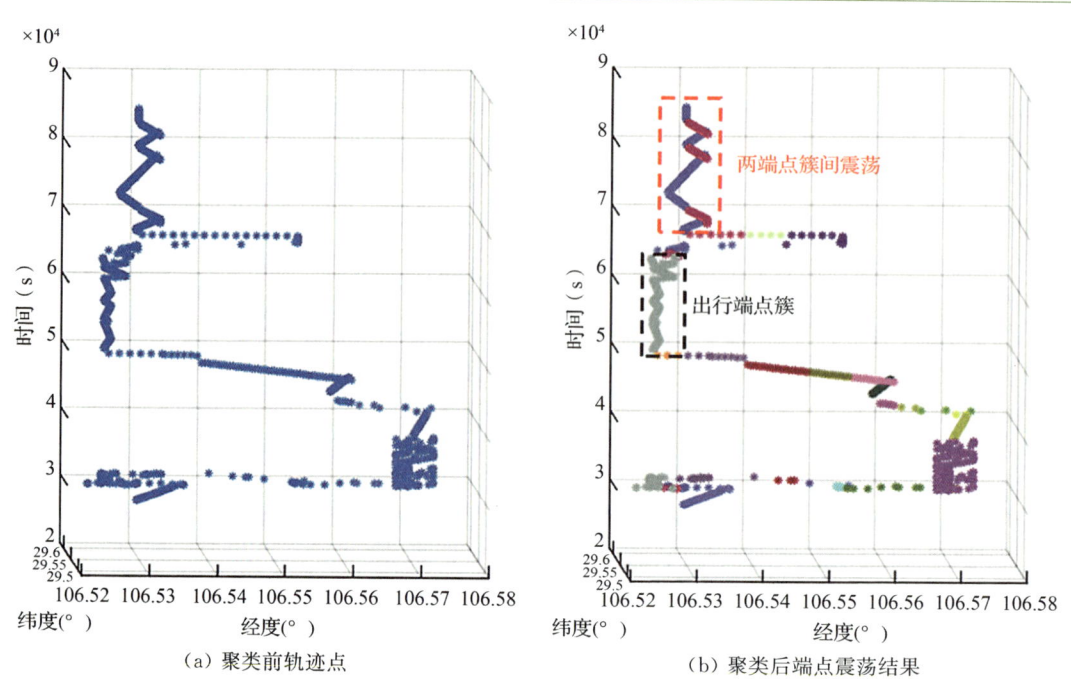

(a) 聚类前轨迹点　　　　　　　　　(b) 聚类后端点震荡结果

图 4-5　手机信令轨迹点时空分布及端点震荡示意图

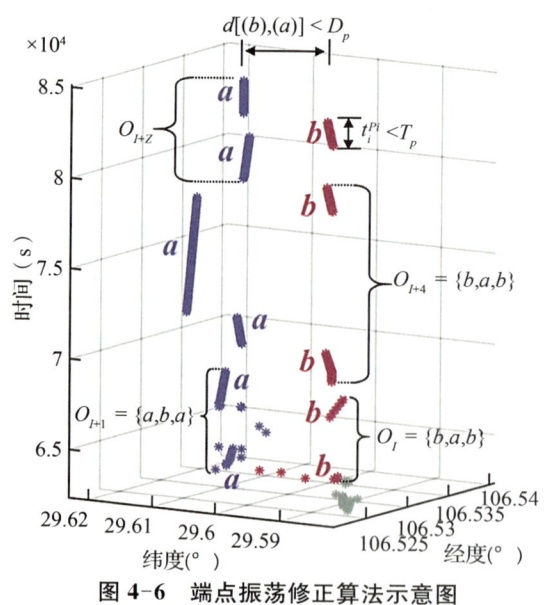

图 4-6　端点振荡修正算法示意图

算法步骤如下。

① 基本定义

对于优化 HAC 的识别结果,首先将驻留状态轨迹点簇编号归为 1,再将每一个出行过程中的轨迹点簇编号归为大于1且各不相同的任意编号。随后,对于个体全天所有轨迹点的簇编号序列 $\boldsymbol{M}=\{a_1,\cdots,a_1,a_2,\cdots,a_2,a_m,\cdots,a_m\}$,且 $\{a_1,\cdots,a_1\}\in n_1^1$,$\{a_2,\cdots,a_2\}\in n_2^1$,$\{a_m,\cdots,a_m\}\in n_m^{p_m}$,定义连续相同的簇编号序列 $\{a_m,\cdots,a_m\}\in n_m^{p_m}$ 为类 a_m,由于个体存在往返出行,同一个簇编号 a_m 可能在 $\boldsymbol{M}$ 中不同的时间段出现;$n_m^{p_m}$ 为 $\boldsymbol{M}$ 中第 p_m 次出现的簇 a_m 的个数或持续时间。

② 疑似振荡序列提取

步骤1:合并 $\boldsymbol{M}$ 中连续且相同簇编号,即 $\{a_m,\cdots,a_m\}\in\{a_m^{p_m}\}$,得到 $\boldsymbol{M}'=\{a_1^{P_1},a_2^{P_2},\cdots,a_m^{P_m}\}$。其中,$a_m^{P_m}$ 表示簇编号 a_m 第 p_m 次在 $\boldsymbol{M}'$ 中出现。

步骤2:找出 $\boldsymbol{M}'$ 中以第 I 个元素 a_i 开始和结束的疑似震荡编号序列 $O_I=\{a_i^{P_i},a_j^{p_j},\cdots,a_k^{p_k},a_i^{P_{i+1}}\}$。其中,$a_i^{P_i}$ 是 $\boldsymbol{M}'$ 中第 I 个元素。

③ 时间阈值判别

步骤3:对于簇 $a_i^{p_i+1}$,若其第一个轨迹点和簇 $a_i^{p_i}$ 中最后一个轨迹点之间的时间差,即 $t_i^{p_i}=\sum_{f=j,\cdots,k}n_f^{p_f}F$,大于等于待确定的震荡时间阈值 T_p,这意味着个体可能进行了一次往返出行,因此,O_I 被判断为非端点震荡序列。随后转到步骤2,令 $I=I+1$,即在 $\boldsymbol{M}'$ 中搜寻下一个疑似震荡序列;否则,转到步骤4。

步骤4:由于个体通常不会在较短时间 T_p 内从簇 $a_i^{p_i}$ 出发经过簇 $\{a_j^{p_j},\cdots,a_k^{p_k}\}$ 再回到簇 $a_i^{p_i+1}$,因此,若 $t_i^{p_i}<T_p$,转到步骤5。

④ 距离阈值判别

步骤5:尽管定位点存在距离误差,但同一个出行端点内的定位点间的距离不会太远。因此,若簇 $a_i^{p_i}$ 与簇 $\{a_j^{p_j},\cdots,a_k^{p_k}\}$ 间的距离 $d[(a_j^{p_j},\cdots,a_k^{p_k}),(a_i^{p_i})]>D_p$(待确定的震荡距离阈值),则 O_I 被判断为非端点震荡序列,转到步骤2。随后令 $I=I+1$,搜寻 $\boldsymbol{M}'$ 中下一个疑似震荡序列。否则,若 $d[(a_j^{p_j},\cdots,a_k^{p_k}),(a_i^{p_i})]\leqslant D_p$,$O_I$ 也满足距离阈值要求,则 O_I 被确定为一个震荡序列,转到步骤6。

⑤ 连续振荡序列判别

步骤6:判断 $\boldsymbol{M}'$ 中以 $\{a_i^{p_i}\}$ 后续元素开头的疑似震荡序列 O_{I+1}(以 $\{a_j^{p_j}\}$ 开头),O_{I+2},$\cdots$,O_{I+z} 是否满足时间阈值和距离阈值要求。如果是,则 $O_I\cup\cdots\cup O_{I+z}$ 中簇编号表示的轨迹点均在同一个出行端点中,因此,将 $\boldsymbol{M}$ 中这些簇编号全部统一为其中持续时长最长的簇的编号。

然而图4-6中包含一个特殊的案例,即 O_{I+4} 中的簇 a 持续时长较长,导致 $t_i^{p_i}>T_p$,即不能满足时间阈值要求。因此,需要添加一条新的判定准则:因为 O_{I+4} 中所有的簇(簇 a 和簇 b)都已在之前的 $O_I\cup\cdots\cup O_{I+3}$ 里确定为在端点震荡序列中,所以,O_{I+4}

仍然被判断为端点震荡序列。此时,图 4-6 中所示的端点震荡序列均被归为簇 a。

⑥ 循环终止条件

步骤 7:更新 M 和 M',随后转到步骤 2,继续搜寻 O_{I+z} 后的疑似震荡序列,直到 M' 中的最后一个元素。

步骤 8:统计每一个簇的持续时长。如果簇 a_v^p 的时长大于待确定的停留时间阈值 T_k,则簇 a_v^p 被判定为一个出行端点簇。

4) 基于遗传算法的参数自适应优化方法

在上述优化的 DBSCAN 与 HAC 算法中,聚类半径动态调整受周围基站密度影响显著。然而,由于该过程并非线性变化,同时,基站密度场景存在多样化,聚类半径选择也存在连续性,因此,传统枚举法迭代寻优对算力和时间消耗过大,缺乏适用性和推广性。对此,本书利用启发式算法搜寻两种聚类算法在不同基站密度下的最优聚类半径。

遗传算法(Genetic Algorithm,GA)借鉴自然界适者生存的生物繁衍进化过程,通过随机生成不同待优化参数编码而成的个体染色体,以自主确定的目标函数值衡量个体适应度值,即模拟自然界生存适应程度,具有更高适应度值的个体将有更高概率在自然选择中存活。存活个体间模拟生物繁衍生成下一代参数个体基因,即基因交叉,并存在一定概率发生基因变异。经过多次"选择—交叉—变异"过程,存留下来个体基因具有更高适应度,即目标函数值。本书构建的 GA 优化流程框架如图 4-7 所示。

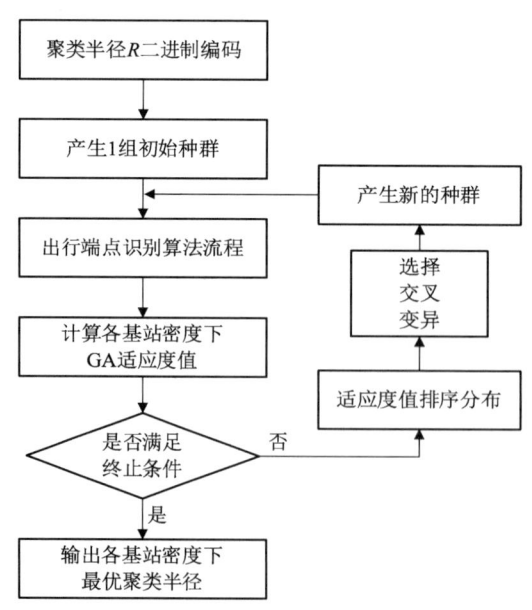

图 4-7 基于遗传算法的聚类半径寻优流程图

由于遗传算法应用过程相对明确,本书不再赘述相关内容,而对算法应用的重要过程适应度函数构建进行介绍。

在本书中,适应度直接表现为出行端点识别效果最优。由于出行端点识别衡量指标包括:出行端点识别正确率、多识别率、到达/出发时间识别误差以及出行端点坐标识别距离误差,该过程为多目标识别问题。为保证识别整体达到相对最优,本书以平均加权时间误差最小为整体目标对所有目标进行控制,分别对未识别、合并识别、分段识别等情况设置惩罚函数,使所有目标均受到加权时间误差最小这一目标约束,从而得到所有目标相对最优情况下的聚类半径值。后续分别对不同目标控制策略和惩罚函数表达进行论述。

(1) 针对出行端点到发时间识别误差最低的目标

在出行端点识别正确的基础上,若个体在某出行端点实际到达和离开时刻分别为 t_{arrive} 和 t_{leav},而识别出到达和离开时刻分别为 t_{arrive}^* 和 t_{leave}^*,则该目标的惩罚函数为到达和离开时刻识别误差绝对值之和,如式(4-3)所示:

$$T_{\text{al}} = abs(t_{\text{arrive}} - t_{\text{arrive}}^*) + abs(t_{\text{leave}} - t_{\text{leave}}^*) \tag{4-3}$$

(2) 针对出行端点坐标识别距离误差最小的目标

在到达/离开时间识别准确的情况下,出行端点坐标识别误差受制于手机信令数据定位精度。例如,若个体在某出行端点处只使用一个服务基站,那么,出行端点坐标识别的距离误差取决于该基站与个体真实出行端点之间的距离,假设该距离为 200 m,那么,最理想的坐标识别误差也是 200 m。值得注意的是,识别过程中可能存在到达/离开时间的识别误差导致坐标识别距离误差减小的情况,由于该情况存在非常大的随机性,在理论上不应该成为结果优化的目标方向。因此,本书认为,到达/离开时间识别与端点坐标识别具有目标一致性,即可用到达/离开时间识别误差最小这一目标作为端点坐标识别误差最小的目标表示。

(3) 出行端点识别正确率最高

识别正确率最高的目标分为未识别率最低和合并识别率最低两种情形。

未识别率最低: 未识别表现为个体在 t_{arrive} 至 t_{leave} 时间段内存在出行端点却没有被识别。这种情况多发生在如大型商场、公园等面积较大的出行端点中。由于个体在此类端点中活动范围较广,服务基站切换频繁且互相间距离较大。尽管通过扩大聚类半径可以将该出行端点识别出来,但是一味地增加聚类半径易导致其他常见的出行端点识别效果变差,如以职住为目的的出行,对于整体识别效果而言,可能得不偿失。因此,本书通过在目标函数中增加惩罚值对未识别进行约束控制:每当未识别一个出行端点时,则在目标函数中增加惩罚函数 $T_{\text{miss}} = t_{\text{leave}} - t_{\text{arrive}}$。该过程即将该端点的停留时间作为未识别惩罚的衡量指标，此时停留时间的增加会使得未识别概率降低，因而出行端点处越长停留时间下未识别所分配的目标惩罚值也将越大。

合并识别率最低：合并识别表现为实际中两个或多个距离较近的出行端点在识别过程中被误识别为同一个。虽然通过缩小聚类半径可以在一定程度上减小这种情况的发生概率，但是在个体在进行短距离出行时，可能存在不同出行端点中使用的服务基站互相重叠的情况，因而一味地缩小聚类半径可能会导致其他出行端点识别效果变差。有时甚至由于两个出行端点之间的距离较近，在两个端点处均使用同一个服务基站，此时，聚类半径再小也无法将这两个出行端点进行区分。同理，本书通过在目标函数中增加惩罚值对合并识别进行约束控制。

由于合并识别受到不同出行端点中定位点间距离的影响，理论上来说，该距离越大或聚类半径设置越小，造成合并识别概率也将越低，应该分配更大的目标惩罚值，即目标惩罚值应与距离成正比而与聚类半径成反比。因此每出现一次合并识别，目标函数将增加惩罚函数，如式(4-4)所示：

$$T_{\text{merge}} = \sum_{i=1}^{m} \frac{Distance\left(\frac{1}{n_i}\sum_{k=1}^{n_i} c_k^i, \frac{1}{n_{\text{all}}}\sum_{j=1}^{n_{\text{all}}} c_j^{\text{all}}\right)}{R} \times T_{M_1} \qquad (4-4)$$

其中，c_k^i 表示当前合并识别中第 i 个实际出行端点里第 k 个信令数据坐标；n_i 表示当前合并识别中第 i 个出行端点里信令数据的个数；m 为当前合并识别中实际出行端点的个数；c_j^{all} 表示当前合并识别中所有信令数据中第 j 个数据的坐标；n_{all} 表示当前合并识别中信令数据的个数；R 为当前合并识别中所采用的聚类半径；T_{M_1} 为待设置的合并识别惩罚基准值。

（4）针对出行端点识别度识别率最低的目标

多识别率最低的目标分为额外识别率最低和分段识别率最低两种情形。

额外识别率最低：额外识别表示将个体出行过程中信令数据错误地识别为出行端点。这种情况多是发生于长时间路边候车或交通拥堵造成的个体在出行过程中的较长时间停留，此时，定位点长期在固定区域聚集，使得算法产生误识别。从该问题产生的本质来看，这是由于个体在出行过程中与出行端点处的长时间停留行为过于相似，现有算法难以在空间解析度较低的信令数据层面对二者做进一步区分。因此，即使对该现象施加惩罚函数，所能达到的额外识别率的降低效果也非常有限，反而可能对同特征的出行端点识别造成负面影响。在实际出行过程中，停留时长超过 T_k 的出行状态也相对较为少见，所以，本书不对额外识别率最低这一目标进行优化。

分段识别率最低：分段识别表现为将一个出行端点误识别为多个。尽管端点震荡修正算法可以对分段识别进行一定程度的修正,然而受制于信令数据定位的不稳定特性,部分情况下的分段识别仍然难以修复。扩大聚类半径可以减少分段识别概率,但由于通信基站信号传输易受到干扰,特殊情况下的服务基站会出现异常切换,因此,一味扩大聚类半径降低分段识别误差的方法可能会导致其他出行端点识别误差增大。因此同理,本书通过在目标函数中增加惩罚值对分段识别进行约束控制。

与合并识别相反,理论上,个体出行端点中信令数据组成的簇间距离越小或聚类半径设置越大,分段识别概率也就越低,此时,应该分配更大的目标惩罚值,确保目标惩罚值与距离成反比而与聚类半径成正比。因此,每出现一次分段识别,本书将在目标函数中增加如式(4-5)所示的惩罚函数:

$$T_{\text{divide}} = \sum_{d=1}^{m} \frac{R}{Distance\left(\frac{1}{n_d}\sum_{k=1}^{n_d} c_k^d, \frac{1}{n_{\text{act}}}\sum_{j=1}^{n_{\text{act}}} c_j^{\text{act}}\right)} \times T_D \quad (4-5)$$

其中,c_k^d 表示当前分段识别结果中第 d 个端点簇的第 k 个信令数据坐标;n_d 表示当前分段识别结果中第 d 个端点簇中信令数据的个数;c_j^{act} 表示当前被分段识别的出行端点里所有信令数据中的第 j 个定位点坐标;n_{act} 表示当前被分段识别的出行端点里信令数据个数;R 为当前分段识别中所采用的聚类半径;T_D 为待设置的分段识别惩罚基准值。

最终,在以上构建每个出行端点识别目标的惩罚函数的基础上,本书构建如式(4-6)所示的总惩罚函数:

$$T_{\text{error}} = n_{\text{al}} \times T_{\text{al}} + n_{\text{miss}} \times T_{\text{miss}} + n_{\text{merge}} \times T_{\text{merge}} + n_{\text{divide}} \times T_{\text{divide}} \quad (4-6)$$

其中,n_{al} 表示正确识别的出行端点个数;n_{miss} 表示未识别的出行端点个数;n_{merge} 表示合并识别个数;n_{divide} 表示分段识别个数。

由于 GA 求得的是目标函数最大值,而 T_{error} 目标是最小正值,因此本书构建的 GA 适应度函数如式(4-7)所示:

$$F(R) = \frac{1}{T_{\text{error}}} \quad (4-7)$$

2. 监督学习算法提取出行端点

在监督学习中,每个训练样本都有一个输入对象和一个期望的输出值。监督学习算法通过对带有标签的训练数据进行模型训练,获取准确的输入—输出映射关系,实现新数据的可靠预测或分类。在出行端点识别中,每个出行端点的判定过程也可视为基于输入特征的二分类问题(即停留或出行),因此,该过程适用于监督学习算法。本书主要介绍基于随机森林算法和长短期记忆网络(Long Short-Term Memory Network,LSTM)

算法的出行端点识别。

1) 随机森林算法

随机森林算法是在 2001 年被加州大学伯克利分校的著名统计学家 Leo Breiman 提出的学习算法[6]。作为集成类学习算法的代表，随机森林算法通过组合多个决策树（Decision Tree，DT）算法形成，适用于处理分类和回归问题。相较于其他分类算法，随机森林算法具有较高的预测准确度、不容易陷入过拟合、适应数据能力强等优势，因此，其适用于处理高维度数据[57-60]。这些优点保障随机森林算法在处理基于手机信令数据的出行端点识别问题时具有良好适用性。

DT 是随机森林算法的基础算法，用于实现随机森林算法的分类和预测功能。如图 4-8 所示，DT 通过一种树状结构表示处理逻辑，即通过应用一系列规则和算法实现不同特性数据的划分[61]。DT 的树状结构由根节点、中间节点和叶子节点组成。从决策功能来看，根节点和中间节点表示一种特征属性的分类判定，属于决策节点。而每个叶子节点则代表一个类别，意味着其已无法再继续分类。DT 的决策过程就是按照一定的规则和算法对待分类数据进行测试和分类，其从根节点开始选择输出路径，逐步生成中间节点和叶子节点，直到所有节点满足算法要求的过程。

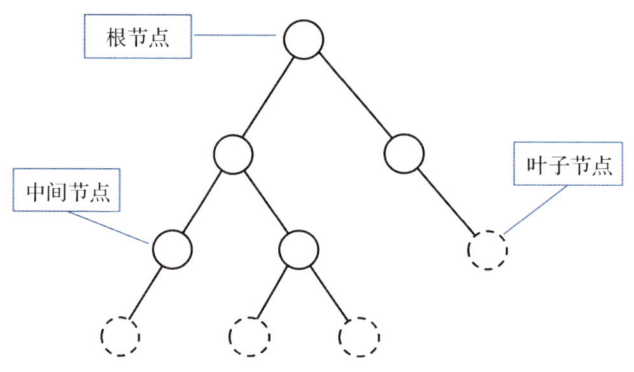

图 4-8　DT 算法原理示意图

确定合理的节点分裂算法是构建 DT 的关键步骤。对于分类问题而言，节点分裂算法决定了 DT 在每个非叶子节点处如何对数据样本进行分类和构造分支，包括使用哪种特征属性，设置什么样的阈值规则。常用的节点分裂算法包括 ID3 算法、C4.5 算法和 Cart 算法。其中，Cart 算法在节点分裂时，选择以 $gini$ 系数最小作为分裂属性的选择原则。$gini$ 系数可以衡量一个集合的混乱程度，用 0—1 进行度量。当一个集合内部的类别越混乱，$gini$ 系数越接近 1，相反则越接近 0。该过程契合信令数据的时空不稳定性特征，因此，本书选择 Cart 算法作为节点分裂算法。式(4-8)所示为 $gini$ 系数计算方法：

$$gini(T) = 1 - \sum_{j=1}^{N} P_j^2 \qquad (4-8)$$

其中，P_j 是出行状态属于第 j 类的概率，出行状态包括停留和移动两种。

随机森林算法作为一种典型的集成学习算法，其算法原理可以形象地比作由许多 DT 组成的"DT 森林"。在这个森林中，每棵 DT 各自独立地学习和作出预测，从而提高整个模型的综合预测能力。这个过程的基本逻辑是：一棵 DT 的分类能力可能有限，但是经过随机产生的多棵 DT 预测并投票形成最终结果后，整个随机森林算法将会具有较强的预测能力。其中，为了尽量保证所有 DT 之间的独立性，随机森林算法采用两层随机策略保证算法整体的准确性和泛化能力[6]，包括：

（1）Bootstrap 抽样算法；

（2）将特征属性随机选择纳入 DT 构建和节点分裂过程。

为避免其中的 DT 陷入过拟合，随机森林算法还引入两个参数控制 DT 的分裂过程，分别为最大深度 H_{max} 和节点包含的样本数达到最小样本数 S_{min}。当每棵 DT 的深度达到 H_{max}，或节点包含的样本数达到 S_{min}，就终止分裂。

最后，随机森林算法对测试数据进行预测时，每个训练好的 DT 都会对数据进行分类并输出结果，随机森林算法选择所有分裂结果中比重最大的结果作为最终输出结果。该算法的原理及流程如图 4-9 所示。

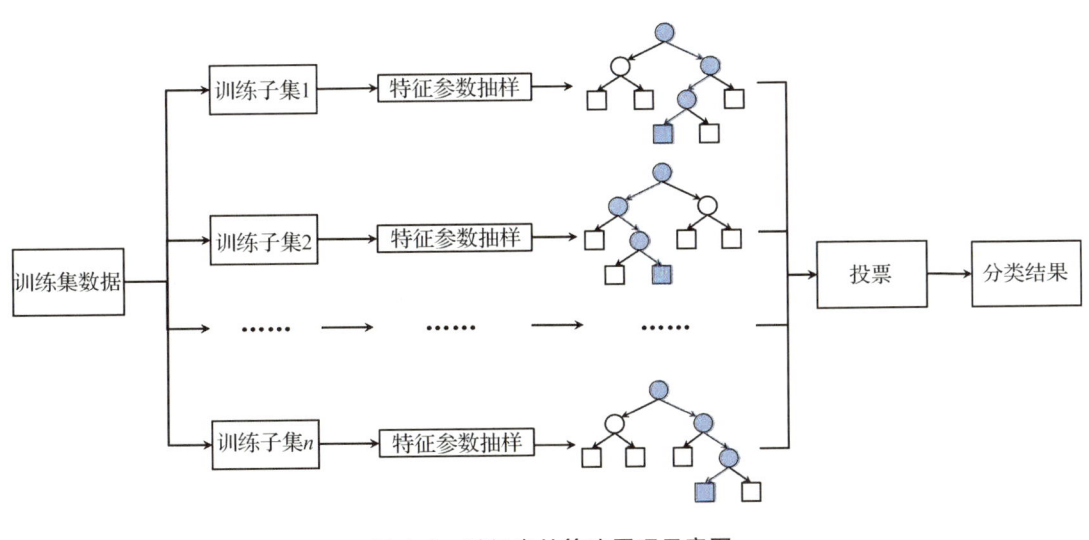

图 4-9　随机森林算法原理示意图

2）LSTM

长短期记忆网络（Long Short-Term Memory Network，LSTM）是如今较为先进的

深度学习模型,已在语音识别、机器翻译等时序数据挖掘领域展现出强大的适用性。类似于语音识别中将时间序列的语音信号识别分类为对应的文字,出行端点提取过程是基于个体出行中信令数据的时间序列相关信息,将数据分类为驻留和出行两种状态。因此,本书提出利用LSTM解决基于手机信令数据的出行端点提取问题。

(1) LSTM算法

LSTM通过在既有的循环神经网络(Recurrent Neural Network,RNN)的基础上引入记忆单元状态,能够根据记忆单元判断哪些状态应该保留下来,哪些状态应该被遗忘,因此,其在一定程度上解决了梯度消失问题,在处理长期历史问题方面,比RNN有更好的表现[62]。

LSTM的单元结构如图4-10所示,在LSTM的结构中,记忆单元的状态来保存历史信息,输入门、输出门和遗忘门用于控制记忆单元,调节门用于选择信息。该过程可表示为

$$y(x)=\sigma(\boldsymbol{W}x+\boldsymbol{b})$$

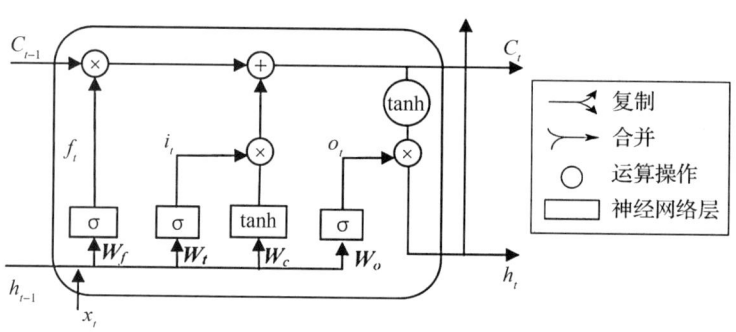

图4-10 LSTM单元结构示意图

其中,$\boldsymbol{W}$ 表示权重矩阵;$\boldsymbol{b}$ 表示偏移向量;x_t 为 t 时刻的输入数据;i_t、f_t 和 o_t 分别表示输入层、遗忘层和输出层;C_t 为 t 时刻记忆单元的状态值。

LSTM网络的各单元计算步骤如下。

步骤1:当LSTM输入新的轨迹属性时,网络需要遗忘部分旧属性信息,此过程通过遗忘门 f_t 完成。该门通过控制历史信息影响当前记忆单元状态值,如式(4-9)所示:

$$f_t=\sigma(\boldsymbol{W}_f \cdot [h_{t-1},x_t]+\boldsymbol{b}_f) \tag{4-9}$$

式中,$\boldsymbol{W}_f$ 表示遗忘门的权重矩阵;$\boldsymbol{b}_f$ 表示遗忘门的偏移向量;h_{t-1} 表示 $t-1$ 时刻的隐藏层状态;σ 为sigmod函数,取值在(0,1)之间。

步骤2:LSTM对新传入轨迹属性序列进行处理,此过程主要由输入门和记忆单元

状态信息完成。当 LSTM 接受新轨迹属性序列时，需要通过输入门层决定更新值 i_t，并利用 tanh 函数作为激活函数创建记忆单元状态信息候选值，如式(4-10)所示：

$$\begin{cases} i_t = \sigma(\boldsymbol{W}_t \cdot [h_{t-1}, x_t] + \boldsymbol{b}_i) \\ \widetilde{C}_t = \tanh(\boldsymbol{W}_c \cdot [h_{t-1}, x_t] + \boldsymbol{b}_c) \end{cases} \quad (4\text{-}10)$$

式中，$\boldsymbol{W}_t$ 和 $\boldsymbol{W}_c$ 分别为输入门层和记忆单元状态权重矩阵；$\widetilde{C}_t$ 为 t 时刻输入的记忆单元状态；$\boldsymbol{b}_i$ 和 $\boldsymbol{b}_c$ 分别为输入门层和记忆单元状态的偏移向量。

步骤 3：基于模型输入和遗忘门更新记忆单元状态。将遗忘门层值与原有记忆单元状态相乘，并与候选值和输入值的乘积求和，确定新的记忆单元状态。在出行端点提取问题中，该过程表示模型遗忘部分原有出行状态信息，并接收新的轨迹属性的影响。计算过程如式(4-11)所示：

$$C_t = f_t \odot C_{t-1} + i_t \odot \widetilde{C}_t \quad (4\text{-}11)$$

式中，C_t 表示 t 时刻记忆单元状态；C_{t-1} 表示 $t-1$ 时刻记忆单元状态；$\odot$ 表示点乘运算。

步骤 4：LSTM 基于记忆单元状态利用输出门层确定模型输出。LSTM 先将 sigmod 函数作为激活函数，确定记忆单元状态输出，再通过 tanh 函数处理的记忆单元状态与结果 o_t 相乘，得到 LSTM 最终在 t 时刻的输出 h_t：

$$\begin{cases} o_t = \sigma(\boldsymbol{W}_o \cdot [h_{t-1}, x_t] + \boldsymbol{b}_o) \\ h_t = o_t \odot \tanh(C_t) \end{cases} \quad (4\text{-}12)$$

式中，o_t 表示 t 时刻输出门层；$\boldsymbol{W}_o$ 表示输出门层权重矩阵；$\boldsymbol{b}_o$ 为输出门的偏移向量；h_t 为 t 时刻模型输出。

需要注意的是，经典的 LSTM 模型只使用历史时期的信息作为当前出行状态判断的依据。但在出行端点识别中，有时候会出现预处理也难以去除的漂移轨迹点等特殊异常情况，此时仅通过历史信息难以判断轨迹点发生位移是真实的开始出行还是偶然发生的轨迹点漂移，因而，若识别过程结合后续一段时间内的状态信息，则可以更有效地判断当前的状态。例如，当某轨迹点与上个轨迹点之间出现较大位移，其历史状态为在出行端点中，此时难以判断是个体在该时刻开始出行，还是该信令数据为漂移数据；但若通过后续状态信息识别出该轨迹点后续为出行过程，则该信令数据轨迹点极大可能为个体出行过程的起始点；否则，若后续状态被判别为在停留过程中，由于个体几乎不可能在极短时间内进行一次出行，则该信令数据轨迹点大概率为漂移数据。因此，本书提出能够综合历史和未来信息的双向长短期记忆网络（Bi-directional Long Short-Term Memory

Network，Bi-LSTM）来对信令轨迹点的出行状态进行识别。

（2）Bi-LSTM算法

Bi-LSTM是在LSTM网络的基础上，通过构建正、反向两个LSTM层形成的网络结构。因此，该网络可以学习输入序列在前向和后向两个方向上的信息。对于t时刻的输出，前向LSTM层具有输入序列中t时刻以及之前时刻的信息，后向LSTM层中具有输入序列中t时刻以及之后时刻的信息，最终输出由这两个网络层共同决定。Bi-LSTM网络的具体结构如图4-11所示，可以看出，其正、反向传播层的输入相同，但信息传递方向相反。

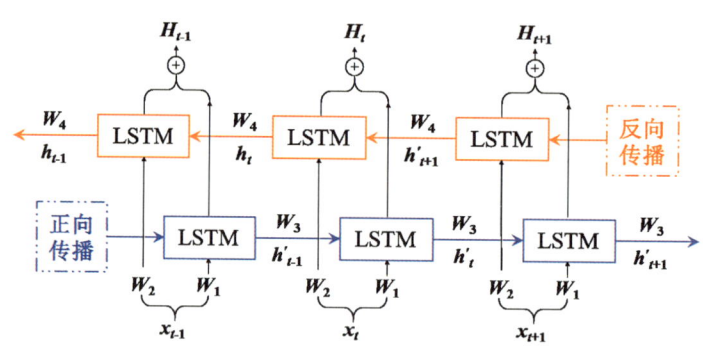

图4-11 Bi-LSTM网络结构示意图

两个网络层通过式（4-13）和式（4-14）独立计算并更新各自的网络状态和输出值，最终根据式（4-15）拼接两个方向上的输出值[63]。

$$h'_t = f(\boldsymbol{W}_1 x_t + \boldsymbol{W}_3 h'_t + \boldsymbol{b}'_t) \tag{4-13}$$

$$h_t = f(\boldsymbol{W}_2 x_t + \boldsymbol{W}_4 h_{t-1} + \boldsymbol{b}_t) \tag{4-14}$$

$$H_t = h'_t \oplus h_t \tag{4-15}$$

式中，h'_t和h_t分别表示t时刻正、反向传播隐藏层状态；H_t为隐藏层状态输出值；f表示隐藏层的激活函数；W_1、W_2、W_3和W_4表示不同网络组件间对应的权重函数；b'_t和b_t分别表示正、反向传播隐藏层的偏移向量；$\oplus$表示向量拼接操作。

3. 停留位置识别精度优化

由于手机信令数据存在较大的空间定位误差，识别得到的出行端点位置坐标也往往存在较大的误差。为了尽量优化个体出行端点坐标的识别结果，本书结合通信基站方位角与个体的基站连接距离特征，进一步优化端点位置坐标精度。

1）基站方位角定义

为了减少相同信道的干扰，4G-LTE蜂窝小区在实际的网络部署中应用了如图4-12

所示的扇区分裂技术。可见,基站通过定向天线代替了全向天线,从而将一个蜂窝小区分裂为三个或更多个扇区。该技术可以大大减少同信道小区或邻近小区的干扰,至少增加三倍以上蜂窝小区带宽。其中,每个定向天线的服务范围代表一个扇区,而用户个体在通信过程中会较大概率地连接所在扇区的定向天线。

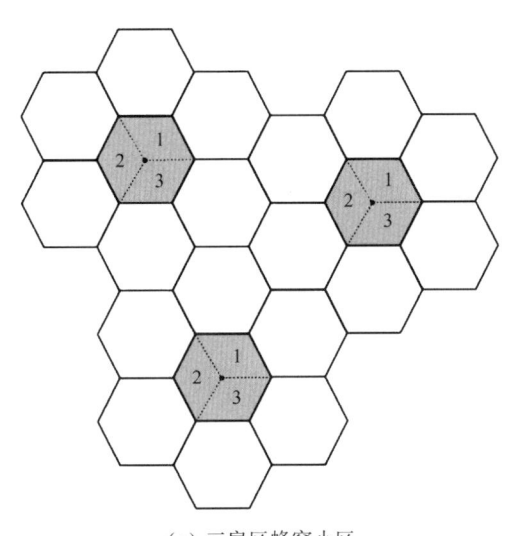
(a) 三扇区蜂窝小区

(b) 通信基站定向天线

图 4-12　扇区分裂原理与定向天线

如图 4-13 所示,方位角为通信基站的定向天线与正北方向的夹角,下倾角为定向天线与地面的夹角。其中,方位角代表了定向天线的朝向,也代表了理想状态下该天线所服务扇区的中心线辐射方向。当用户手机与通信网络交互时,其通常会连接所在扇区的基站定向天线。手机信令数据只能以通信基站位置 C_{bs} 坐标代替个体真实位置坐标 C_{user}。在多数情况下,这两个位置坐标之间存在距离误差 d。如果将通信基站坐标 C_{bs} 按照方位角方向平移距离 L 后得到的坐标 C'_{bs} 作为新的基站坐标,则新基站坐标与用户手机之间的定位误差为 d'。此时,如果平移距离 L 选取合理,则调整后的定位误差 d' 将小于原距离误差 d,即降低了手机信令数据的定位误差。

2) 考虑基站方位角的可行性分析

在理想状态下,一个基站的三根定向天线分别覆盖 120° 的范围,形成一个三扇区蜂窝小区。但是在实际环境中,受到城市环境、通信扰动、用户人群空间分布等各种因素影响,每个定向天线的覆盖范围不一定是 120°。为验证用户手机在实际环境中是否会大概率地连接所在扇区的基站定向天线,本书利用志愿者手机信令数据进行了相关分析。首

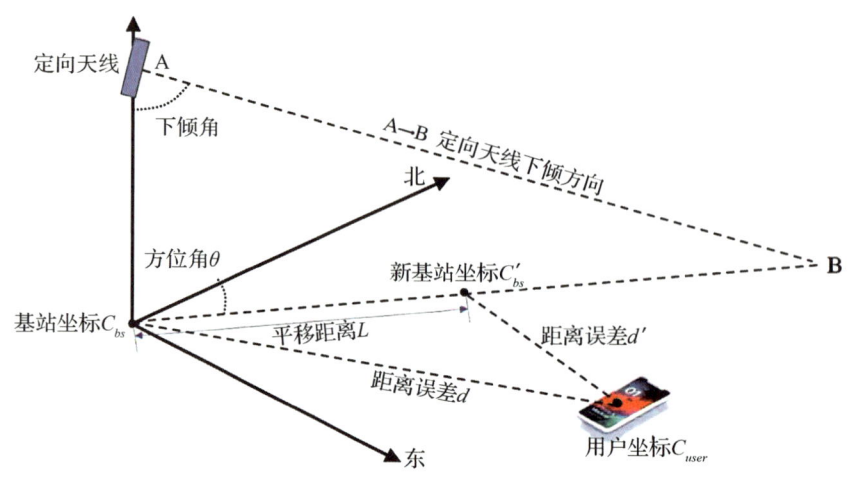

图 4-13　考虑方位角与连接距离的定位误差优化原理示意图

先,本书在基站数据库中筛选出所有包含方位角信息的基站;其次,本书筛选出所有连接了包含方位角信息的基站的手机信令数据;再次,本书定义用户方位角 β 为同时刻 GPS 位置与基站位置的连线与正北方向的夹角;最后,本书通过计算用户方位角 β 和基站方位角 θ 的差值,判断该用户是否位于该方位角所覆盖的方向上,该原理如图 4-14 所示。

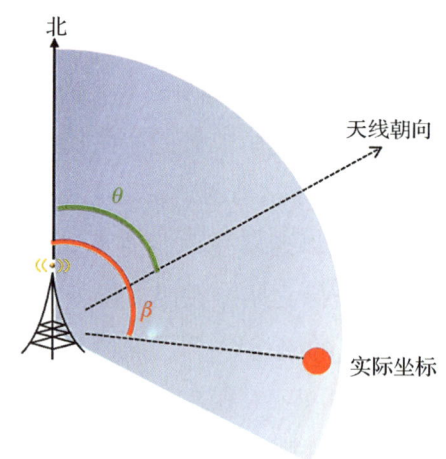

图 4-14　用户方位角计算方法及判断原理示意图

图 4-15 所示为用户方位角 β 与基站方位角 θ 的差值的概率分布情况。其中,角度差在 30°~40°之间的概率最大,达到 21.5%;角度差在 60°以内的概率超过 80%;角度差在 90°以内的概率接近 90%。由此结果可见,用户手机在移动通信网络中会较大概率地连

接朝向自己的天线,该情景为利用方位角信息提高手机信令数据的定位精度提供了可能性和可行性。

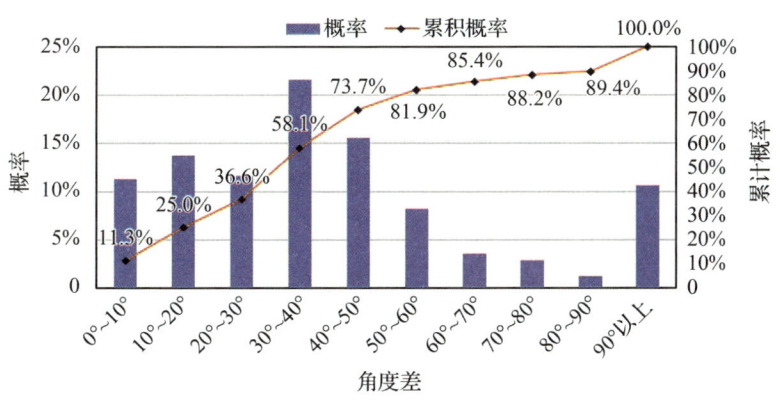

图 4-15　用户方位角与基站方位角差值分布图

3)融合基站方位角和连接距离的定位误差优化

基于以上原理,本书提出以通信基站方位角 θ 和平移距离 L 为基础对手机信令数据的空间定位精度进行优化,进而降低出行端点识别距离误差。假设通信基站坐标为(x_0, y_0),基站方位角为 θ,平移距离为 L,则平移后的通信基站位置坐标(x_1, y_1)如式(4-16)所示:

$$\begin{cases} x_1 = x_0 + L\sin(\theta) \\ y_1 = y_0 + L\cos(\theta) \end{cases} \quad (4-16)$$

其中,所有安装定向天线的基站方位角 θ 由通信运营商提供。

通信基站坐标的平移距离 L 是需要标定的重要参数。理想状态下,每个基站对应的最优 L 应为该基站服务范围内所有采样点与基站间连接距离的平均值。在实际情况下,每个基站的覆盖范围与所处区域的通信基站密度息息相关。在中心城区,基站覆盖范围较小,用户与基站间的连接距离也相对较小,则设置的平移距离 L 应相对较小。而在城市郊区,每个基站服务覆盖范围更广,用户与基站间的连接距离较大,设置的平移距离 L 也应相对更大。因此,针对不同城市区域的基站,应该根据其周边基站的分布密度选取合适的平移距离 L。

4.1.3　出行方式提取

完成出行端点识别后,一天的出行轨迹可以根据出行端点信息切割为若干个出行段,每个出行段代表一次起点到讫点的出行。本节研究的目标是识别每个出行段对应的交通出行方式。总体来看,既有研究已证明,利用 4G 环境下较为密集的手机信令数据有望实现对精细化个体交通出行方式的识别。但是,如何构建出高精度和高鲁棒性的识别算法仍然是有待探索的关键问题。由于历史发展的因素,我国的城市交通出行环境复杂多样,具有交通拥堵频发、多方式混行比例高、出行结构组成复杂等特点。再加上手机信令数据定位技术的不确定性,个体交通出行方式的识别成为一个重大挑战。以深度神经网络和集成算法为代表的监督学习方法在语音和图像模式识别方面展现出了优异性能。由于文本分类与出行方式识别在识别原理与处理过程上存在一定的相似性,本书提出基于 GRU 神经网络和基于 Stacking 集成算法的出行方式识别方法。

1. GRU 神经网络

2014 年,纽约大学的 Cho Kyunghyun 提出了门限循环单元(Gated Recurrent Unit,GRU)神经网络。该网络在自然语言处理领域的文本分类任务中有着非常优越的性能。从识别逻辑和过程上来看,出行方式识别与文本分类存在一定相似性。在完成出行端点识别后,个体全日轨迹已被切割为若干段。而出行方式识别过程的本质就是对每一段出行轨迹进行分类,即如图 4-16 所示的"多对一"分类过程,其中类别包括步行、非机动车、小汽车和公交车等。对于每段出行,个体的出行轨迹由 n 条手机信令数据组成,每条数据包含 m 个特征属性,因此,一次出行的轨迹数据可以看作一个 $n \times m$ 的特征矩阵。其中,特征属性包括与前一条数据的距离、一定时间窗内的平均速度、一定时间窗内的基站连接个数等。由于同一种出行方式得到的出行轨迹在出行速度、基站连接频率等特征上存在相似性,产生的特征矩阵也相对相似。因此,GRU 神经网络在基于手机信令数据的个体交通出行方式识别中具备较高的可行性。

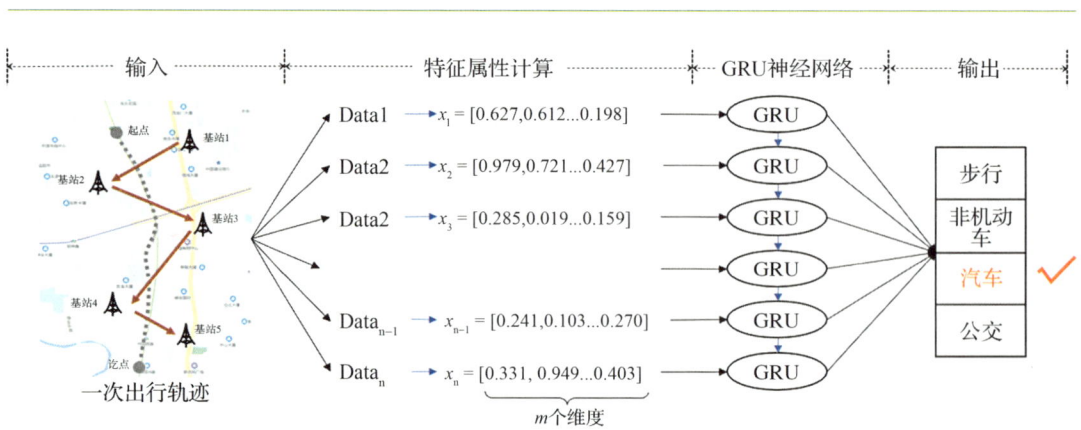

图 4-16 基于 GRU 神经网络的出行方式识别原理示意

GRU 神经网络可以看作是 LSTM 的改进模型,其既保持了 LSTM 能够结合长短期记忆的优势,又简化了神经元结构,并减少了参数数量,这些特点提高了网络的收敛性。GRU 神经网络的改进过程是将 LSTM 中的遗忘门和输入门合并,构成一个全新的更新门。图 4-17 所示为 GRU 网络基本架构,从外部结构看,GRU 神经网络的输入结构、输出结构与普通 RNN 相似,每个单元输入两个变量,输出两个变量。其中,x_t 表示当前时刻的输入;h_t 表示隐含层状态;y_t 表示当前时刻的输出;C 代表 GRU 结构。

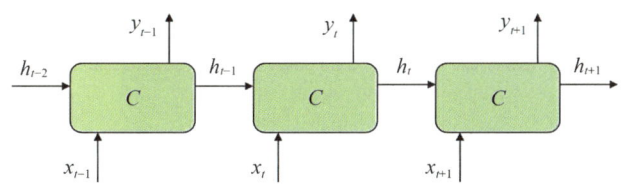

图 4-17　GRU 神经网络拓扑结构示意图

图 4-18 所示为 GRU 神经网络的内部结构。GRU 模型将神经元内部简化为两个门控结构,即更新门和重置门[64]。其中,x_t 表示神经元的输入;y_t 表示神经元的输出;Z_t 表示 GRU 的更新门输出;r_t 表示 GRU 的重置门输出;$\tilde{h}_t$ 表示当前时刻的候选隐含状态;σ 表示 Sigmoid 激活函数。

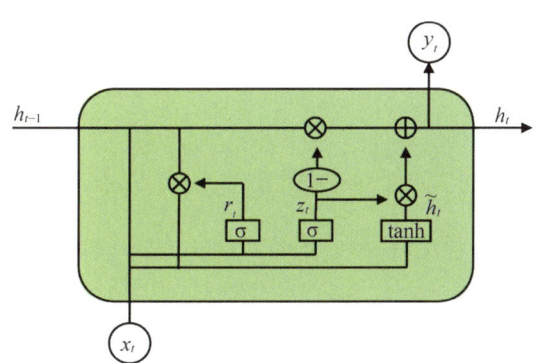

图 4-18　GRU 神经元结构示意图

1) 更新门

更新门由前一时刻的隐含状态 h_{t-1} 和 x_t 决定,二者首先形成拼接向量,再将拼接向量乘以权重矩阵组成新的向量。在此基础上,网络利用 Sigmoid 激活函数将新向量中的元素转换为[0,1]区间的实数,并最终形成更新门的门控状态。更新门决定了前一时刻或序列的状态会有多少被输入到当前状态,其值越大,代表前一时刻或序列输入的状态信息越多。更新门的计算过程如式(4-17)所示:

$$z_t = \sigma\left(\boldsymbol{W}_z \cdot \begin{bmatrix} \boldsymbol{h}_{t-1} \\ \boldsymbol{x}_t \end{bmatrix} + b_Z\right) \quad (4\text{-}17)$$

2）重置门

重置门与更新门过程相似,只是运算过程中使用的是重置门的参数权重 $\boldsymbol{W}_r$。重置门决定了会有多少前一序列或时刻的状态被输入到当前的候选集 $\boldsymbol{h}$ 上,其值越小,代表前一状态的信息被输入得越少。重置门的计算过程如式(4-18)所示:

$$r_t = \sigma\left(\boldsymbol{W}_r \cdot \begin{bmatrix} \boldsymbol{h}_{t-1} \\ \boldsymbol{x}_t \end{bmatrix} + b_r\right) \quad (4\text{-}18)$$

3）候选隐含状态

候选隐含状态 $\tilde{\boldsymbol{h}}_t$ 由重置门的状态值和 $\boldsymbol{x}_t$ 决定。网络首先将作用于 $\boldsymbol{h}_{t-1}$ 向量后的结果与 $\boldsymbol{x}_t$ 相乘,随后将相乘结果与 $\boldsymbol{x}_t$ 组成的拼接向量通过 tanh 函数进行转换,最终得到的[−1,1]间的实数向量即为候选隐含状态。具体计算过程如式(4-19)所示:

$$\tilde{\boldsymbol{h}}_t = \tanh\left(\boldsymbol{W} \cdot \begin{bmatrix} \boldsymbol{r}_t \otimes \boldsymbol{h}_{t-1} \\ \boldsymbol{x}_t \end{bmatrix} + b_h\right) \quad (4\text{-}19)$$

4）输出信息

在输出信息时,GRU 网络将更新门分别作用于 $\boldsymbol{h}_{t-1}$ 和候选隐含状态,再将二者结果的加和作为当前状态的输出信息。至此,GRU 神经网络完成了前向传播。输出信息的计算过程如式(4-20)所示:

$$\boldsymbol{h}_t = (1 - z_t) \otimes \boldsymbol{h}_{t-1} \oplus z_t \otimes \tilde{\boldsymbol{h}}_t \quad (4\text{-}20)$$

从上述式与分析中可以看出,GRU 神经网络的每个神经元都参与了每次信息输出量的决策,从而使每个神经元之间都存在依赖关系。一般来说,重置门对于短距离学习比较活跃,更新门对于长距离学习比较活跃[65]。

2. 基于堆叠泛化(Stacking)的集成算法

Stacking 是一种集成学习方法,它通过组合多个不同的基学习器(Base Learners)来提高模型的预测性能。这种方法的核心思想是利用多个模型的优势,通过一个元学习器(Meta-Learner)来整合它们的预测结果。其中,基学习器是独立的机器学习模型,它们在训练数据上进行训练并产生预测结果。基学习器可以是任何类型的模型,如决策树、支持向量机、神经网络等。元学习器是一个额外的模型,它在基学习器的预测结果上,进一步学习如何最好地结合这些预测,进而提高模型的整体性能。

在实际应用中,过多捕捉模型中的不同信息会导致模型过拟合,使模型的泛化能力下降。因此,Stacking 常常伴随着如图 4-19 所示的交叉验证操作。在该示意中,第一层(基学习器)和第二层(元模型)是不同的机器学习模型。在第一层模型中,训练过程采用五折交叉验证,具体而言,训练集首先会被划分为 5 份,并在第一层模型中分别进行 5 次训练,每次挑选任意一份作为测试集;其次,Stacking 将第一层模型的预测结果拼接在一起得到第二层模型的训练集;最后,Stacking 使用训练好的第二层模型预测测试数据。

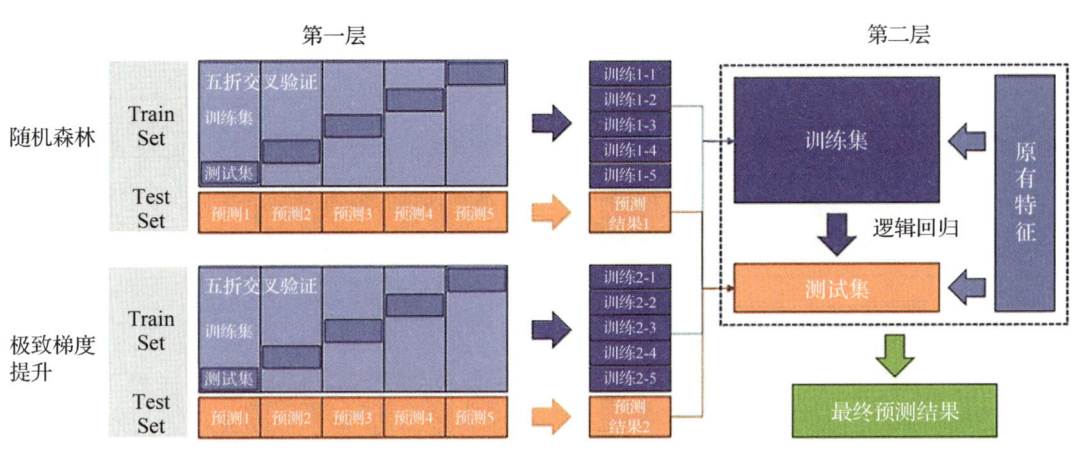

图 4-19 Stacking 集成学习算法原理示意图

4.1.4 出行路径提取

出行路径对道路流量监测、动态路径规划、交通状态主动管控等都具有重要的意义。相较于出行端点和出行方式识别,基于手机信令数据的出行路径识别方法研究较少。主要原因是早期通信基站分布密度较低,难以实现针对手机信令数据的路径识别和路网匹配。随着 4G-LTE/5G 移动通信技术的不断发展,手机信令数据定位精度和定位频率显著提升,使对出行路径的识别成为可能。本书提出基于 Needleman-Wunsch 和隐马尔可夫模型的路径匹配方法。

1. 改进的 Needleman-Wunsch 算法

Needleman-Wunsch 算法是生物信息学中双序列全局比对经典的算法之一,常被用于判断两条基因序列之间是否具有相似性,进而分析两条序列的同源性,实现生物进化推导。Needleman-Wunsch 算法首先对比两条基因序列相似性得分,再将得分存入得分矩阵 M 中,最后通过回溯技术找到序列比对的最佳路径,即序列比对的最优结果。相对于出行路径识别,其类似于通过手机信令数据序列判断出行路径是否相同,因此,该算法原理上适用于对出行路径的识别。本节主要介绍算法流程及对应规则的优化过程。

1) 算法流程

Needleman-Wunsch 算法过程主要分为三个步骤：①构建得分矩阵，根据得分规则初始化矩阵；②通过得分规则计算每个单元格的相似性得分 $M_{i,j}$；③根据矩阵最终得分结果，回溯最佳路径，得到最佳序列匹配结果。由于该算法本身用于匹配碱基序列，即匹配元素为"A、T、C、G"四种碱基，因此，本书以表 4-1 所列的 S 和 T 序列为例，说明算法匹配原理。

表 4-1　Needleman-Wunsch 算法中 S 和 T 序列样例

序列	编号
预设序列 S	A，T，G，C，G
实际序列 T	A，C，C，G

该算法得分规则如式(4-21)所示，当两序列中元素相匹配时，评估结果得 1 分；当两不同元素相匹配时，评估结果扣 1 分；若发生元素匹配到空位，代表该基因序列发生了碱基插入或缺失，引起移框突变，对整个序列匹配度影响最大，评估结果扣分最重，扣 2 分。随后，根据如式(4-22)所示的 $M_{i,j}$ 的迭代计算过程，算法分别在得分矩阵表中沿着水平、垂直和对角线方向递归计算单元格得分。其中，对角线方向的 $M_{i-1,j-1}$ 将加上 $s(S_i, T_j)$ 值，水平方向或垂直方向的 $M_{i-1,j-1}$ 则扣除两分，最终算法将取递归计算的最大值视为 $M_{i,j}$ 的值。

$$s(S_i, T_j) = \begin{cases} 1, & S_i = T_j \\ -1, & S_i \neq T_j \\ -2, & S_i = \square \text{ 或 } T_j = \square \end{cases} \quad (4-21)$$

$$M_{i,j} = \max \begin{cases} M_{i-1,j-1} + s(S_i, T_j) \\ M_{i-1,j-1} - 2 \\ M_{i,j-1} - 2 \end{cases} \quad (4-22)$$

式中，S_i 表示预设序列 S 中第 i 个元素；T_j 表示实际序列 T 中第 j 个元素；s 为二者的相似度函数，s 越大，则两个序列越相似。

算法在得分矩阵所有单元格计算完毕后，开始回溯最佳路径。该过程从得分矩阵右下角朝着左上角的方向依次回溯得到，如图 4-20 所示即序列 S 和序列 T 的得分矩阵，其中橙色框表示回溯路径。

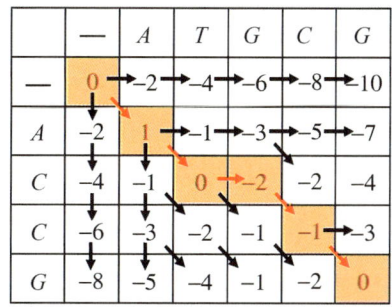

图 4-20 得分矩阵及回溯路径

具体而言,算法从右下角最后一个单元格回溯,红色箭头则代表最佳回溯路径。若回溯路径为对角线,表示当前位置在横轴方向和纵轴方向对应的元素相匹配;若回溯路径为垂直方向,说明当前位置横轴方向对应元素缺失,需要插入空位;相反,若回溯路径为水平方向,说明当前位置纵轴方向对应元素缺失,需要插入空位。根据图 4-20 所示的最佳回溯路径,在 S 序列和 T 序列的最佳匹配方案中,共有 3 个匹配的相同元素,序列匹配的实际结果如图 4-21 所示。

图 4-21 Needleman-Wunsch 算法的序列最佳匹配结果

可以看到,Needleman-Wunsch 算法可以从全局最优的角度出发,按顺序匹配具有不连续性的序列,并能够尽量避免序列中噪声点产生的负面影响。因此,该算法具有较高的鲁棒性及准确性,契合路径序列匹配的要求。具体而言,首先需要预设区域出行路径的手机信令数据序列库,然后将出行的手机信令数据序列与序列库路径进行匹配,最后将序列相似性高的出行路径作为该次出行的实际路径,完成实现路径识别。

2) 对应规则优化过程

当以手机连接基站的 CellID 作为轨迹点序列时,传统 Needleman-Wunsch 算法会将预设路径序列沿途所有邻近信号基站 CellID 按顺序排列。当出行路径过长时,对应的计算量及耗时都将显著增加,在实际应用中,存在一定困难。同时,由于沿途通信基站密度可能存在较大变化,各基站的服务范围相对不固定,出行道路匹配难度显著提升。此外,Needleman-Wunsch 算法匹配得分规则是基于基因序列匹配机制,因此不完全符合道路序列匹配需求,比如移框突变等影响。因此,本书通过缓冲区划分、得分规则改进、算法逻辑优化、评估指标优化四个方面对算法进行改进。

(1) 缓冲区划分

若出行环境中路网密度低,各道路分布相对稀疏(如跨市出行),单个通信基站将难以覆盖多条道路,同一出行路径信令序列可能存在较大差异,造成传统 Needleman-Wunsch 算法方法难以实现路径匹配。对此,本书提出根据通信基站分布特征构建出行缓冲区。缓冲区是指某路段向外扩展一定宽度的地理范围,其中每个缓冲区囊括多个基站。如图 4-22 所示为缓冲区及基站匹配示意,其中共包含三个缓冲区,每个缓冲区包含多个基站。若出行者的连续基站序列同属于同一缓冲区,则将该串序列替换为缓冲区编号,以降低序列长度。该方法能大幅降低相同出行路径内部的信令序列差异,提升不同路径间的差异水平,提高路径识别效率。

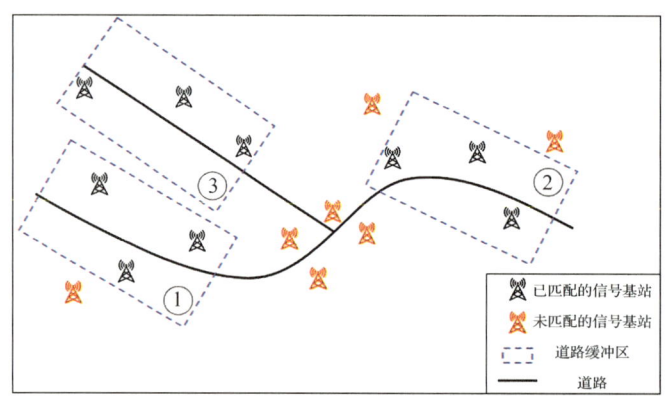

图 4-22　区域缓冲区及基站匹配示意图

(2) 得分规则改进

本书以表 4-2 所列的道路缓冲区预设序列 S 和实际序列 T 为例,按照传统 Needleman-Wunsch 算法进行序列匹配,则匹配结果如图 4-23 所示。

表 4-2　Needleman-Wunsch 算法的道路缓冲区序列样例

序列	缓冲区编号
预设序列 S	1,2,3,4,5
实际序列 T	1,3,5,6

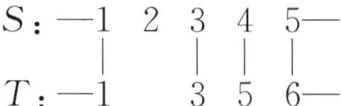

图 4-23　Needleman-Wunsch 算法的道路缓冲区序列匹配结果

其中，正确匹配元素只有"1"和"3"，而元素"5"匹配错误，这主要在于基于基因匹配得分规则中，插入或缺失情景的扣分太重，因而即使全局最优匹配结果仍不能尽可能多地按顺序正确匹配元素。

对此，本书构建如式(4-23)所示的序列匹配得分规则。该规则从道路缓冲区序列尽可能多地将不连续序列按顺序匹配的原则出发，设定插入/缺失/错误匹配不扣分，正确匹配得1分。图4-24所示为按此规则填写的得分矩阵结果。

$$s(S_i, T_j) = \begin{cases} 1, & S_i = T_j \\ 0, & 其他 \end{cases} \tag{4-23}$$

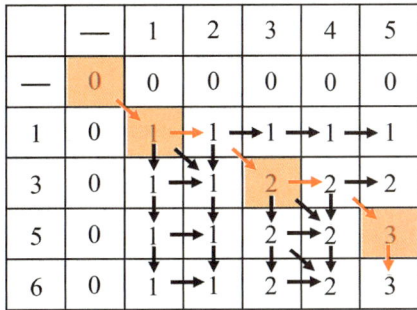

图 4-24 Needleman-Wunsch 算法的道路缓冲区得分矩阵及回溯路径

图 4-25 所示为所有单元格计算完毕后的最佳路径回溯结果。其中，S 序列和 T 序列的最佳匹配方案包含 3 个正确匹配单元，实现尽可能多元素的匹配，适用于路径匹配需求。

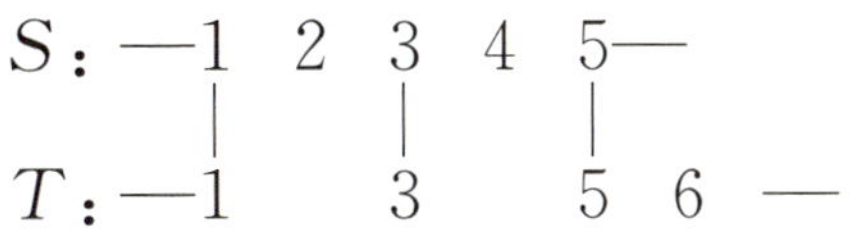

$$\begin{array}{c} S: -1 \quad 2 \quad 3 \quad 4 \quad 5- \\ | | | \\ T: -1 \quad \quad 3 \quad \quad 5 \quad 6 \; - \end{array}$$

图 4-25 Needleman-Wunsch 算法的道路缓冲区序列最佳匹配结果

(3) 算法逻辑优化

通过观察矩阵匹配得分过程可发现，每一个单元格分值都需要对对角线、水平、垂直方向做 3 次计算。但实际上，若对角线方向的匹配元素相同，即 $S_i = T_j$，则在原算法基础上，各单元格只需要计算 $M_{i-1, j-1}$ 与 $s(S_i, T_j)$ 的加和。此时，$M_{i,j}$ 得分即为最大值，各单元格无须再求解水平和垂直方向的得分。因此，本书对算法逻辑进行如下优化：若匹配元素对不同，则在内层循环中，各单元格先比较得到 3 个方向的最大值，再加上匹配得分，即为当前的 $M_{i,j}$。该优化可有效缩短计算时间，提高计算效率，保证算法的实际应用效果。

（4）评估指标优化

目前，传统 Needleman-Wunsch 算法使用序列匹配元素个数作为度量序列相似度的指标，由于不同区域通信基站分布差异较大，各基站覆盖的道路数量差别显著，该指标难以保证路径匹配结果的可靠性。因此，本书提出如式（4-24）所示的相似度指标：

$$G = \frac{2 \times s(S, T)}{L(S) + L(T)} \times 100\% \tag{4-24}$$

式中，L 代表该序列的长度；G 代表改进后的评估指标。

上述改进优化深入分析碱基序列匹配与信令数据路径匹配的差异性。改进后的 Needleman-Wunsch 算法识别出行路径过程如下：①从出行个体 i 沿途产生的手机信令数据中提取出缓冲区编号序列 S'_i；②整理出行始发地和终到地间的各条不同的出行路径的缓冲区编号序列集 T；③将 S'_i 与序列集 T 中序列逐条匹配并计算相似度，筛选出匹配相似度最大的序列 T'_j；④序列 T'_j 映射的路径为个体 i 的实际出行路径。

2. 隐马尔可夫模型

隐马尔可夫模型（Hidden Markov Model，HMM）是 20 世纪 60 年代提出的一种统计分析模型[66]。但是直到 20 世纪末计算机技术研究开始发展，HMM 模型才得到了广泛研究与应用。其应用范围包括信号处理、语音识别、文字识别、生物信息科学和故障诊断等诸多领域。对此，本节主要介绍隐马尔可夫模型框架与具体识别过程。

1）隐马尔可夫模型框架

隐马尔可夫模型本质上是一个含有隐含未知参数的马尔可夫过程，由观测状态、隐含状态、初始状态概率、观测概率和状态转移概率 5 个元素构成。具体定义如下。

（1）观测状态 O：通过直接观察就能获得的状态集合，属于 HMM 输入，记为 O。

（2）隐含状态 I：无法直接观测的状态集合，属于 HMM 的输出，记为 I。在 t 时刻，一个观测序列 O_t 对应一个隐含状态 I_t。

（3）初始状态概率 π：初始时刻（0 时刻）隐含状态 I 中每个状态的发生概率，记为 π。

（4）观测概率 A：t 时刻，观测状态 O_t 对应隐含状态 I_t 的概率。对于任意一个观测状态，观测概率表示了各种隐含状态可能对应该观测状态的概率。

（5）状态转移概率 B：t 时刻观测状态 O_t 对应的隐含状态 I_t 转移到 $t+1$ 时刻观测状态 O_{t+1} 对应的隐含状态 I_{t+1} 的概率。该过程被称为马尔科夫过程。

隐马尔可夫模型可用于处理解码问题，即给定一组模型参数和一组观察状态，模型寻找产生这组观察状态的最有可能的隐含状态序列。从原理上看，基于手机信令数据的出行路径识别可以看作是一种解码问题。如图 4-26 所示,手机信令数据轨迹是可以直接观察的观测状态 O,即个体连接通信基站的序列 $\{O_1, O_2, O_3, \cdots, O_9\}$。个体实际产生的出行路径是隐含状态 I,即个体在道路网中出行时的道路节点序列 $\{I_1, I_2, I_3, \cdots, I_9\}$。此时,若结合个体在无线通信网络与交通设施网络中的出行特征,并设置合理的模型参数与阈值,隐马尔可夫模型即可计算观测状态 O 与隐含状态 I 的观测概率和隐含状态 I 之间的转移概率,从而完成个体出行路径的识别。

图 4-26　基于隐马尔可夫模型的出行路径识别原理示意图

总体而言,基于手机信令数据的出行路径识别一般需要两个步骤。第一步是针对个体某次出行产生的手机信令数据集,识别每条数据对应的出行路段或道路节点,完成居民出行路径的关键路段序列识别。然而,由于手机信令数据定位频率不连续且不均匀,相邻两条数据对应的出行路段经常存在不相邻的情况。因此,第二步是针对已经识别得到的出行路径关键路段序列,利用相关算法补充识别中间缺失的出行路径,获取居民出行的完整路段。

在第一步中,基于手机信令数据的出行路径关键路段序列识别是模型的核心与关键。本书提出利用隐马尔可夫模型完成出行路段关键序列的识别。在隐马尔可夫模型的构建过程中,首先须建立每个基站对应的路段候选集,即判断个体连接某个基站时可能位于交通网络中的哪些路段。本书根据不同基站布局密度下个体与基站间连接距离的分布规律,对路段候选集搜索方法进行优化,该过程详见下述第 2) 小点所述步骤。然后,本书以手机信令数据对应的通信基站作为观测状态,以交通网络中的每个路段作为隐含状态,利用隐马尔可夫模型完成居民出行路径的主要序列识别。假设交通网络中有

N 个路段,分别标记序号为 $S_i(1<i<N)$;个体用户产生的手机信令轨迹作为观测状态,按序号记为 O_i;路段为隐含状态 I_i;则隐马尔可夫模型可以通过3个概率函数进行定义,即 $F=[B_{ij}, A_i(O_t), \pi_i]$。如式(4-25)~式(4-27)所示。

$$B_{ij} = p(I_{t+1}=S_j | I_t=S_i) \tag{4-25}$$

$$A_i(O_t) = p(O_t | I_t=S_i) \tag{4-26}$$

$$\pi_i = p(I_0=S_i) \tag{4-27}$$

在式(4-25)中,B_{ij} 为状态转移概率,表示个体在 $t+1$ 时刻途经的路段 S_j 只与 t 时刻途经的路段 S_i 相关,与之前的出行路段无关。

在式(4-26)中,$A_i(O_t)$ 为观测概率,表示个体在 t 时刻产生手机信令数据 O_i 对应路段 S_i 的概率大小,观测概率越大,代表手机信令数据 O_i 对应这条路段的可能性更大。

在式(4-27)中,P_i 为初始状态概率,即 $t=0$ 时刻所有候选路段的初始概率。

第二步是对居民出行完整轨迹进行修复与补全。完成居民出行路径的主要序列识别后,对于相邻手机信令数据对应路段不相邻的情况,本书利用 Dijkstra 算法搜索两个路段间的最短路径,并以最短路径的路段集合对居民出行路径进行修复与补充,以形成完整、连续的出行路径识别结果。最终,本书形成如图4-27所示的基于隐马尔可夫模型的出行路径识别流程。

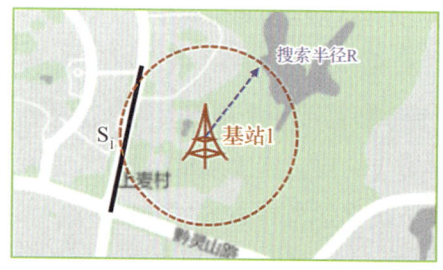
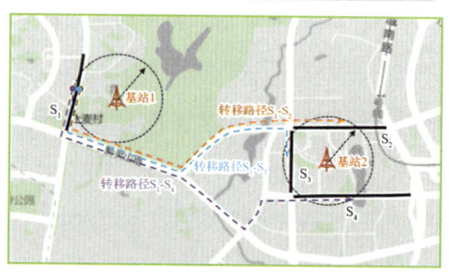
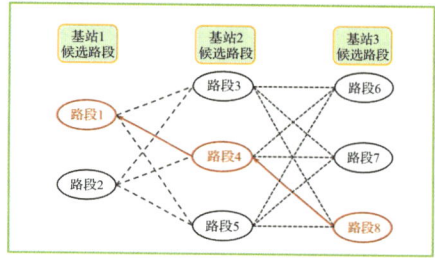
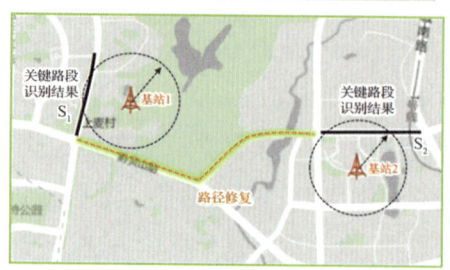

图4-27 基于隐马尔可夫模型的信令数据出行路径识别流程

2) 考虑通信基站密度的观测概率计算方法

道路网络数字化处理是路径匹配的基础工作，即将道路网转换成路段的集合 $S=\{S_1, S_2, \cdots, S_j\}$，其中每个路段均通过首尾两个节点坐标进行定义。

(1) 建立候选路段集

隐马尔可夫模型首先需要定义每个观测状态下所有隐含状态的观测概率。对于路径识别而言，观测概率就是当观测到某条信令数据产生时个体位于道路网络中各个路段的概率。显然，与通信基站距离近的路段观测概率高，与通信基站距离远的路段观测概率低。因此，当个体连接某个基站时，其可能位于该基站周边若干路段中的某一个路段上，而其位于对于距离该基站较远处路段的概率基本为0。为提高模型计算效率，本书为每个通信基站建立候选路段集 $H=\{S_1, S_2, \cdots, S_k\}$，其中，$S_i$ 代表道路网络中的路段。当个体连接某个基站时，本书认为其只可能位于该基站候选路段集 H 中的某个路段上。因此，本书给每个通信基站设置了一个候选路段搜索半径 R，并建立以基站坐标为圆心、以 R 为半径的基站搜索范围。对于路网中的所有路段，只要其有一个节点落在该基站的搜索范围内，或者其有两个节点在搜索范围外但是基站至该路段的垂直距离小于 R，就将该路段加入该基站的候选路段集 H 中。在图4-28所示的样例中，该基站搜索半径 R 内存在9条路段的节点，则这9条路段将组成基站 O_1 的候选路段集 H。

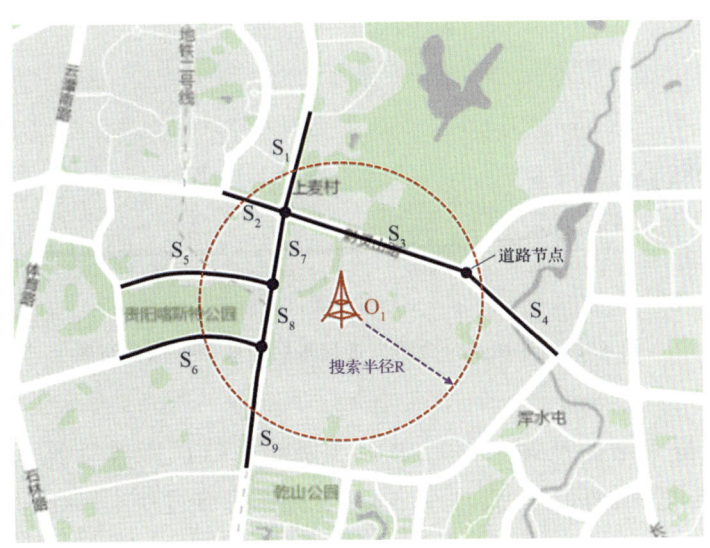

图4-28 基站候选路段集示意图

值得注意的是，如第3.2.3节所述，在中心区、新区、郊区等不同区域的通信基站在覆盖范围和服务半径上均存在较大差异。因此，每个基站在建立路段候选集时，应该充分考虑其所处区域的基站密度环境和服务覆盖范围特征。对此，本书提出一种考虑通信基站密度特征的候选路段搜索方法。对于任意一个基站,首先选择其累积概率为95%时的基站连接距离作为每种密度环境下的候选路段搜索半径R;然后,以基站坐标为中心、以564.3 m为半径划分圆形区域(面积约为1 km^2),计算该范围内的基站密度δ,并根据δ所处的区间选择对应的搜索半径R;再以每个基站坐标为中心、以R为半径划分圆形区域;对于任意路段S_k,只要其有一个节点落在该区域内,就将该路段作为该基站的候选路段;最后,遍历所有路段后,输出基站的路段候选集H_i。

(2) 观测概率计算

在既有基于GPS数据的路径识别研究中,观测概率大多采用正态分布函数来计算,即认为GPS点与实际出行路段间的距离服从正态分布。考虑到信令数据定位的模糊性,本书在不考虑基站密度的常规环境下,利用既有数据中的基站连接距离分布进行概率函数拟合。拟合结果图4-29所示,基站连接距离服从高斯分布,其中确定系数R^2为0.966 9,均方根误差$RMSE$为0.001,拟合式如式(4-28)所示。

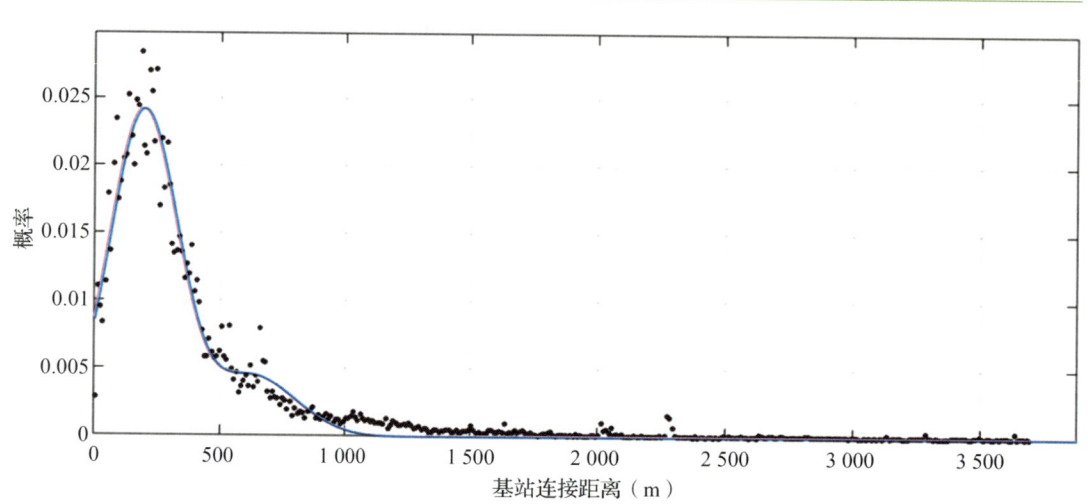

图4-29 手机信令数据与连接基站距离分布拟合结果

因此,本书基于通信基站与路段中心点之间的欧氏距离计算观测概率,其中,式(4-28)为观测概率计算过程,式(4-29)为欧氏距离计算过程。

$$p(O_t | I_t = S_t) = 0.024\ 02 \times e^{\left(\frac{d-191.8}{189.5}\right)^2} + 0.004\ 81 \times e^{\left(\frac{d-628.5}{248.3}\right)^2} \tag{4-28}$$

$$d = 2 \times R \times \sin\sqrt{\sin\left[\frac{(y_2-y_1)\varphi}{2}\right]^2 + \cos(y_1\varphi)\cos(y_2\varphi)\sin\left[\frac{(x_2-x_1)\varphi}{2}\right]^2}$$

$$\tag{4-29}$$

式中，d 是通信基站 i 与候选路段 S_j 中心点的欧氏距离；(x_1, y_1) 和 (x_2, y_2) 分别为通信基站和路段中心点的经纬度；R 为地球半径，取 6 371 004 m；φ 为弧度转换参数，取 $\pi/180$。

（3）考虑交通出行模式的转移概率计算方法

在基于隐马尔可夫模型的出行路径识别模型中，转移概率 $B_{j,k}$ 表示个体从 $t-1$ 时刻的隐含状态路段 S_j 转移到 t 时刻隐含状态路段 S_k 的概率。对于不连续且定位误差较大的手机信令数据轨迹，合理的转移概率是提高隐马尔可夫模型识别精度的关键。对此，本书提出一种无监督且考虑不同交通方式出行速度和道路网络属性特征的转移概率计算方法，计算步骤如下。

步骤 1：针对交通网络中的每条道路，根据实际情况和道路属性设置四种交通方式的限速阈值。其中，公交和汽车的速度阈值基于道路网络的实际限速阈值。根据既有研究，步行的限速阈值为 6 km/h，非机动车限速阈值为 30 km/h。

步骤 2：对于第 i 条数据的候选路段 $S_j (j=1, 2, \cdots, m, m$ 为该基站候选路段总数)和第 $i+1$ 条数据的候选路段 $S_k (k=1, 2, \cdots, n, n$ 为该基站候选路段总数)，利用 Dijkstra 算法搜索候选路段间的最短路径，并将其定义为最短路段集合 $E=\{e_1, e_2, \cdots, e_h\}$。

步骤 3：根据该次出行的交通方式，以集合 E 中的每个路段除以对应的限速值作为各路段出行时间，将所有路段出行时间累加后作为路段 S_j 和路段 S_k 之间的最短路路径出行时间 $T_{j,k}$。

步骤 4：计算第 i 条数据与第 $i+1$ 条数据的时间差 $t_{i,i+1}$。第 i 条数据的候选路段 S_j 与第 $i+1$ 条数据的候选路段 S_k 之间的转移概率如式(4-30)所示：

$$p(S_j, S_k) = \begin{cases} \dfrac{1}{|t_{i,i+1} - T_{j,k}|} & T_{j,k} \neq t_{i,i+1} \\ 1 & T_{j,k} = t_{i,i+1} \end{cases} \tag{4-30}$$

上述转移概率计算方法考虑了居民采用不同交通方式出行时相邻手机信令数据时间差与对应路段间出行时间的相似性。相较于既有采用距离相似特征、距离误差分布概率特征等转移概率计算方法的研究，本书提出的转移概率计算方法充分考虑了不同交通方式的速度特征以及不同等级道路(快速路、主干路、次干路等)属性。

（4）基于维特比算法的最优路径求解

维特比算法(Viterbi)是一种动态规划算法，适用于处理隐马尔可夫模型的解码问题。其基本原理是，从初始状态后，每向后步进一次，算法便记录下到达该状态的最大概率值及最大概率值对应的上一步索引，然后基于此最大概率值继续向后进行搜索，一直搜索至目标点为止[67]。

假设交通网络包含 N 个路段，分别标记序号为 $S_i(1<i<N)$，同时，信令数据包含 M 个观测状态，分别标记序号为 $O_i(1<i<M)$。则隐马尔可夫模型可定义为 $F=(B_{ij},A_i(O_t),\pi_i)$。其中，状态转移概率 $B_{ij}=p(I_{t+1}=S_j|I_t=S_i)$，$1 \leqslant i,j \leqslant N$；观测概率 $A_i(O_t)=p(O_t|I_t=S_i)$；初始状态概率 $\pi_i=p(I_0=S_i)$。对于一组观测状态 $O=\{O_1,O_2,\cdots,O_T\}$，维特比算法可以通过动态规划方法寻找出最大似然概率的隐含状态序列 $I=\{I_1,I_2,\cdots,I_T\}$。

式(4-31)为 $t-1$ 时刻所有截止于隐含状态对应路段 S_i 中最大似然概率路径的概率 $v_i(t-1)$。其中，$O=\{O_1,O_2,\cdots,O_{t-1}\}$ 为观测状态序列；w_i 为隐含状态 I_i 的初始概率。

$$v_i(t-1)=\max_{I_1,I_1,\cdots,I_{t-2}} P(I_1,I_2,\cdots,I_{t-1}=S_i,O_1,O_2,\cdots,O_{t-1}|F) \quad (4-31)$$

式(4-32)为 t 时刻候选路段 S_j 对应的最大似然概率路径，其可通过 S_j 的观测概率、前一时刻最大似然概率路径概率 $v_i(t-1)$ 以及二者转移概率 B_{ij} 的乘积计算得到。其中，本书首先将所有路段初始状态设置为1，随后通过 $p^*=\max\limits_{1\leqslant i\leqslant N}[v_i(T)]$ 输出选择一个最终的最大似然概率路段，最后反向搜索确定最大似然概率路径。

$$v_j(t)=A_j(O_t)\times\max_{1\leqslant i\leqslant N}[v_i(t-1)\times B_{ij}] \quad (4-32)$$

需要注意的是，最大似然路径并不是唯一可能的最优路径。例如，在任何给定时间下，不同最可能隐含状态算法的选择可能造成计算结果存在略微的差异。但是，对于大多数情况来说，维特比算法得到的最大似然路径仍是最优的状态序列。最后，在寻找出最大似然路径后，对于路径中不连续的相邻路段，Dijkstra 算法被用于搜索两个路段中的最短路径，实现整个出行路径的完整补充。

4.2 多源数据同步采集实验

多源数据同步采集实验用于获取真实日常出行活动产生的手机信令数据及对应详细出行信息，为技术算法的精度验证创造条件。本次在我国贵阳市开展了总计为期 19 d 的居民出行模拟试验。该实验同步采集了手机信令数据、手机 GPS 数据和出行日志数据。实验条件考虑了不同城市区域（基站密度不同）、不同道路类型、不同出行目的及不同交通方式等多种因素，力争实验能够全面覆盖复杂城市环境，采集的数据能够代表各出行模式下产生的数据特征。

4.2.1 同步对比实验作用机理

本次数据同步采集实验在我国贵阳市开展。该市是我国西南地区重要的中心城市之一。截至2020年11月，该市常住人口为598.7万人，其中城镇常住人口479.4万人，属于典型的Ⅰ型大城市[68]。该市的市域面积达8 034 km^2，城区面积达1 230 km^2，地形以丘陵和山地平原为主。2021年，贵阳市道路网密度达到6.3 km/km^2，高于全国36个主要城市的平均水平，同时，贵阳市已形成地铁、BRT、常规公交组成的多层次公共交通网络[69]。总体而言，贵阳市复杂多样的城市交通环境与地形地貌为本次数据采集实验提供了良好的实验条件。

本次实验要求志愿者按照事先设计好的出行路线在该城市范围内进行有目的的活动和出行。所有志愿者在参与实验前均经过专业培训并开展预实验以熟悉实验要求。出行过程中，每位志愿者全程携带装有当地某运营商SIM卡的手机并保持日常的手机使用和通信习惯。与此同时，志愿者会按照要求同步记录出行日志和GPS数据。为使采集到的手机信令数据具有较高的普遍性和代表性，减少抽样偏差，本次数据采集实验将对如下交通因素和通信因素进行控制和设计。

1. 城市区域

不同城市区域代表了不同的通信基站密度。一般情况下，城市中心区用户通信需求较大，基站密度较高。城市郊区人口密度较低，通信业务量较少，通信基站密度较低。为保证采集的数据覆盖多种基站密度环境，本次数据采集实验范围包括了贵阳市的南明区、云岩区、花溪区、观山湖区、乌当区和白云区。南明区属于中心城区，云岩区属于老城区，观山湖区属于城市新区，白云区、花溪区和乌当区属于外围组团或郊区。

2. 出行目的

出行目的对居民出行方式选择行为或目的地活动模式均有较大影响，而不同的交通方式和目的地活动模式也会影响手机信令数据的时空特征。例如，居民在居家或办公时，活动范围可能局限于家和公司所在地，整体空间范围较小。这种情况下，手机通常会稳定地连接周边少数几个基站，产生的手机信令数据空间精度较高。而在商圈购物或公园游玩时，居民往往会产生大范围和长时间的移动，手机信令数据将不规则地在周边若干个基站间切换，增加出行信息识别的难度。本次实验设置了上班、上学、就医、餐饮、娱乐、购物、休憩和回家共八种出行目的，包括了主要的通勤和非通勤出行。目的地的活动时长和活动范围也根据出行目的进行相应调整，尽量模拟城市居民不同的出行活动模式。表4-3所列为代表性的出行路线。

表 4-3　出行路线实验设计案例

出行目的	出行路线
家—上班—购物—娱乐—回家	金沙花园—职业技术学院—海纳广场—汇金星力城—金沙花园
家—上班—上班（商务）—休憩—回家	新联世纪华庭—成黔大厦—银行总行大楼—黔灵山公园—新联世纪华庭
家—就医—餐饮—娱乐—回家	花香上海城—省中医药大学第二附属医院—豪雅饭店—汇金星力城—花香上海城
家—上学—餐饮—休憩—回家	德润小区—第二中学—南国花锦购物中心—甲秀楼—德润小区
家—娱乐—购物—回家	中天名庭—省博物馆—观山湖公园—云上方舟—中天名庭

3. 出行方式

不同的交通出行方式在出行速度、出行距离、出行时长、通信基站切换频率、基站连接时长和连接个数等方面均具有较大差异，这些差异在手机信令数据轨迹特征上会有不同程度的映射。本次实验覆盖了贵阳市居民常见的交通出行方式，包括步行、非机动车、小汽车、公交车和地铁。

4. 道路类型

贵阳市已经初步形成了快速路、主干路、次干路和支路组成的多层次城市道路网络。不同道路等级对应不同的通行能力和速度限速，对于出行方式和出行路径识别具有一定的影响。本次实验全面覆盖贵阳市的主要城市道路，包括绕城高速、二环路等城市快速路，中山路、延安路、北京路、数博大道和黔灵山路等新老城区主干道，以及大量次干道和支路，以保证数据采集环境覆盖多种交通流和道路条件。

4.2.2　同步对比实验数据类型

本次数据采集实验同步采集了手机信令数据、手机 GPS 数据和出行日志数据三种。

1. 手机信令数据

手机信令数据由移动运营商提供。在出行过程中，志愿者携带安装 SIM 卡的手机，并全部签署保密协议和授权协议。实验结束后，通信运营商根据 SIM 信息从原始数据库中提取志愿者手机信令数据。

2. 手机 GPS 数据

手机 GPS 数据由志愿者在手机中安装的数据采集 App 自动采集。App 界面如图 4-30 所示，该 App 由作者团队研发，命名为"易行"，可通过调用手机内置芯片和 GPS 模块，完成 GPS 数据的采集、分析和上传。本次实验同步采集 GPS 数据主要包括两个目的。①手机 GPS 定位坐标可以作为志愿者的真实位置坐标，以分析手机信令数据的定位误差,即志愿者与所连接通信基站间的距离特征。②手机 GPS 定位坐标可以还原志愿者的真实出行轨迹,实现与出行日志数据相互校核,以补充出行信息记录不详细的地方,并作为交通出行信息识别结果的可靠比对。

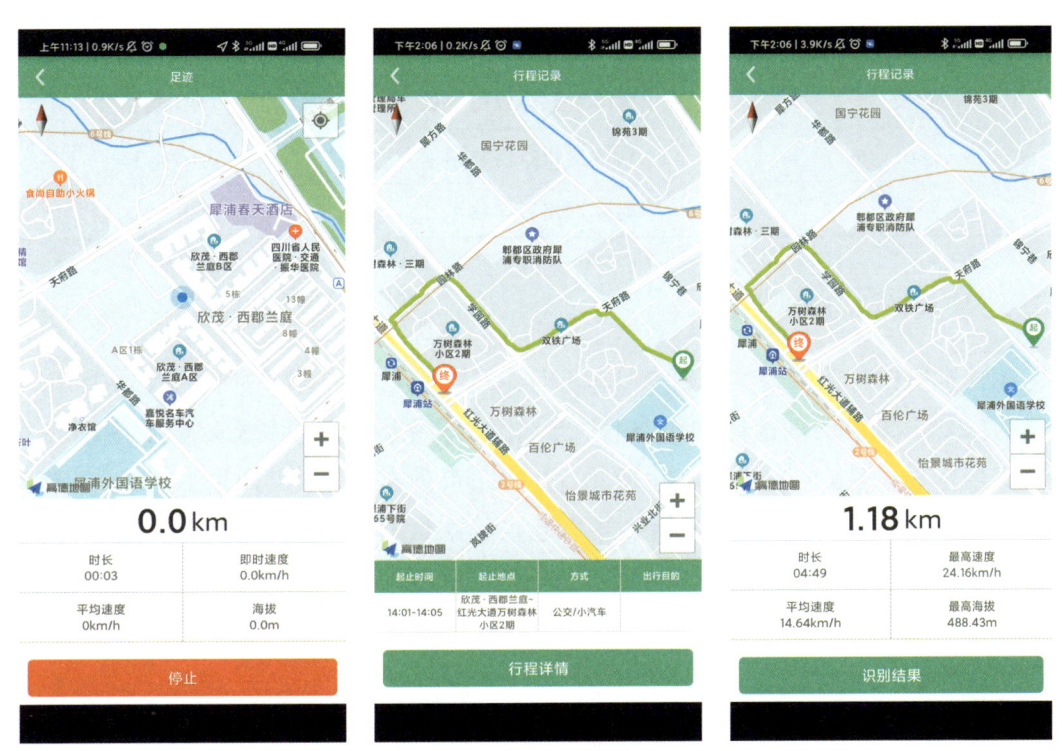

图 4-30 "易行"轨迹数据自动采集与识别软件主要界面

3. 出行日志数据

出行日志数据由志愿者在出行过程中同步手动记录。记录的内容包括停留地点、出发时间、到达时间、交通方式、换乘时间及交通拥堵情况等详细的出行过程信息。出行日志数据和 GPS 数据共同作为手机信令数据识别结果的标杆和比对数据,尤其在手机信令数据或 GPS 数据缺失的情况下,出行日志数据可作为轨迹修复或结果验证的重要信息来源。出行日志数据样例如表 4-4 所列。

表 4-4 出行日志数据样例

状态	位置及状态	时间
停留	酒店出发	8:02:55
公交	步行至花香村站	8:07:30
公交	公交 36 路出发	8:17:28

(续表)

状态	位置及状态	时间
公交	公交下车,北京西路口站	8:28:17
地铁	上地铁	8:35:51
地铁	下地铁	8:59:17
地铁	出国际生态会议中心站	9:06:45
停留	到达贵州省博物馆	9:23:16
停留	离开贵州省博物馆	10:52:34

4.2.3 实验详情与数据样例

本次实验日期为 2019 年 9 月 7 日至 9 月 12 日、9 月 20 日至 9 月 25 日、12 月 15 日至 12 月 22 日,累积时间达到 19 d。超过 25 名志愿者先后参加了本次实验,其中,最短的参与日期为 6 d,最长的参与日期为 19 d。实验期间,所有志愿者共产生了 609 个出行端点和 756 个出行段。每个出行段代表一次起点至讫点的出行,且对应一种交通出行方式。运营商提供了所有志愿者的手机信令数据,总量达到 179 286 条,其中出行停留期间产生数据 103 165 条,出行过程中产生数据 76 121 条。表 4-5 给出了本次实验采集到的数据集组成情况。

表 4-5 手机信令数据集构成情况

出行状态	数据量(条)	端点/出行段数(个)
停留	103 165	609
移动	76 121	756
移动(步行)	12 412	123
移动(非机动车)	9 534	95
移动(小汽车)	23 655	193
移动(公交车)	23 458	209
移动(地铁)	7 062	136

结合 GPS 数据和出行日志数据,本节首先对志愿者的每一条手机信令数据对应的出行状态进行统计,如表 4-6 所列。其中,1 代表停留,2 代表步行,3 代表非机动车,4 代表汽车,5 代表公交车,6 代表地铁。

表 4-6 增加标签后的手机信令数据样例

用户全球标识码	TAC	ECGI	日期	时间	基站经度	基站纬度	出行状态
460＊＊＊340	34054	167868437	2019-9-21	9:00:34	106.70253	26.58639	1
460＊＊＊340	34054	167868437	2019-9-21	9:01:41	106.70253	26.58639	1
460＊＊＊340	34054	167868683	2019-9-21	9:02:10	106.70253	26.58639	4
460＊＊＊340	34050	167882763	2019-9-21	9:04:11	106.6942	26.57674	4
460＊＊＊340	34050	167870239	2019-9-21	9:05:26	106.6942	26.57674	4
460＊＊＊340	34050	167877397	2019-9-21	9:08:33	106.6942	26.57444	4
460＊＊＊340	34050	167882763	2019-9-21	9:08:34	106.6935	26.57222	4
460＊＊＊340	34050	168157717	2019-9-21	9:08:39	106.6947	26.56611	4
460＊＊＊340	34050	167886347	2019-9-21	9:09:01	106.6914	26.56861	4
460＊＊＊340	34050	167864095	2019-9-21	9:09:05	106.6906	26.56556	4

4.3 "通信—交通"一体化集成仿真平台

不同影响因素环境下的识别技术敏感性是技术可靠度的重要表现,然而受限于多种环境因素,部分真实场景难以复现,因此,对这些场景无法进行多次实验分析。对此,本节提出并搭建"通信—交通"一体化集成仿真平台。通过在平台中改变手机通信频率、通信基站密度等难以在客观环境下调整的因素,仿真平台为分析手机信令数据定位质量对个体交通出行信息识别应用的鲁棒性和敏感性提供基础支撑。

4.3.1 仿真平台搭建思路

首先,仿真平台基于城市真实用地情况与道路网络,利用 VISSIM 交通仿真软件搭建路网模型,使得仿真中的交通环境与城市实际环境相符合。随后,平台根据设计好的出行路线,利用 VISSIM 获取多模式交通出行轨迹数据集,并将其作为后续通信仿真的基础数据,如图 4-31(a)所示。其次,平台利用通信事件数据仿真模块为交通出行轨迹加载相关的通信事件参数,包括哪些轨迹点发生通信事件及这些通信事件的发生时刻等,如图 4-31(b)所示。通信事件数据仿真模块主要是以真实的手机信令事件发生概率为基础,应用相关随机算法完成通信事件加载。再次,平台利用无线通信信道扩散模型确定每个通信事件所连接的通信基站,如图 4-31(c)所示。最后,平台将交通出行轨迹中所有关联通信事件的轨迹点进行提取后,就可以仿真生成该次交通出行过程中产生的手机信令数据集。

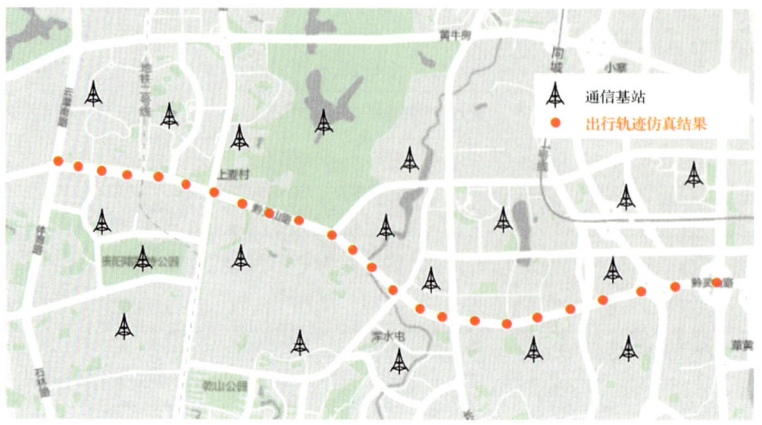
（a）交通出行轨迹仿真

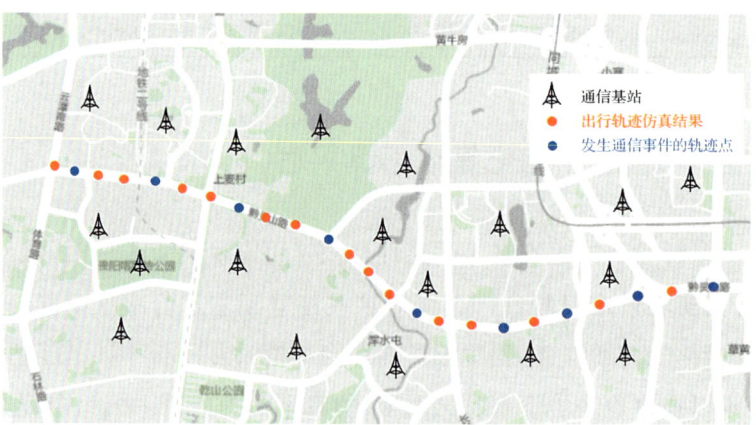
（b）仿真加载手机通信事件

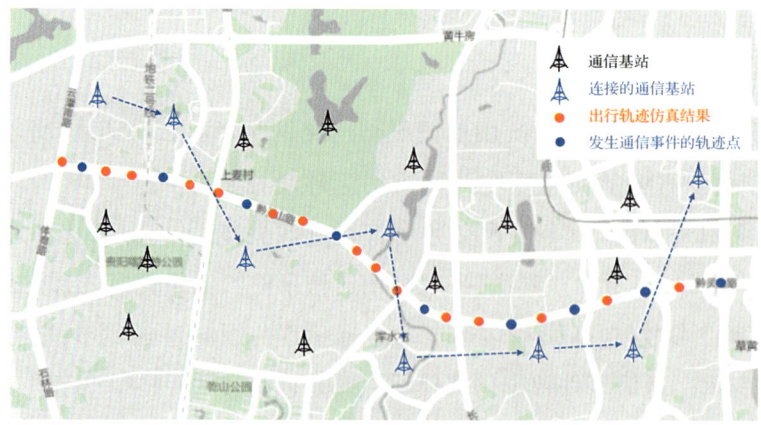
（c）通信基站仿真连接

图 4-31　手机信令数据仿真示意图

4.3.2 仿真平台搭建流程

"通信—交通"一体化集成仿真平台主要包括个体出行轨迹仿真模块和移动通信事件数据仿真模块两部分。个体出行轨迹仿真模块是根据真实的路网环境和出行试验中试验人员的出行行为信息，借助既有的交通仿真模型和软件将出行行为转化为多模式出行仿真轨迹数据集的模块。这些出行仿真轨迹数据也作为后续通信信号仿真的基础。移动通信事件数据仿真模块是根据真实移动通信的网络构建、基站布局以及参数配置，利用通信领域常用的信号传播模型模拟不同仿真场景下的基站信号覆盖情况的模块。该模块结合交通仿真中个体的所在位置，以信噪比最大作为准则为个体发生通信业务时选择通信基站。其中，个体的通信业务发生频率根据真实手机信令数据的发生间隔分布进行配置。

在具体搭建过程中，平台先根据真实的交通环境配置交通仿真路网和路况，生成与真实交通环境相似的仿真环境中个体出行轨迹数据。然后，平台以交通仿真模块中的路网坐标系为基准，根据通信运营商提供的基站信息表，通过通信事件数据仿真模块在仿真路网中进行相应的移动通信基站布局配置，并根据无线通信信号传播模型生成仿真路网中每一个基站的信号覆盖范围。当仿真环境中个体发生通信事件时，平台将结合其所在路网位置以及当前位置的信号信噪比，确定该通信事件的连接基站，并据此生成其仿真信令数据。"通信—交通"一体化集成仿真平台搭建流程如图 4-32 所示。

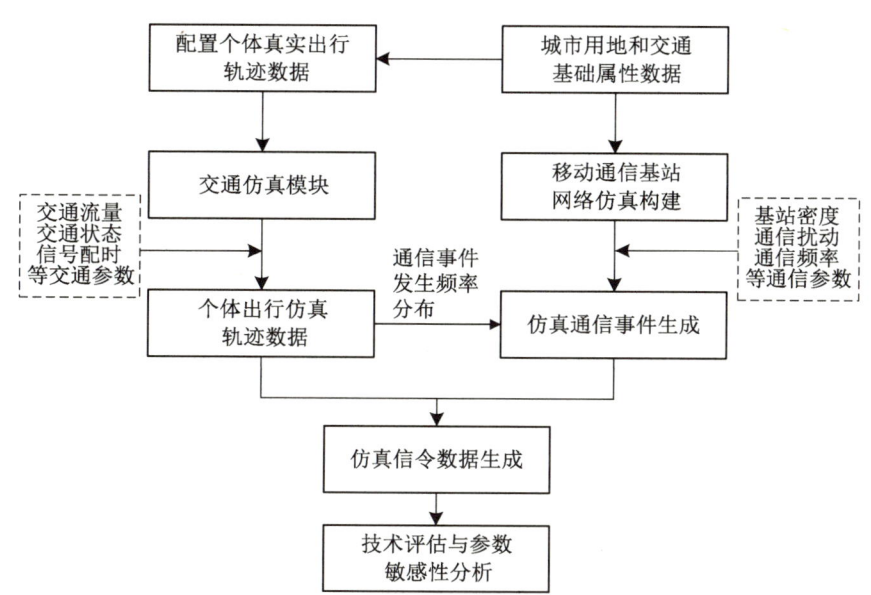

图 4-32 "通信—交通"一体化集成仿真平台搭建流程

1. 个体出行轨迹仿真模块

1) 模块架构与流程

个体出行轨迹仿真是整个手机信令数据仿真的基础,其目的是根据真实的城市用地和交通环境配置交通仿真路网和路况,生成与真实交通环境相似的仿真环境中个体出行轨迹数据。仿真平台借助当前交通流和人流仿真模型软件(如 VISSIM、Anylogic 等),将个体出行活动转化为多模式出行活动仿真轨迹数据。具体而言,平台首先将交通道路网导入 VISSIM 软件,搭建与实际相符的 VISSIM 交通网,再根据交通调查得到的各条道路的服务水平进行交通量加载,使得在 VISSIM 中的交通环境与实际情况基本一致,最后生成相应的出行轨迹数据。

2) 模块输入

为了使车辆运行状态尽量与实际情况保持一致,平台首先根据多源数据同步采集实验中记录的轨迹数据和出行日志数据,结合高德地图同时刻的道路状态监测数据,将适当的交通量加载到仿真路网中。其次,平台根据前期设计的出行路线,将个体出行的主要信息配置到 VISSIM 软件中,包括出行端点、出行方式、出行路径、出行时刻和停留时长等。最后,平台实现出行实验路线的反复仿真,获取对应出行轨迹信息,为后续针对不同通信环境下的出行实验仿真奠定了基础。

其中,VISSIM 系统默认的交通模型参数较大程度上基于国外的交通特性,因此,本书基于当前国内对交通运行特征的研究[70],修正平台对应系统参数,确保仿真结果尽可能与我国交通运行特征相符合。"通信—交通"仿真平台参数设置如表 4-7 所列。

表 4-7 VISSIM 模型参数设置

参数名称	默认值	标定值
最小车头空距(m)	0.5	0.85
可接受的减速度(m/s^2)	−1	−2.13
最大减速度(m/s^2)	−4	−2.36
车辆最大前视距离(m)	250	299.63
平均停车间距(m)	2	0.98
安全距离的倍数部分	3	6
安全距离的附加部分	2	0.88
50 km/h 运行时最小横向间距(m)	1	1.94
消失前的等待时间(s)	60	65.84

3) 模块输出

通过 VISSIM 导出的个体出行轨迹信息则包括个体编号、仿真时间、车辆类型、X 坐标、Y 坐标及速度（m/s）。由于 VISSIM 导出的坐标信息是以 VISSIM 坐标系作为基准，本书通过如式(4-33)所示的线性转化式将其转为经纬度数据：

$$Longitute = 1.0156 \times 10^{-5} \times Vissim\_X + 106.1666$$

$$Latitude = 9.03546 \times 10^{-6} \times Vissim\_Y + 26.24497 \quad (4-33)$$

图 4-33 所示即为以贵阳市路网为例构建的交通仿真模型。平台根据出行试验过程中采集的 GPS 数据和出行日志数据，结合百度地图的路况监测数据，在仿真路网中加载合适的交通量，尽可能使车辆运行状态与实际情况基本一致。

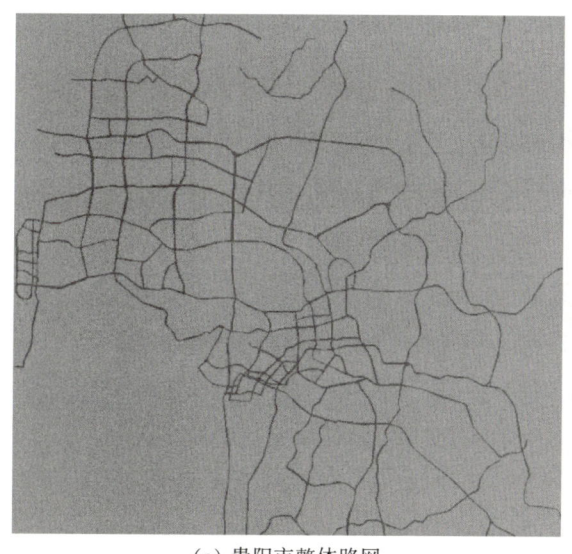

(a) 贵阳市整体路网　　　　　　　(b) 贵阳市道路车辆加载

图 4-33　贵阳市 VISSIM 仿真路网

将 VISSIM 输出的数据进行坐标转换后，平台通过整合即可得到如表 4-8 所列的个体出行轨迹样例。其中，仿真时间表示时间轴从每日第 0 s 开始计算的具体时刻；当前路径编号和目标路径编号分别代表车辆当前行驶的路径编号和即将进入的路径编号；在车辆类型中，300 代表小汽车；经度和纬度为车辆在当前时刻的实际位置；速度代表该车辆在当前时刻的瞬时速度。

表 4-8　个体多模式出行轨迹仿真实验数据样例

个体编号	仿真时间(s)	车辆类型	经度(°)	纬度(°)	速度(m/s)
10	1 622	300	106.6687	26.6467	11.94
10	1 623	300	106.6688	26.6466	12.17
10	1 624	300	106.6689	26.6466	12.4
10	1 625	300	106.6690	26.6465	12.42
10	1 626	300	106.6691	26.6465	12.18

2. 通信事件数据仿真模块

通信事件数据仿真模块目标是根据真实的手机信令数据产生频率,为仿真得到的个体交通出行轨迹加载无线通信事件,以及确定每个通信事件相应的服务基站。该模块最终将生成完整的手机信令数据。

1) 通信事件加载模块

(1) 模块架构与流程

根据手机信令数据的产生原理,一条完整的仿真交通出行轨迹中只有一部分轨迹点会产生无线通信事件。这些通信事件可能是开关机、打电话、发短信和上网等。因此,通信事件加载模块将根据真实的手机信令数据产生频率,即判断哪些轨迹点会产生通信事件,并为其加载相应的无线通信事件。

(2) 模块输入

式(4-34)为根据已有分析拟合得到的手机信令数据时间间隔概率分布函数:

$$f(x) = 0.191 \times e^{-0.734x} + 0.02 \times e^{-0.025x} \tag{4-34}$$

式中,x 为手机信令数据时间间隔,单位为 s。

随后,模块利用轮盘赌算法随机生成手机信令数据的发生时间间隔,选取与发生时间相近的出行轨迹点作为发生通信事件的轨迹点。具体流程如下。

步骤 1:根据式(4-35),计算每个时间间隔 x_i 的被选择概率 $p(x_i)$,其中,$i = \{1, 2, \cdots, N\}$。

$$p(x_i) = \frac{f(x_i)}{\sum_{j=1}^{N} f(x_j)} \tag{4-35}$$

步骤 2:根据式(4-36),计算每个 x_i 对应的累积概率 q_i:

$$q_i = \sum_{i=1}^{i} p(x_i) \tag{4-36}$$

步骤3：随机生成一个[0，1]区间内均匀分布随机数r，将其作为累积概率分布值。

步骤4：若$r \leqslant q_1$，则选择对应的时间间隔输入值x_1；若$q_i \leqslant r \leqslant q_{i+1}$，则选择$x_i$作为对应的时间间隔输入值。

（3）模块输出

本节以表4-8所列仿真轨迹为例分析通信事件加载模块的输出，并假设第一条仿真出行轨迹数据发生在时间轴的第1 s。若在上述步骤3生成的随机数$r=0.5$且相邻信令时间间隔累积概率统计值到达50%时，时间间隔值将为17 s，则模块选择第18 s产生的轨迹点作为第一个无线通信事件发生的轨迹点。若下一个仿真时间间隔为50 s，则模块选择第68 s对应的轨迹点作为第二个无线通信事件发生的轨迹点。以此类推，直到通信事件发生的累积时间大于整个出行轨迹的总时间，模块就可以仿真得到该次出行轨迹中发生通信事件的所有时间点及对应轨迹点。加载通信事件后的个体出行轨迹样例如表4-9所列。在是否发生通信事件中，0意味着该时刻未发生通信事件，1则表示该时刻发生了通信事件。

表4-9 加载通信事件后的个体出行轨迹仿真实验数据样例

个体编号	目标路径编号	当前路径编号	仿真时间(s)	车辆类型	经度(°)	纬度(°)	速度(m/s)	是否发生通信事件
10	11	183	1 622	300	104.0587	30.67668	9.82	1
10	11	183	1 623	300	104.0588	30.67663	10.83	0
10	11	183	1 624	300	104.0589	30.67657	10.83	0
10	11	183	1 625	300	104.059	30.67652	9.99	0
10	11	183	1 626	300	104.0591	30.67646	10.12	1

2）基于无线信道模型的通信基站连接模块

（1）模块架构与流程

为了构建接近真实的无线通信仿真环境，平台首先需要通信运营商提供基站信息表和相关参数，以在仿真路网中进行相应的移动通信基站布局配置。在确定仿真出行轨迹中移动通信事件的发生状态后，本模块将为每个通信事件确定相应的服务基站，从而生成完整的手机信令数据。

（2）模块输入

在通信信号研究中，现有研究通常使用无线信道模型对仿真环境中个体所在位置的信号强度进行计量[30]。其中，传统模型以信道模型计算得到的信噪比（Signal Noise Ratio，SNR）作为信号强度的判定准则。具体而言，当某个出行轨迹点发生通信事件时，该模块比较周边不同基站在该轨迹点的SNR值，选择SNR值最大的基站作为该轨迹点通信事件所连接的基站。式(4-37)为 SNR 的计算方法：

$$SNR = \frac{P_T - P_L - S}{TN + NF + 10 \times \log_{10}(BW)} \quad (4-37)$$

式中，P_T 为基站功率；P_L 为路径损耗；S 为阴影衰落，取值为标准正态分布随机数据乘以对数阴影衰弱标准差(表4-10)；TN 为热噪声；NF 为用户噪声指数；BW 为带宽。其中，本模块利用式(4-38)所示的 WINNERII 模型计算路径损耗为 P_L[71]：

$$P_L = \begin{cases} 21.51\log_{10}(d) + 44.2 + 20\log_{10}\left(\dfrac{f_c}{5}\right), \\ \qquad\qquad\qquad\qquad\qquad\qquad 10\,\text{m} < d < d_{BP} \\ 40\log_{10}(d) + 10.5 - 18.5\log_{10}(h_{BS}) - 18.5\log_{10}(h_{MS}) + 1.5\log_{10}\left(\dfrac{f_c}{5}\right), \\ \qquad\qquad\qquad\qquad\qquad\qquad d_{BP} < d < 10\,\text{km} \end{cases}$$

(4-38)

式中，d、h_{BS}、h_{MS} 分别为基站与轨迹点间距离、基站高度（典型值 32 m）和采样点高度（典型值 1.5 m），单位均为 m；f_c 为载频，单位为 GHz；d_{BP} 为断点距离，$d_{BP} = \dfrac{4h_{BS}h_{MS}f_c}{c}$；$c$ 为光速；其他主要参数如表 4-10 所列。

表 4-10 无线通信仿真参数配置情况

参数	取值
带宽(MHz)	4
基站总发送功率(dB)	43
对数阴影衰落标准差(dB)	4
热噪声(dB·Hz^{-1})	−174
用户噪声指数(dB)	7
天线类型	全向天线
基站电缆损耗(dB)	2
滞后余量(dB)	8
载频(GHz)	2.5

(3) 模块输出

无线信道模型为每个通信事件匹配通信基站后，本书构建的"通信—交通"一体化仿真平台进一步结合通信运营商提供的真实基站坐标数据，得到该出行轨迹完整的仿真手机信令数据,如表 4-11 所列。

表 4-11 完整手机信令数据仿真实验样例

个体编号	目标路径编号	当前路径编号	仿真时间(s)	车辆类型	经度(°)	纬度(°)
10	11	183	1 622	300	104.0587	30.67668
10	11	183	1 623	300	104.0588	30.67663
10	11	183	1 624	300	104.0589	30.67657
10	11	183	1 625	300	104.059	30.67652
10	11	183	1 626	300	104.0591	30.67646

速度(m/s)	是否发生通信事件	TAC	ECGI	基站经度(°)	基站纬度(°)
9.82	1	8532	35345	106.66871	26.64626
10.83	0	0	0	0	0
10.83	0	0	0	0	0
9.99	0	0	0	0	0
10.12	1	8534	35145	106.66832	26.64621

以上即是耦合通信信号仿真与交通仿真的手机信令数据仿真平台的主要流程及相应算法。该仿真平台可根据研究需要构建各种通信和交通环境,如不同通信频率、不同基站密度、不同交通状态等,为后续基于手机信令数据的出行链特征识别敏感性评估等相关研究提供重要支撑。

第5章

基于手机信令数据的交通信息提取可靠度实证

交通信息提取可靠度实证是提取算法能否实践应用的关键步骤。本章基于实验设计体系,针对出行端点、出行方式及出行路径提取,对提出的算法模型可靠度进行实证评估,评估内容包括算法参数设置和可靠度评估结果分析。

5.1 出行端点实证

出行端点的识别本质可看作一个二分类问题。聚类算法主要通过判断移动或停留两种不同状态下手机信令轨迹点在时间、空间和密度方面的特征差异进行识别,其识别效果较基于阈值规则的算法有所提升;而以随机森林算法为代表的学习算法在交通领域分类问题上也表现出非常强的性能和适用性[72-75]。对此,本节将分别对空间聚类优化算法、凝聚层次聚类优化算法、随机森林算法及 Bi-LSTM 算法进行实证结果评估。

5.1.1 算法参数设置优化

1. 聚类优化算法

1) GA 参数

聚类算法中,聚类半径 R 须根据基站密度做针对性选择,即构建基站密度 $density$ 与最优聚类半径 R 的映射函数 $R=f(density)$。本书建议使用 MATLAB 对不同基站密度下的 GA 寻优聚类半径流程进行建立和训练。在 GA 寻优过程中,最大遗传代数设为 60,种群数量 g 设为 20,交叉概率设为 0.9,变异概率设为 0.03,以第 4.3.2 节中构建的加权时间误差的倒数作为 GA 的适应度函数。其中,合并识别惩罚基准值 T_M 为 40 min,分段识别惩罚基准值 T_D 为 50 min。

停留时间阈值 T_k 不应小于个体在出行端点的停留时长,但是,过小的阈值可能会导致出行途中的短时间停留被识别为出行端点。基于已有研究统计结果[12,76],T_k 设置为 10 min。考虑到个体进行一次往返出行的最短时间通常不会小于 30 min,端点震荡修正算法中的震荡时间阈值 T_p 设置为 30 min。另外,由于在交通规划学科的学术定义中出行的基本属性要求单程距离通常在 400 m 以上,同时考虑到信令数据的定位误差,震荡距离阈值 D_p 设置为 600 m。

本书以单位平方千米内基站个数为指标,将基站密度划分为 0~100 个/km²、101~200 个/km²、201~300 个/km²、301~400 个/km² 和 401 个/km² 以上五个层级。随后,GA 分别对每个层级场景下出行端点提取算法最优聚类半径进行优化。图 5-1 所示为基于 HAC 的出行端点提取算法在 0~100 个/km² 的寻优过程中的适应度值变化情况。可以看出,GA 适应度随着进化代数的增加逐渐提高并趋于稳定。尽管由于变异概率等随机因素影响,其平均适应度一直波动,但在第 32 代后,其最佳适应度收敛至稳定值,平均适应度也趋于稳定。

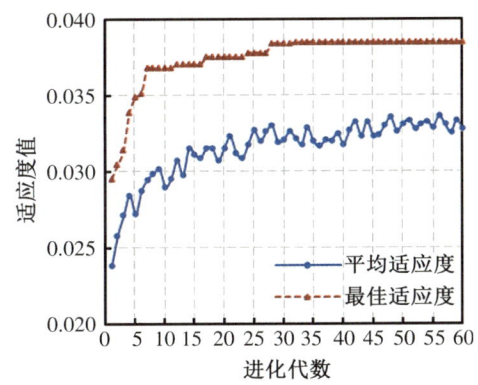

图 5-1　单位平方千米内 0~100 个基站的 GA 适应度值变化曲线

2) 聚类算法最优半径

图 5-2 为 GA 求得不同基站密度场景下的分别基于两种聚类算法的最佳聚类半径。可以看出,随着基站密度的提高,最优聚类半径逐渐下降,大致符合幂函数分布。将每种基站密度范围的中值作为当前场景下最优聚类半径基准值,则不同基站密度下的最优聚类半径幂函数拟合如式(5-1)和式(5-2)所示。

$$R_{HAC} = f(D_{HAC}) = 1\,930 \times D_{HAC}^{-0.350\,8} \tag{5-1}$$

$$R_{DBSCAN} = f(D_{DBSCAN}) = 1\,554 \times D_{DBSCAN}^{-0.347\,8} \tag{5-2}$$

式中,R_{HAC} 和 R_{DBSCAN} 分别为基于 HAC 和 DBSCAN 的出行端点识别技术在不同基站密度下的聚类半径选择值(单位: m);D_{HAC} 和 D_{DBSCAN} 分别为使用对应两种算法时每平方千米的基站个数。由于自变量趋近于 0 时,幂函数为正无穷。因此,当每平方千米的基站个数小于 50 时,两种方法的最优聚类半径分别取为 489 m 和 399 m。

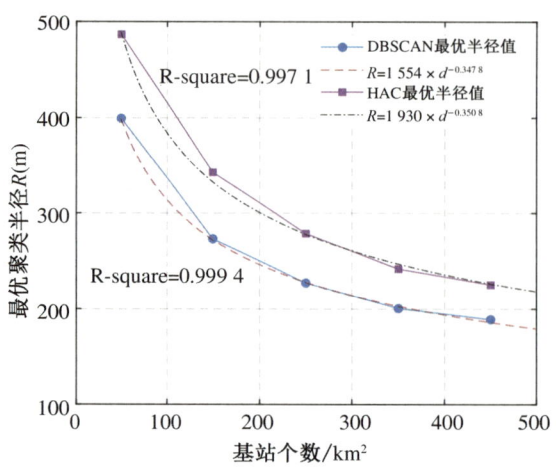

图 5-2 不同基站密度下各算法最优聚类半径选择值

2. 随机森林算法

特征属性选取环节需要设置密度特征的时空阈值 L 和 T。经过反复测试，L 和 T 分别设置为 15 min 和 500 m。就随机森林模型而言，影响模型识别效果的参数主要有决策树数量 k 和每棵树使用的特征属性数量 m，两类参数分别控制着决策树和分裂节点的随机过程。此外，为避免模型陷入过拟合，算法还需要标定决策树的最大深度 H_{max} 和节点包含的最小样本数 S_{min} 两个参数。

本书引入五折交叉验证来提升模型的精度和泛化能力。对于决策树数量 k，本书在区间[10,200]内按步长 10 进行逐一取值，对模型进行反复测试。结果如图 5-3 所示，当决策树数量为 100 时，模型对出行状态的判断准确率达到 77%。当决策树数量继续增加时，模型的判断准确率并未出现明显上升，但是模型训练时间却显著增加。尤其是决策树数量大于 170 以后，模型训练时间呈现陡峭上升。因此，模型将决策树数量设置为 100。需要注意的是，这里的 77% 只是模型对每条数据出行状态的判断准确率，而非最终的出行端点识别准确率。

对于每棵树使用的特征属性数量 m，本书分别测试将其设置为 2 和 3 时的模型准确率。结果发现，特征属性数量 m 设置为 2 时，模型结果达到最优。对于决策树的最大深度 H_{max} 和节点包含的最小样本数 S_{min}，网格搜索被用于对参数进行寻优。结果发现，当最大深度 H_{max} 设置为 25、最小样本数 S_{min} 设置为 4 时，模型结果达到最优。

在停留位置识别精度优化环节，平移距离 L 需要根据出行个体所连接基站周边的基站密度进行设置。L 为不同通信基站密度下个体与基站间连接距离的期望值。根据第 4.1.2 节中的式(4-16)，不同基站密度下的个体连接距离期望值如表 5-1 所列。

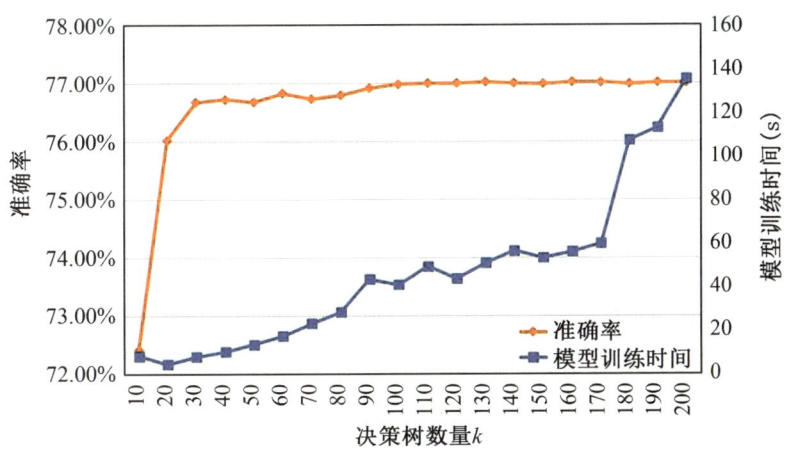

图 5-3 随机森林模型准确率与训练时间变化趋势

表 5-1 不同基站密度下的基站坐标平移距离 L

基站密度(个/km²)	[1, 40]	[41, 80]	[81, 120]	[121, 160]	[161, 200]
平移距离 L(m)	401	387	328	312	280
基站密度(个/km²)	[201, 240]	[241, 280]	[281, 320]	[320, 360]	[361, 400]
平移距离 L(m)	236	219	212	193	175
基站密度(个/km²)	[401, 440]	[441, 480]	[481, 520]	[521, 560]	[561, 600]
平移距离 L(m)	171	112	107	102	84

3. Bi-LSTM 算法

与 GA 优化聚类半径的适应度函数相似,基于 Bi-LSTM 提取出行端点的模型训练目标也需要综合多目标加权得到,因此,本节也参照第 4.1.2 节中遗传算法的惩罚函数 T_{error},以其倒数最大作为模型训练目标。

本书采用 TensorFlow 框架构建 Bi-LSTM 模型,并在 NVIDIA GeForce RTX2080 GPU 上进行训练。如第 4.1.2 节中特征选择所述,每个轨迹点的输入向量维度为 6;根据既有研究经验[77],单元隐藏层维度设置为 3,网络 dropout 比例设置为 0.5,模型输出为每个轨迹点所处状态 0(出行)或 1(驻留)。

Bi-LSTM 的性能较大程度上受到记忆单元窗口长度的影响,即模型判断当前时刻个体出行状态时会受到之前或之后一段时间窗口内个体出行状态的影响。本书选取不同的时间窗口长度重复测试,不同取值下的适应度值结果如图 5-4 所示。可以看出,随着时间窗口长度的增加,模型的适应度值呈现先上升再减小的趋势。因为随着窗口长度逐渐提高,模型复杂性也会增加,拟合能力也更强,然而拟合能力过高极易导致过拟合,所以,当窗口长度为25时,模型性能最优。

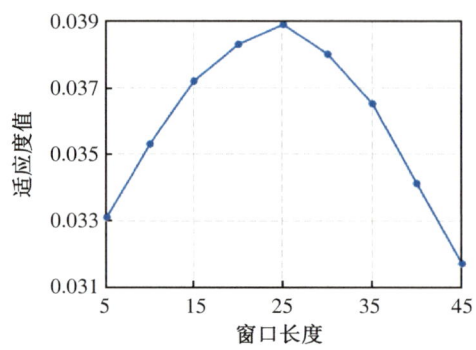

图 5-4　不同窗口长度下随机森林算法适应度值

5.1.2　识别可靠度评估

1. 评价指标

参考机器学习结果评估中的混淆矩阵,本书采用查准率(Precision)和查全率(Recall)两个指标评估出行端点识别模型的精度。首先,本书将所有出行端点的识别结果分为三类,即识别正确(True Positive,TP)、漏识别(False Negative,FN)和多识别(False Positive,FP)。其中,漏识别(FN)表示所有真实出行端点中未被模型识别出来的部分,即被模型遗漏的出行端点。多识别(FP)表示被模型识别为出行端点,但是实际上并不是出行端点的部分,即模型多识别的出行端点。根据上述三种类型,查准率和查全率的计算方法如式(5-3)和式(5-4)所示。从式中可以看出,查准率表示模型识别出的所有出行端点中识别正确的比例。查全率表示所有真实出行端点中被模型识别出来的比例。同时,本书还使用到达时间误差、离开时间误差、空间距离误差评价出行端点识别的时空精度。

$$Precision = \frac{TP}{TP + FP} \tag{5-3}$$

$$Recall = \frac{TP}{TP + FN} \tag{5-4}$$

2. 空间聚类优化算法

表 5-2 给出了基于参数优化 DBSCAN 的出行端点识别的统计结果,该模型总体的查准率和查全率分别达到 88.0% 和 84.2%。在不同场景下,两个指标都在 85% 左右,相对略低。在测试集 209 个出行端点中,33 个出行端点未被识别出来,其中 16 个为非通勤端点,这导致非通勤类出行端点的查准率比其他类别低 4.2%~6.4%。这主要是由于两种情况,一是在出行目的地停留时间较短,没有产生密集的手机信令事件,算法无法捕捉到个体的位置变化信息,如接送学生上下学等。二是两个距离较近的出行端点被合并为同一个端点,如从工作场所步行到餐厅被识别为一个出行端点。

在所有识别出的出行端点中,约有 11% 的出行端点是实际中不存在的。这些被多识别出来的出行端点包括两类,一是公交和出租车候车,由于其时间较长而被识别为端点。二是商圈购物、公园游逛,由于其活动范围较大,一个出行端点被识别为多个出行端点,这也是非通勤类出行端点查准率较低的原因。

表 5-2 基于优化 DBSCAN 的出行端点识别结果

出行目的	识别结果(个)			识别精度		时间误差(min)		距离误差(m)
	正确	漏识别	多识别	查准率	查全率	到达时间	离开时间	
通勤类	48	7	5	90.6%	87.2%	6.8	8.9	186.4
非通勤类	67	16	12	84.2%	80.7%	8.2	11.4	289.7
回家	61	10	8	88.4%	85.9%	5.7	8.3	205.3
所有出行端点	176	33	24	88.0%	84.2%	6.9	9.6	230.0

从出行端点时空误差来看,非通勤类端点识别误差最大。这是因为娱乐、购物等非通勤出行端点的占地面积通常较大,个体到达相关出行端点后并不会停止移动,只有个体在端点内某区位进行较长时间停留,产生的较为密集的轨迹点才会被识别为一个出行端点。从出行端点距离误差来看,非通勤类端点距离误差达到 289.7 m,比通勤类端点的距离误差约大 103 m,最终的平均距离误差为 230.0 m。相比常用四阶段模型中通常大于 500 m×500 m 的交通小区规模,该识别误差显著更低,因此,基于手机信令数据的出行端点提取在交通小区级别的出行 OD 分析方面具有应用价值。

3. 凝聚层次聚类算法

表 5-3 给出了基于参数优化 HAC 的出行端点识别的统计结果。可以看出,该模型总体的查准率和查全率分别达到了 87.4% 和 83.3%,其中非通勤类端点查全率较低,仅有 77.1%。在测试集 209 个出行端点中,35 个出行端点未被识别,其中包括 19 个为非通勤端点。

表 5-3　基于优化凝聚层次聚类算法的出行端点识别结果

出行目的	识别结果（个）			识别精度		时间误差（min）		距离误差（m）
	正确	漏识别	多识别	查准率	查全率	到达时间	离开时间	
通勤类	48	7	5	90.6%	87.2%	5.3	7.4	163.7
非通勤类	64	19	13	83.1%	77.1%	11.3	14.1	372.8
回家	62	9	7	89.9%	87.3%	4.4	7.8	185.1
所有出行端点	174	35	25	87.4%	83.3%	7.2	10.0	246.3

从出行端点时间误差来看，到达时间、离开时间的平均识别误差分别约为 7.2 min 和 10.0 min。值得注意的是，每种类型出行端点中，离开时间的识别误差均比到达时间的识别误差大 2~3 min。这是因为出行者乘坐公交或打车时，他们的路边候车位置通常与其出行端点之间距离很近，所产生的信令数据坐标未发生显著变化，直到他们上车驶离的这段时间也被识别在出行端点中。即路边候车时间使得对离开时间的识别误差增大。从出行端点距离误差来看，该算法对通勤类端点识别效果最好，距离误差为 163.7 m。这主要是因为个体在工作期间活动范围很小，且工作地点通常在有较高基站密度的市中心地区，信令数据密集，聚类效果较好。

4. 随机森林算法

表 5-4 给出了基于随机森林算法的出行端点识别的统计结果。可以看出，该模型总体的查准率和查全率分别达到了 91.0% 和 87.6%。尤其通勤类和回家类出行端点的查准率和查全率均达到了 85% 以上。主要原因是个体一般在家里和工作场所产生长时间的停留，且活动范围较小，手机信令数据轨迹在时空特征上更加稳定。在测试集 209 个出行端点中，26 个出行端点未被识别，其中 15 个为非通勤端点。

表 5-4　基于随机森林算法的出行端点识别结果

出行目的	识别结果（个）			识别精度		时间误差（min）		距离误差（m）
	正确	漏识别	多识别	查准率	查全率	到达时间	离开时间	
通勤类	49	6	4	92.5%	89.1%	5.9	7.6	177.0
非通勤类	68	15	11	86.1%	81.9%	8.6	9.5	271.0
回家	66	5	3	95.7%	93.0%	6.6	6.8	154.0
所有出行端点	183	26	18	91.0%	87.6%	7.2	8.1	204.7

从出行端点识别的时空误差来看，到达时间误差和离开时间误差均小于 10 min，因此，该算法相较于传统居民出行调查具有优势。从出行端点距离误差来看，非通勤类端

点距离误差大于其他出行端点。主要原因是购物或公园休憩等出行端点活动范围较大，连接的周边通信基站更多，空间误差增加。在该算法中，出行端点的平均距离误差为 204.7 m，故该算法在交通小区级别的出行 OD 分析方面同样具有应用价值。

5. Bi-LSTM 算法

表 5-5 给出了基于 Bi-LSTM 的出行端点识别的统计结果。可以看出，该模型总体的查准率和查全率分别达到了 88.7% 和 86.6%。在商场或公园这类非通勤场景下，个体会在一定范围内较长时间以较慢速度来回移动。在这种情况下，尽管生成的信令数据会在较远的基站间切换，但基于信令数据轨迹换算的平均速度、基站密度变化情况等多维特征仍然与在出行端点中的信令数据有一定相似性，因此，Bi-LSTM 能够更好地提取出娱乐购物等其他非通勤出行端点，查全率达到 84.3%。

从出行端点识别的时间误差来看，平均到达时间误差和平均离开时间误差分别为 5.2 min 和 7.8 min，算法相较于传统居民出行调查更具优势。从出行端点距离误差来看，通勤类和回家类端点识别效果较好，距离误差小于 160 m。出行端点的平均距离误差为 180.3 m，该误差可将交通小区边缘的出行端点更准确地统计在 OD 表中，也更有利于对基于活动的出行行为模型的研究。

表 5-5 基于 Bi-LSTM 的出行端点识别结果

出行目的	识别结果(个)			识别精度		时间误差(min)		距离误差(m)
	正确	漏识别	多识别	查准率	查全率	到达时间	离开时间	
通勤类	49	6	5	90.7%	89.1%	4.6	6.8	125.7
非通勤类	70	13	11	86.4%	84.3%	7.2	10.1	246.7
回家	62	9	7	89.9%	87.4%	3.7	6.2	158.6
所有出行端点	181	28	23	88.7%	86.6%	5.2	7.8	180.3

6. 不同算法识别效果对比

1) 既有算法评估总结

在识别比例方面，优化的 DBSCAN 与 HAC 其查全率和查准率的差距很小，主要差异在非通勤端点识别上，二者的查全率差约 3.6%。Bi-LSTM 和随机森林算法的出行端点识别效果显著优于两种聚类算法，整体查准率平均高 3%~4%。

在出行端点识别的时间误差中，优化的 DBSCAN 与 HAC 整体平均识别误差差距较小，到达时间和离开时间的平均识别误差分别约为 7 min 和 10 min。Bi-LSTM 的到达时间的识别较为准确，平均误差约为 5 min；随机森林算法识别的出发时间较为准确，平均识别误差约为 8 min。

在不同类型出行端点的对比中,通勤类和回家类出行端点的时间识别较为准确,而非通勤类端点的时间识别误差最大。此外,在通勤类和回家类出行端点识别上,优化HAC识别的平均时间误差比优化DBSCAN小0.5~1.5 min,尤其是在到达时间识别上的误差小约22%。

在出行端点识别的距离误差中,基于优化的DBSCAN的识别效果略高于优化HAC,基于随机森林算法和Bi-LSTM算法的识别效果明显优于两种聚类算法,误差减少30~50 m。

2) 其他算法评估总结

除上述提到的方法外,本书进一步分析了基于阈值规则、基于时空聚类和基于机器学习的识别效果,并在基于机器学习的识别方法中增加支持向量机和朴素贝叶斯,以对比不同机器学习算法的识别效果差异。基于阈值的算法采用Calabrese等提出的方法和阈值[1],基于时空聚类的方法采用既有的模型及阈值[9]。

所有识别方法均利用相同的训练集进行模型训练和参数标定,并用同一个测试集进行精度验证。不同出行端点识别方法的实证效果对比如图5-5所示。相较于基于机器学习的方法,基于聚类和基于阈值规则的识别方法识别效果相对较差,优化聚类半径参数后,聚类算法识别效果显著提升,接近于随机森林算法等学习算法。值得注意的是,虽然这些无监督学习方法识别准确率相对较低,但其解决了真实标签数据难以获取的问题,因此适用性相对更强。而在机器学习算法中,随机森林算法在查准率和查全率两项评价指标都表现出最佳的性能。这可能是由于随机森林算法属于集成学习算法,并引入两个随机过程,使其针对手机信令数据这类噪声比较多的数据进行分类时,能够产生更好的技术精度和识别效果。

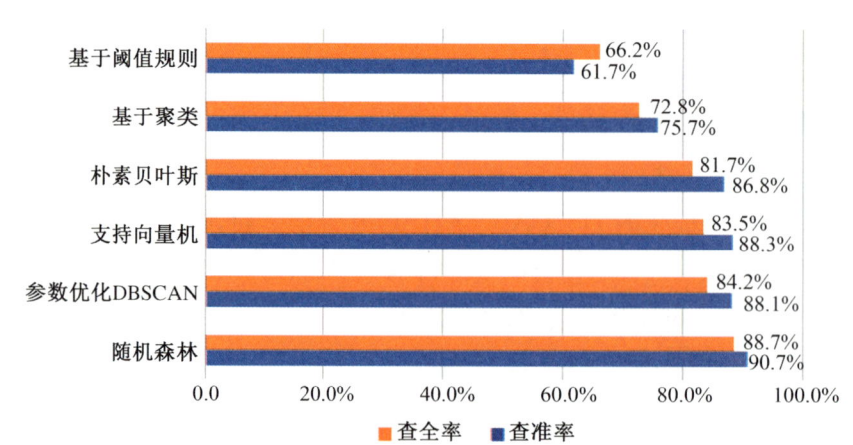

图5-5 不同出行端点识别方法的实证效果对比

5.2 出行方式实证

相较于随机森林算法、支持向量机和 BP 神经网络等机器学习算法，GRU 神经网络不仅普遍具有较高的预测准确度，其训练时长也较低，模型性能较好。本节将以 GRU 神经网络为例识别出行方式，并从算法参数设置优化和实证结果两方面进行实证评估。

5.2.1 算法参数设置优化

不同的参数会影响深度学习模型的实验结果。结合既有研究并经过反复测试后，本书最终采用如表 5-6 所列的参数，并利用训练集对 GRU 神经网络模型进行训练，模型损失下降趋势如图 5-6 所示。可以看出，随着训练次数增加，模型损失快速下降。在训练轮次达到 60 时，模型损失降低至最小值 0.59，此时，模型存在一定的过拟合情况。随着模型训练轮次继续增加，模型损失出现一定的上升并最终维持在 0.9 左右，此时，模型的准确率和泛化能力综合达到最佳。总训练用时为 1 081 s。

表 5-6　GRU 神经网络参数表

参数名称	参数值
层数	3
单元数	[128，64，128]
批处理大小（Batch_size）	32
最大轮次数（Epochs）	500
初始学习速率	0.001

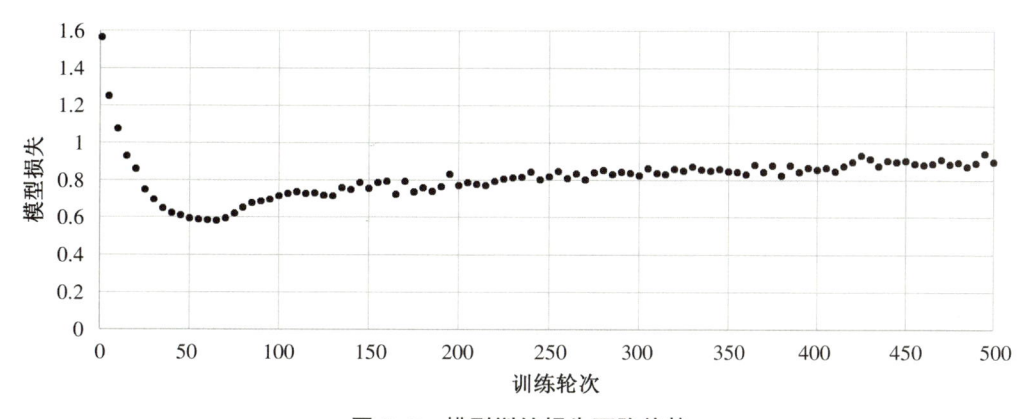

图 5-6　模型训练损失下降趋势

5.2.2 识别可靠度评估

1. 评价指标

出行方式识别是一个多分类问题。为直观反映不同类别的总体识别效果,除如在第5.1.2节中提到的查准率和查全率外,本书还引入 F-score 作为模型评价指标。F-score 为查准率和查全率的加权调和平均值,可以更综合地反映模型分类能力,其计算方法如式(5-5)所示。

$$F\text{-score} = \frac{2 \times 查准率 \times 查全率}{查准率 + 查全率} \tag{5-5}$$

2. 出行方式总体识别效果

表5-7 所列为基于 GRU 算法的出行方式识别统计结果。测试集总共包含770次出行,对应四种交通方式。在这四种交通方式中,步行的查准率与查全率最高,均为94.9%。这主要得益于步行的移动速率和能实现的出行距离最低,大部分特征属性与其他三种交通方式的差异较为明显,因此其更容易被识别出来。同理,凭借较高的平均移动速率和较长的出行距离,小汽车的查准率与查全率均排名第二,分别为 94.4% 和 93.4%。

表 5-7 基于 GRU 算法的出行方式识别统计结果

出行方式	出行段数量(次)	识别结果(次)				查准率	查全率	F-score
		步行	非机动车	公交车	小汽车			
步行	196	186	5	5	0	94.9%	94.9%	94.9%
非机动车	188	6	165	17	0	87.3%	87.8%	87.5%
公交车	188	4	16	157	11	83.1%	83.5%	83.3%
小汽车	198	0	3	10	185	94.4%	93.4%	93.9%
所有出行方式	770	196	189	189	196	90.0%	90.0%	90.0%

相比之下,非机动车与公交车的识别效果相对较差,且这两种交通方式之间最容易产生误识别。主要原因是贵阳市大部分道路设置了专用的非机动车道,非机动车与公交车在专用路权下产生的平均出行速度较为接近。同时,非机动车和公交车也都能覆盖城市中的中短距离出行。这些相同点使得非机动车与公交车出行时产生的手机信令数据在距离、速度等特征属性的计算结果中存在重叠区间,识别模型容易产生混淆。

此外,在机动化出行方式中,公交车和小汽车之间也可能产生误识别。这可能是因为早晚高峰时期的道路较为拥堵，两种方式的速度和距离差异不明显，导致识别结果产生错误。总而言之，公交车与非机动车、公交车与小汽车之间均存在较高的误识别率，对应的查准率和查全率分别为 83.1%，83.5%，在四种交通方式中最低。而 GRU 神经网络对四种交通方式识别效果较好，查准率、查全率和 F-score 均达到 90.0%。

5.3 出行路径实证

Needleman-Wunsch 算法[78]为生物信息学中双序列全局比对的经典算法之一，常被用于判断两条基因序列之间是否具有相似性，对于长距离且稀疏的区域交通出行路径识别，该算法可能有较好的识别精度。另外，在基于 GPS 数据的地图匹配和路径识别方法研究中，隐马尔可夫模型凭借强大的鲁棒性和良好的匹配精度成为目前较为主流的方法[79-83]。但是，在基于手机信令数据的出行路径识别方法中，隐马尔可夫模型的适用性与技术效果仍有待研究。因此，本节将分别对基于 Needleman-Wunsch 算法和隐马尔可夫模型的出行路径识别效果进行实证评估。

5.3.1 算法参数设置优化

1. Needleman-Wunsch 算法

针对上述都市圈等跨市出行特征，本书首先根据通信基站分布特征构建出行缓冲区，其中每个缓冲区囊括多个基站。若出行者的连续基站序列同属于同一缓冲区，则将该串序列替换为缓冲区编号，以降低信令序列长度。根据实际调查，路段缓冲区设置规则如下：

(1) 高速公路及国省干道：1 400 m 宽、3~5 km 长的条形缓冲区；

(2) 高铁轨道：800 m 宽、5~10 km 长的条形缓冲区；

(3) 隧道等特殊地段、交叉口节点 2 km 以内：不设缓冲区，避免密集信号基站分布造成的匹配困难。

2. 隐马尔可夫模型

在基于隐马尔可夫模型的出行路径识别模型中，需要设置的参数主要是候选路段的搜索半径 R。本书提出一种考虑基站所处区域的密度环境和基站服务覆盖范围的候选路段搜索方法。本书选择累积概率为 95% 时的基站连接距离作为每种密度环境下的候选路段搜索半径 R，选择结果如表 5-8 所列。可以看出，随着基站密度从 [1,40] 增加至 [561,600]，搜索半径逐渐从 1 176 m 下降至 210 m。这反映出不同密度区域的通信基站服务覆盖范围存在较大的差异。

表 5-8　不同通信基站密度区间下的候选路段搜索半径 R

基站密度(个/km²)	[1, 40]	[41, 80]	[81, 120]	[121, 160]	[161, 200]
搜索半径 R(m)	1 176	1 028	820	809	775
基站密度(个/km²)	[201, 240]	[241, 280]	[281, 320]	[320, 360]	[361, 400]
搜索半径 R(m)	710	646	454	394	352
基站密度(个/km²)	[401, 440]	[441, 480]	[481, 520]	[521, 560]	[561, 600]
搜索半径 R(m)	326	302	297	212	210

5.3.2　识别可靠度评估

1. 基于 Needleman-Wunsch 算法的区域出行路径识别

在志愿者区域出行中,所有 32 次公路出行中,存在 2 次错误识别,正确率达到 93.80%;24 次高铁出行路径全部正确识别。最终高铁出行和公路出行识别准确率为 100%,可见本书所提出的算法能有效匹配区域出行路径。为进一步证明所提方法的有效性,本书使用了某移动通信运营商提供的 2021 年 12 月 27 日至 2022 年 1 月 2 日研究区域内的全部用户手机信令数据,利用所提方法识别并统计研究区域内所有跨市出行路径,统计结果如图 5-7 所示。

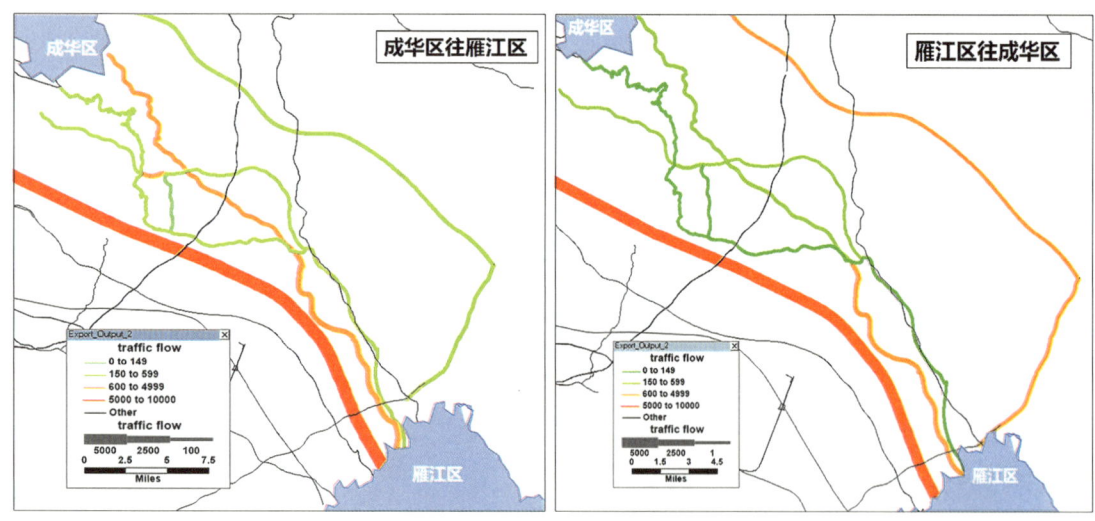

图 5-7　成华区与雁江区间不同出行路径识别结果统计

表 5-9 和表 5-10 所列为各日期不同出行路径识别统计结果,可见高铁、公路出行的平均占比分别为 12.79% 和 87.21%。在成都交通发展研究院于 2021 年公布的《成德眉资区域出行报告》中,高铁与公路出行分担比约为 12.23% 和 87.77%[84]。由于成华区—雁江区隶属于该范围,本书认为提出方法识别结果与实际基本一致,因此,算法识别结果良好。

表 5-9　成华区往雁江区方向各出行路径累计识别人数

单位：个

日期	高铁	公路															
	路径 a	路径 1	路径 2	路径 3	路径 4	路径 5	路径 6	路径 7	路径 8	路径 9	路径 10	路径 11	路径 12	路径 13	路径 14	路径 15	路径 16
20211227	1 422	12 696	1 616	112	789	92	34	79	43	159	22	182	176	123	26	102	51
20211228	1 479	12 777	1 578	102	851	108	60	65	26	148	17	168	160	97	25	94	40
20211229	1 673	14 968	1 955	151	1 022	122	71	82	32	193	40	186	247	129	46	136	69
20211230	1 984	17 368	2 128	165	1 039	166	69	108	45	193	37	214	290	174	43	116	74
20211231	4 377	28 217	4 495	271	2 040	322	117	171	92	398	71	496	465	325	86	253	131
20220101	3 431	23 729	4 054	268	1 525	248	123	159	86	334	57	390	405	274	63	228	116
20220102	1 351	14 823	1 456	111	729	109	48	69	26	157	28	176	191	99	49	79	49

表 5-10　雁江区往成华区方向各出行路径累计识别人数

单位：个

日期	高铁	公路															
	路径 a	路径 1	路径 2	路径 3	路径 4	路径 5	路径 6	路径 7	路径 8	路径 9	路径 10	路径 11	路径 12	路径 13	路径 14	路径 15	路径 16
20211227	1 122	11 888	1 111	68	1 319	72	20	43	8	97	3	112	125	68	8	52	12
20211228	933	11 878	1 294	69	1 425	57	29	52	8	120	3	123	165	59	14	66	15
20211229	1 086	12 669	1 319	69	1 350	79	49	55	8	116	15	163	183	60	15	45	14
20211230	1 185	13 202	1 251	86	1 418	52	35	48	11	109	6	171	182	69	14	54	20
20211231	2 824	17 337	2 060	76	2 145	120	45	80	6	146	20	173	177	105	22	76	22
20220101	1 864	18 490	2 072	99	803	133	39	80	9	220	14	227	220	140	26	103	28
20220102	997	23 992	3 410	162	4 257	157	34	119	12	276	11	345	203	149	26	136	23

2. 基于隐马尔可夫模型的城市出行路径识别

在志愿者城市出行中,同步采集实验共采集 620 次出行,包括步行、非机动车、小汽车和公交车四种交通方式,实验共产生 69 059 条手机信令数据。基于隐马尔可夫模型的出行路径识别结果如下。

1) 评价指标

本书提出的基于隐马尔可夫模型的出行路径识别方法包括两个步骤,先是基于手机信令数据识别个体出行主要路段序列,然后利用 Dijkstra 算法对不相邻的路段进行补充和修复,形成完整的个体出行路径识别结果。本书对两个阶段的模型识别结果分别进行评估与验证。

(1) 对于个体出行关键路段序列的识别结果,本书利用关键路段识别准确率进行评价。其中,GPS 数据记录的个体真实出行路段被视为真实路段,手机信令数据对应的路段识别结果为待验证路段。待验证路段与真实路段相符,则为识别正确,不符合,则为识别错误。对所有出行段的识别结果进行统计,可得到关键路段识别准确率。

(2) 对于完整的个体出行路径,本书从出行路段数量和出行距离两个方面对模型识别结果进行评价。路段是城市道路的组成部分,一般以道路线形或交叉口进行划分。在城市中出行时,个体可能途经若干个路段。由于个体每条出行路径所包含的路段数量、路径总距离均可能存在差异,因此,对于一条完整的出行路径,如果只考虑其识别正确的路段数量占总路段数量的比例,则可能忽略路径总距离的识别误差,如图 5-8(a) 所示。如果只对比其路径总距离的识别正确率,则可能忽略模型对路段数量的识别效果差异,如图 5-8(b) 所示。

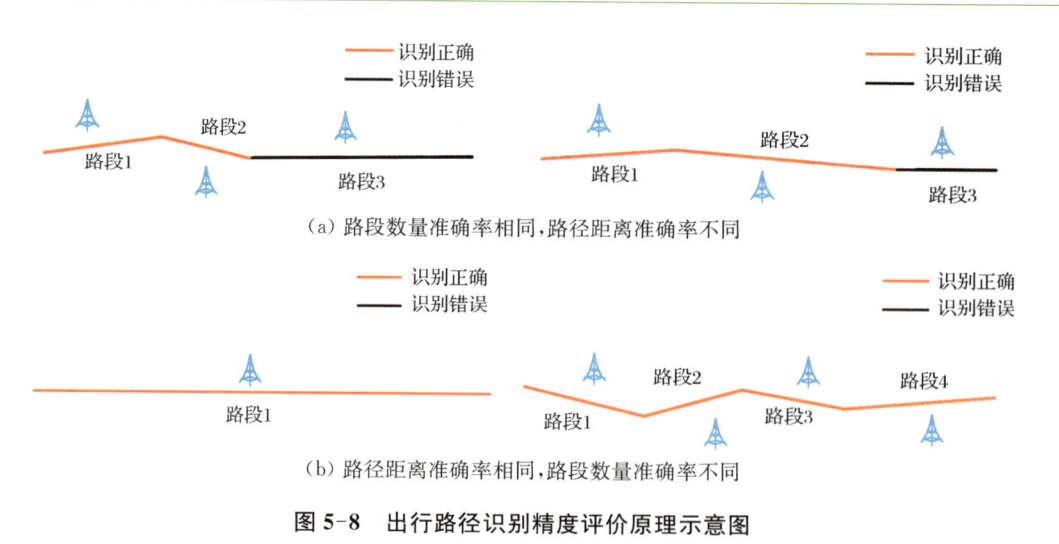

图 5-8 出行路径识别精度评价原理示意图

因此，对于完整的个体出行路径识别结果，本书利用三个指标进行评估，分别为出行路段的查准率、查全率和出行距离的准确率。出行路段的查准率是指在出行路径识别结果包含的所有路段集合中识别正确的路段数量所占的比例，如式(5-6)所示。出行路段查全率是指在个体真实出行路径包含的所有路段结合中被正确识别出来的路段数量所占的比例，如式(5-7)所示。出行路径距离准确率是指识别正确的路段总距离与个体真实出行路段的总距离之比，如式(5-8)所示。

$$关键路段准确率 = \frac{识别正确的路段数量}{路段总数量} \tag{5-6}$$

$$查全率 = \frac{识别正确的路段数量}{真实出行的路段总数量} \tag{5-7}$$

$$距离准确率 = \frac{识别正确的路段总距离}{真实出行的路段总距离} \tag{5-8}$$

2) 关键路段识别准确率

图 5-9 为关键路段识别准确率的统计结果。经统计，关键路段的总体识别准确率为 84%。其中，步行的关键路段识别准确率为 77.2%，在四种交通方式中最低。这是由于部分步行的出行距离和出行时间较短，志愿者在出行期间只连接了极少数的通信基站，极端情况下，可能只连接一个或两个基站。此时，基站序列与关键路段序列可能存在一对多的情形，且由于计算的出行时间相近，导致基于概率统计方法的隐马尔可夫模型产生误识别的概率升高。非机动车、小汽车、公交车的关键路段识别准确率均大于 85%。这是由于三种交通方式的移动速率和产生的基站切换速率较快，且出行距离和出行时间较长，个体连接的基站序列和关键路段序列之间的对应关系更为明确，识别准确率也相对较高。

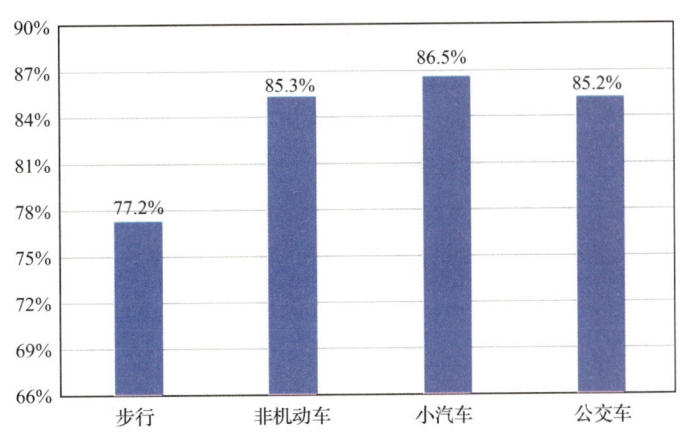

图 5-9　不同交通方式的出行路径关键路段识别正确率

为验证出行距离对关键路段识别正确率的影响,本节进一步根据出行距离对所有出行段进行分类,统计不同出行距离区间的关键路段识别结果,如图 5-10 所示。其中,由于出行距离大于 5 km 后,每个出行距离区间的样本数量较少,因此,此处将所有大于 5 km 的出行段整合到同一个出行距离区间。可见,随着出行距离加大,OD 间出行段的关键路段识别准确率总体呈现上升趋势。当出行距离小于 0.5 km 时,关键路段识别准确率只能达到 69%。在从小于 0.5 km 至 2 km 的过程中,关键出行段识别准确率持续上升。当出行距离大于 2 km 后,关键出行段识别准确率将大于 85%,且在 86.1% 与 94.4% 之间徘徊。由此可见,出行距离确实对出行路径的关键路段识别准确率存在较大影响。考虑到我国大部分城市个体的平均出行距离大于 1.5 km,本书所构建模型能够较好地完成对出行路径关键路段的识别任务[85]。

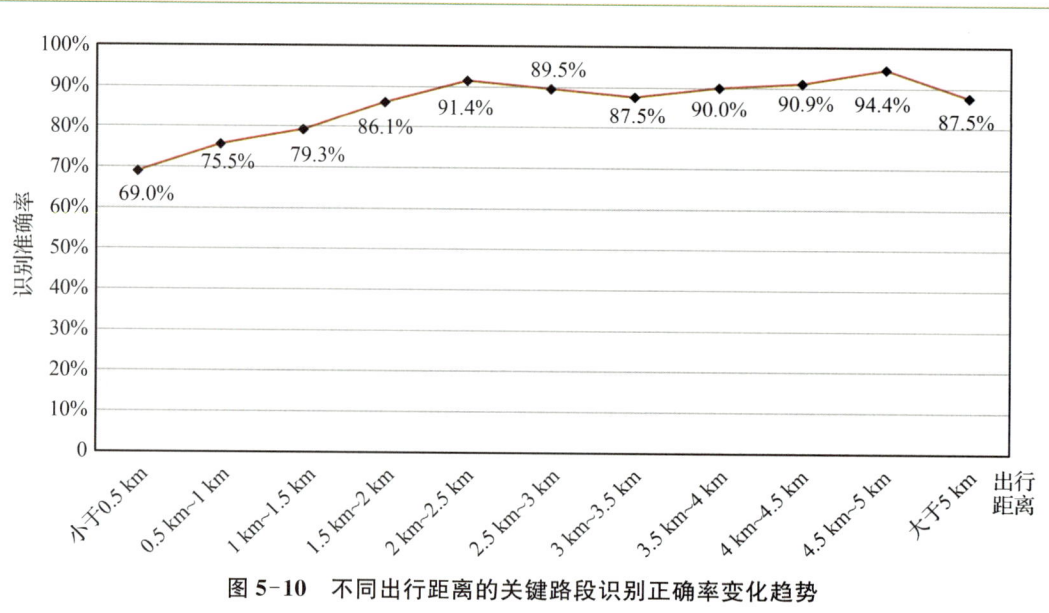

图 5-10　不同出行距离的关键路段识别正确率变化趋势

3) 完整出行路径识别效果

表 5-11 所列为志愿者不同交通方式的完整出行路径识别结果。可以看出,所有志愿者全部出行方式的路段查全率为 79.4%,路段查准率为 87.6%,距离准确率为 80.7%,总体上能够达到较好的出行路径识别效果。在四种交通方式中,步行的路段查准率、路段查全率和路径准确率均为最低,这与关键路段识别结果保持一致。而个体采用小汽车出行时,更有可能选择以快速路、主干路等道路为主的出行路径,路径线形较为平顺,出行距离较长。这些因素综合使得小汽车出行路径与沿线通信基站间的映射关系较为理想,其出行路径识别精度最高。对于同一种方式而言,路段查准率均大于路段查全率,这体现出本书所提出的路径识别模型能够较好地控制多识别情况的产生,即很少

将个体未经过的路段识别为个体真实经过的路段。此外,模型通过 Dijkstra 最短路搜索算法对不相邻的关键路段识别结果进行补充,使得个体出行路径形成完整连续的路段序列。由于个体日常出行路径选择存在不完全遵循最短路径的情况,因此,完整路径的路段查全率(79.4%)小于关键路段查全率(84.0%)。

表 5-11　不同交通方式的完整出行路径识别结果

交通方式	路段查准率	路段查全率	距离准确率
步行	82.1%	72.5%	73.6%
非机动车	87.2%	80.4%	82.3%
小汽车	92.2%	82.1%	84.4%
公交车	88.8%	79.6%	80.3%
所有出行方式	87.6%	79.4%	80.7%

如前所述,出行距离是基于手机信令数据的路径识别实证分析的主要考虑因素之一。这主要是由于通信基站存在一定的覆盖范围,当出行距离过短甚至未超过某个基站的覆盖范围时,基于信令数据的出行路径识别几乎是无效的。随着出行距离增大,出行过程中使用的通信基站增加,模型才能逐渐完成出行路径的识别。本书进一步对不同距离区间的出行路径识别结果进行统计,结果如图 5-11 所示。可以看出,对于不同出行距

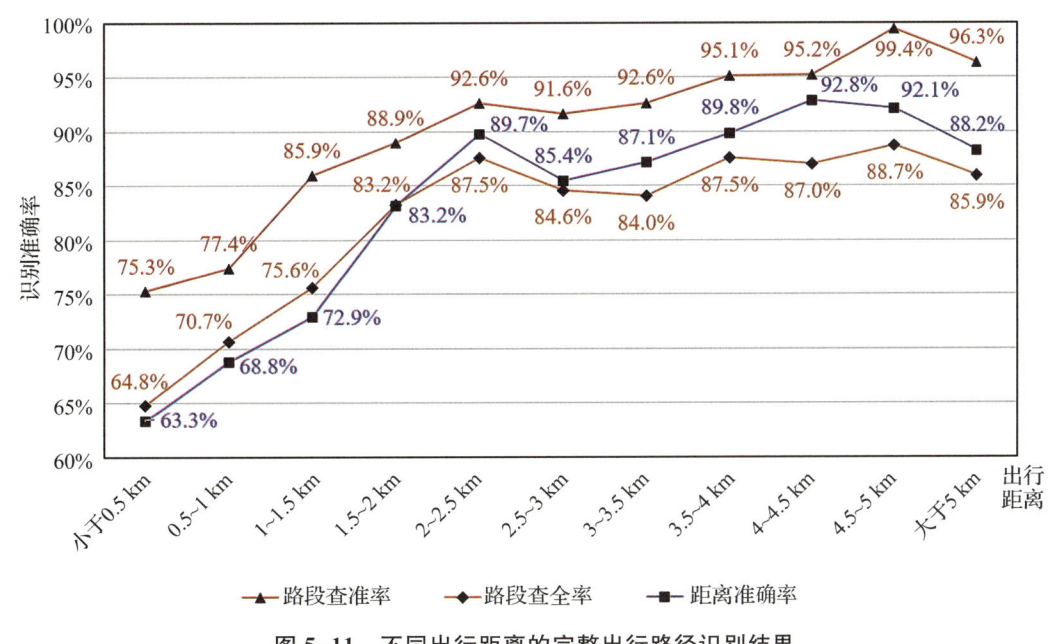

图 5-11　不同出行距离的完整出行路径识别结果

离的出行路径而言，路段查准率均大于路段查全率，这与不同方式识别结果保持一致。由于长距离出行大多是机动化方式，如小汽车、公交车等，出行路径识别效果较好，而3.5 km以上的出行路段查准率甚至能达到95%以上。路段查全率和距离准确率使用了同一个统计思路，二者的区别在于统计对象分别是路段个数和路段距离。从不同出行距离来看，当出行距离较小时，单个路段的距离占出行路径总距离的比例较高，此时，漏识别一个路段就会对整个路径距离的准确率产生较大影响。因此，当出行距离小于2 km时，路段查全率高于距离准确率；当出行距离超过2 km后，出行路径识别的距离准确率高于路段查全率。

第6章
基于手机信令数据分析可靠度对交通应用效果影响研究

个体交通出行链特征识别技术的可靠度会影响大数据分析结果的准确性和合理性，如现状 OD 分布、现状出行结构等。而这些现状出行链特征又是交通模型构建和交通需求分析的基础。个体交通出行链特征识别技术的可靠度会间接影响交通模型预测结果或交通需求分析结果的科学性，从而影响交通规划管理决策的合理性。因此，提升个体交通出行链特征识别技术可靠度，对交通模型预测精度、交通需求分析科学性甚至交通规划决策合理性都存在重要意义。

本书将算法可靠度研究进一步深入到模型应用层面，如图 6-1 所示，从基于手机信令数据的交通模型应用角度出发，以基于重力模型的交通分布预测为例，进一步探索技术可靠度提升对交通应用效果的影响规律。研究重点在于两个关键问题：①不同抽样率下，基于大数据的重力模型预测精度和稳定性变化规律。该过程通过探索抽样率与模型预测可靠度之间的作用关系，寻找满足模型可靠度目标的合理数据抽样率，为实际应用中交通模型精度的提高和保障奠定理论基础。②探索 OD 识别算法可靠度提升对重力模型预测精度的影响规律。该过程通过应用低可靠度和高可靠度两种 OD 识别算法，研究二者对于现状出行分布识别结果以及所标定出的重力模型预测精度之间的差异、误差

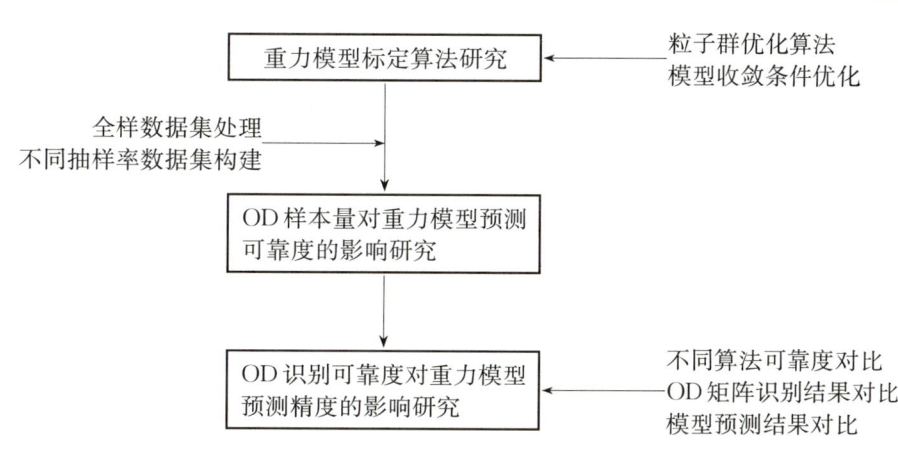

图 6-1　数据分析可靠度对交通应用效果影响研究流程

变化情况,以及重力模型在误差传递中的作用和误差传递规律。此外,作为重力模型研究的前置基础环节,本书引入粒子群优化算法对模型标定方法和收敛条件进行优化研究。

6.1 基于粒子群优化算法的重力模型标定方法

本书以重力模型为例,针对手机大数据分析技术可靠度对交通模型预测精度的影响展开研究。由于手机信令数据能够采集更大区域(如城市群、都市圈)的 OD 出行分布,对应的 OD 矩阵规模也显著增加。这使得传统重力模型标定方法(如最小二乘法、牛顿法等)在收敛条件设置与迭代效率方面都存在一定局限。因此,本书引入群智能搜索算法中的粒子群优化算法,借助其在参数寻优中的优异性能,提出和优化大样本环境下的重力模型标定方法。

6.1.1 重力模型及其标定方法

当前,"四阶段"交通需求预测理论与模型仍然是最成熟、应用最广泛的交通需求预测方法。出行分布预测是"四阶段"模型中的第二个阶段,其目的是通过不同 OD 之间的出行数量统计结果来反映出行行为的空间分布情况。既有研究提出的出行分布模型主要包括增长系数模型、重力模型、目的地选择模型及介入机会模型等。但是,对于中长期交通规划研究而言,重力模型仍然是当前交通规划领域中最成熟、适用性和应用范围最广的出行分布预测模型。经典的双约束重力模型可以通过式(6-1)~式(6-3)表达。

$$T_{ij} = A_i B_j O_i D_j f(c_{ij}) \tag{6-1}$$

$$A_i = \frac{1}{\Sigma_j B_j D_j f(c_{ij})} \tag{6-2}$$

$$B_j = \frac{1}{\Sigma_i A_i O_i f(c_{ij})} \tag{6-3}$$

式中,O_i 代表交通小区 i 的总出行生成量;D_j 为交通小区 j 的总出行吸引量;A_i 为模型平衡系数,即保证 $\Sigma_j T_{ij} = O_i$;B_j 为模型平衡系数,即保证 $\Sigma_i T_{ij} = D_j$;$f(c_{ij})$ 为交通小区 i 与交通小区 j 之间的阻抗函数,目前常用的阻抗函数包括幂函数、指数函数和伽马函数,其主要形式依次如式(6-4)~式(6-6)所示[86]。

$$f(C_{ij}) = C_{ij}^{-\gamma} \tag{6-4}$$

$$f(C_{ij}) = \exp(-bC_{ij}) \tag{6-5}$$

$$f(C_{ij}) = a \exp(-bC_{ij}) C_{ij}^{-\gamma} \tag{6-6}$$

其中，若现状出行距离分布呈现伽马分布，即在第一个区间上升，随后开始下降，则重力模型的阻抗函数建议使用伽马函数；若现状出行距离呈现负指数分布的特征，即在第一个区间最高，随后持续下降，则重力模型的阻抗函数建议首选指数函数或幂函数。本书利用手机信令数据对贵阳市的现状出行 OD 进行分析后发现，贵阳市 2019 年全市居民出行距离分布呈现典型的负幂函数分布特征（详见第 6.2.2 节）。因此，本书采用幂函数作为重力模型的阻抗函数，重力模型具体式如式(6-7)～式(6-9)所示。

$$T_{ij} = \frac{A_i B_j O_i D_j}{C_{ij}^{-\gamma}} \tag{6-7}$$

$$A_i = \frac{1}{\Sigma_j B_j D_j C_{ij}^{-\gamma}} \tag{6-8}$$

$$B_j = \frac{1}{\Sigma_i A_i O_i C_{ij}^{-\gamma}} \tag{6-9}$$

重力模型参数标定是出行分布预测前的一项十分重要的工作。标定目的是通过优化确认重力模型中的各个参数，使模型能够更好地拟合基准年的 OD 分布数据。传统的重力模型标定方法有多种，包括线性回归法、逐步搜索法、牛顿法和 Hyman 法等。最小二乘法是线性回归法的典型代表，适用于原始重力模型。其优点是简单易操作，缺点是计算过程复杂且计算量大，不适用于交通小区较多的场景[87]。试算法是逐步搜索法的典型代表，适用于单双约束重力模型。其优点是可以保证标定精度，缺点是初始值离最优值较远时，标定过程较为缓慢，标定速率难以控制。牛顿法是将重力模型标定问题转化为一个方程求根的过程，该方法可能存在只寻找到局部最优解的风险，同时，当转换后的函数较为复杂时，标定过程将变得较为缓慢[88]。为了避免牛顿法的复杂求导过程，Hyman 提出一种利用割线法标定重力模型的技术，其核心思想是用差商代替求导以提高迭代效率[89]。该方法的收敛速度比牛顿法要慢，但是其标定过程在计算效率上优于牛顿法和逐步搜索法。

由于手机信令数据能够采集更大区域（如城市群、都市圈）的 OD 出行分布，OD 整体矩阵规模将显著增加。而传统的重力模型标定方法在面对大规模 OD 矩阵的模型标定任务时，可能存在以下两个问题：①大多数的传统模型标定方法以 OD 矩阵的平均交通阻抗达到收敛条件作为优化目标，此时得到的模型参数并不一定是全局最优。只有标定方法直接以模型计算 OD 矩阵与原始 OD 矩阵之间的误差最小作为收敛条件，才最有可能得到最优的模型参数值。②面对大规模 OD 样本进行模型标定时，传统方法收敛速度较慢，导致标定过程较为缓慢且计算量较大。尤其是以模型计算 OD 矩阵与原始 OD 矩阵之间的误差最小作为收敛条件时，模型标定计算量和复杂程度会大大地增加。

以粒子群算法、蚁群算法、遗传算法等为代表的基于群体协作的群智能搜索算法在利用大样本数据进行模型优化的问题中表现出较强的解决能力。这也提高了大样本 OD 环境下的重力模型标定效率，以模型预测 OD 矩阵与原始 OD 矩阵之间的误差最小作为收敛条件得以实现。这类算法也能够兼顾模型效率与模型精度。因此，在大样本 OD 数据下的交通规划实践中，粒子群算法有望实现重力模型的快速准确标定。

6.1.2 粒子群优化算法原理

粒子群优化算法(Particle Swarm Optimization，PSO)作为群智能算法的代表性算法，由 J. Kennedy 和 R C. Eberhart 两位学者在 1995 年的 IEEE 国际会议论文中首次提出[90]。该算法通过模拟鸟群在觅食过程中的群体和个体行为来寻找优化问题中的优化目标，是一种基于群体协作的随机搜索算法。算法中的每一个个体被看作是一个"粒子"，这些粒子在搜索过程中模拟鸟群中个体移动的行为模式。算法更新迭代的核心原理在于，每个粒子结合自身和其他所有粒子的群体搜索信息对其搜索的速度和方向进行调整。相较于其他搜索算法，粒子群算法具有实现门槛低、收敛速度较快、搜索精度较高等优势，因此被广泛用于众多理论与工程研究领域。

在算法中，粒子群算法需要在一开始设置一些初始随机解，这可以看作是在解空间中随机撒了一把粒子。其中每一个粒子首先都有一个被优化目标所决定的适应度值(fitness value)和一个决定其搜索方向和距离的速度值。其次，所有粒子会根据自己的历史最优位置和群体中最优粒子的位置，在解空间中进行迭代搜索。这一步主要是通过跟踪两个"极值"来完成：每个粒子自身找到的历史最优解，通常被称为 P_{best}；所有粒子目前找到的全局最优解，通常被称为 G_{best}。这种更新和搜索模式综合利用了个体与群体的搜索信息，能够更好地寻找复杂目标解空间中的最优解。最后，与其他群体智能算法类似，粒子将按照前述的搜索和更新规则不断迭代寻找最优解。

若粒子群中包含 M 个初始化粒子，需要标定和优化模型参数共有 D 个，则粒子群的搜索空间为 D 维。该算法首先随机初始化设置所有粒子的位置和速度，即任意 t 时刻的第 i 个粒子主要有速度 v_i^t 和位置 x_i^t 两个重要变量，如式(6-10)和式(6-11)所示，其中，$1 \leqslant i \leqslant M, 1 \leqslant d \leqslant D$。在每次迭代中，每个粒子需要记录两个位置，一个是个体历史最优位置 P_{best}，另一个是种群的最优个体位置 G_{best}。那么，粒子在 $t+1$ 时刻的速度和位置更新过程如式(6-12)和式(6-13)所示。式(6-12)和式(6-13)也是粒子群优化算法的标准形式。

$$v_i^t = (v_{i1}^t, v_{i2}^t, \cdots, v_{id}^t) \quad (6-10)$$

$$x_i^t = (x_{i1}^t, x_{i2}^t, \cdots, x_{id}^t) \quad (6-11)$$

$$v_{id}^{t+1} = v_{id}^t + c_1 rand()(p_{id}^t - x_{id}^t) + c_2 rand()(p_{gd}^t - x_{gd}^t) \quad (6-12)$$

$$x_{\text{id}}^{t+1} = x_{\text{id}}^{t} + v_{\text{id}}^{t+1} \tag{6-13}$$

式中,$rand()$是介于 0 和 1 之间的随机数;c_1 和 c_2 为学习因子,通常情况下均为 2;v_i^t 为记忆项,表示 i 时刻速度大小与方向的影响;v_i^t 的最大值为 $v_{\max}$,如果 v_i^t 大于 $v_{\max}$,则 $v_i^t = v_{\max}$;p_{id}^t 和 p_{gd}^t 则分别代表个体历史最优位置和种群最优位置;$c_1 rand()(p_{\text{id}}^t - x_{\text{id}}^t)$ 为自身认知项,代表当前点指向粒子自身历史最优点的一个矢量,也表示粒子的动作源于自己经验的部分,是粒子跟踪自己历史最优值的权重系数;$c_2 rand()(p_{\text{gd}}^t - x_{\text{gd}}^t)$ 为群体认知项,代表当前点指向种群中最优点的矢量,反映了粒子间的协同合作和知识共享。算法中的每个粒子就是通过自己的经验和同伴中最好的经验来决定下一步的运动。

在重力模型标定算法中,传统的逐步搜索法、牛顿法等方法可以近似看作是只有一个粒子在进行搜索的方法,因此其在标定效率方面存在局限。而粒子群算法可以看作是若干个粒子同时进行搜索的方法,且该算法能统筹每个粒子的历史最优解和所有粒子的群体最优解,从而提升了整个方法的模型标定效率。

6.1.3 基于粒子群优化算法的重力模型标定流程

1. 收敛条件

本书以如式(6-7)—式(6-9)所示的幂函数为阻抗函数的双约束重力模型为例子,介绍重力模型的标定流程。其中,需要标定的参数主要是阻抗函数参数 γ。标定完成后,模型平衡系数 A_i 和 B_j 可由对应式计算得到。在重力模型标定过程中,收敛条件设置是影响模型精度和收敛速度的重要因素。在传统重力模型标定过程中,模型大多使用计算得到的平均出行时间、平均交通阻抗、出行距离分布误差等指标作为模型收敛的准则。这些收敛条件的设置主要是出于对平衡数据量、模型精度和模型标定效率的考虑[86,91,92]。相应研究也指出,使用不同收敛条件标定得到的重力模型精度会存在差异。在可以采集居民出行 OD 大样本信息的时代,本书直接使用原始 OD 分布与计算 OD 分布间的误差特征作为收敛准则,也可能进一步提高模型精度。

因此,本书进一步对比研究了使用不同收敛准则标定得到的重力模型的精度差异,应用的收敛准则包括平均交通阻抗误差、OD 矩阵误差方差和 OD 矩阵均方误差(Mean Square Error,MSE),具体计算方法如下。

(1) 平均交通阻抗误差:模型计算得到的出行 OD 矩阵的平均交通阻抗与原始 OD 矩阵的平均交通阻抗之差。平均交通阻抗是由每个 OD 出行量乘以对应的交通阻抗并累加求和后再除以 OD 总量而计算得到。

(2) OD 矩阵误差方差:模型计算得到的出行 OD 矩阵中每一个 OD 出行量与原始 OD 矩阵对应出行量的差值序列的方差。其中计算方差前须将该差值序列转化为一维数值序列。

（3）OD矩阵均方误差（MSE）：模型计算得到的出行OD矩阵中，每个OD出行量与原始OD矩阵对应出行量的差值的平方的累加求和。

本书从运营商原始全样数据集中随机抽取19个数据子集，其样本量分别为原始数据集的5%~95%，每个子集的数据量逐步增加5%。这19个数据子集用于标定得到双约束重力模型的主要参数，并对比模型计算的OD矩阵与原始数据子集OD矩阵的MSE。最终结果如图6-2所示。可以看出，无论模型标定使用哪种大小的数据样本量，基于OD矩阵的MSE得到的重力模型误差始终最小，即模型精度最高。因此，对于后续章节中所有涉及重力模型标定的部分，本书均使用OD矩阵MSE最小作为模型收敛准则。

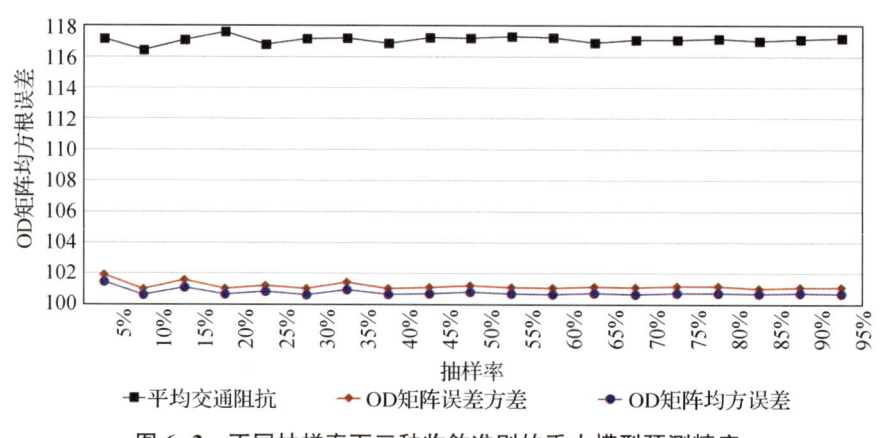

图6-2 不同抽样率下三种收敛准则的重力模型预测精度

2. 标定流程

基于粒子群优化算法的重力模型标定流程步骤如下。

步骤1：准备基础数据。输入数据包括：$m \times n$的基年OD矩阵M_o及阻抗矩阵M_r，各小区出行总量O_i及吸引总量D_j。其中，阻抗矩阵M_r须通过归一化处理得到阻抗矩阵M_{r_norm}。

步骤2：设定算法参数。粒子群最大迭代次数gen_{max}设为20，种群规模pop_{size}设为50，粒子速度限制范围v_{range}设为$[-1,1]$，粒子位置限制范围p_{range}设为$[0,2]$。

步骤3：模型初始化。所有粒子在v_{range}与p_{range}范围内随机选取初始速度V_0与初始位置P_0。

步骤4：计算所有粒子初始适应度值。首先计算$(M_{r\_norm})^{-P_0}$得到初始阻抗函数矩阵M_f；其次，将行系数初始化长度为n、数值为1的序列A_{row0}，并根据$(\Sigma_i A_{row(i)} \cdot O_i \cdot M_{f(i,j)})^{-1}$计算列系数$B_{col0}$；再根据$(\Sigma_j B_{col(j)} \cdot O_j \cdot M_{f(i,j)})^{-1}$计算行系数$K_{row1}$，其中，

$i\in m, j\in n$；随后对行系数与列系数进行二次迭代，得到最终的行系数 $A_{\text{row}0}$ 与列系数 $B_{\text{col}0}$；最后根据式 $q_{ij}=A_{\text{row}i} \cdot B_{\text{col}j} \cdot O_i \cdot D_j \cdot M_{f(i,j)}$ 计算得到 OD 矩阵 $\mathbf{M}_c$，并将 $\mathbf{M}_c$ 与 $\mathbf{M}_o$ 的 MSE 作为当前粒子的适应度 Val_0。

步骤 5：迭代更新所有粒子速度 $V_g(g\in gen_{\max})$，以此为基础更新粒子位置 P_g；随后重新计算当前粒子适应度 Val_g；最后更新个体最优适应度的位置 P_{best} 与群体最优适应度的位置 P_{G_best}。

步骤 6：完成最大迭代次数后，群体适应度最优粒子的位置 P_{G_best} 即为粒子群算法求解最优参数。

步骤 7：使用 P_{G_best} 参数进行计算行约束与列约束系数（同步骤 4），完成重力模型标定。

6.2 OD 样本量对重力模型预测可靠度的影响

6.2.1 研究方法

交通模型标定需要大量的居民出行现状 OD 数据作为基础数据。传统交通调查虽然存在实施成本高、调查抽样难度大等困难，但目前仍然是采集居民现状出行 OD 矩阵的主要方法。为了保证交通模型精度，国际上一般会对居民出行调查的抽样率制订相应的要求。1996 年，美国交通部制订的《出行调查手册》(*Travel Survey Manual*)中建议，为了获得令人满意的模型精度，中小城市的居民出行调查样本量约为 10%。对于人口超过 100 万人的大城市，样本量应该为 4% 左右。同时，该手册也建议，对于每种出行目的的重力模型，至少需要采集 1 000 个样本才进行模型标定[93]。由于中国各城市人口规模差异较大，《城市综合交通调查技术标准》(GB/T 51334—2018)根据人口规模将城市划分为 6 个等级，并规定了对应的居民出行调查抽样率。例如，对于超过 1 000 万人口的城市，抽样率应大于 0.5%，而对于小于 20 万人口的城市，抽样率应大于 4%。综合来看，国际上对于居民出行调查的样本量要求一般为 1%～10%。

作为交通模型构建的基础数据，更高的居民出行调查样本量有利于提升交通模型精度。而传统居民出行调查成本较高，基本无法实现超过 10% 抽样率的居民出行 OD 信息采集。智能手机的全面普及和基于手机数据的 OD 识别技术日益成熟，使较大样本量甚至接近全样本量的居民出行 OD 信息采集成为可能。然而，随着样本量增加，手机信令大数据的购买、存储和分析成本也会随之快速上升。在标定使用的基年数据量超过一定阈值后，交通模型的精度提升幅度则可能十分微小。因此，出于平衡模型精度和数据成本目的，在手机信令大数据环境下，本书将深入研究不同样本量下交通模型精度变化和波动规律。

本书以贵阳市城区范围作为实证研究场景,利用运营商全样手机信令数据进行 OD 样本量对交通模型预测精度影响的实证研究。该过程共分为三个步骤。

(1) 本书基于 2019 年 6 月 12 日的运营商原始全样数据集和对应的历史职住数据集合,利用第 4.1.2 节构建的出行端点识别模型,首先计算和提取各交通小区的完整出行产生量、吸引量以及贵阳市完整的出行 OD 分布矩阵,随后分析 OD 矩阵的出行距离分布、平均交通阻抗、OD 分布期望线等基础特征。

(2) 本书首先从运营商原始全样数据集中随机抽取 19 个数据子集,样本量分别为原始数据集的 5%～95%(每个子集的数据量以 5% 的量级递增)。在每种抽样率下,本书再随机抽样 15 次,分析每种抽样率得到的 OD 矩阵的平均交通阻抗波动特征。

(3) 在每种抽样率下,抽样得到的 OD 矩阵被用于标定双约束重力模型,以及预测完整出行生成量下的出行 OD 分布矩阵。最后,预测的 OD 矩阵被用于计算由第一步得到的原始完整 OD 矩阵的 MSE。根据该误差在不同抽样率下的变化趋势,本书将形成大数据环境下的抽样率选择建议。

6.2.2 不同抽样率条件下的出行 OD 分布特征

本书以如图 6-3 所示的贵阳市二环路以内的空间区域作为研究范围,其包含该市五个主要城区,总面积为 262.5 km^2,并划分为 62 个交通小区。

(a) 研究范围　　　　　　　　(b) 交通小区划分方案

图 6-3　研究范围与交通小区划分方案

随后,本书利用运营商提供的 2019 年 6 月 12 日的完整手机信令数据集,并根据上述提出的技术方法进行数据预处理、出行端点识别、交通小区匹配,得到完整的现状出行

OD 矩阵如图 6-4 所示。经过算法处理后,研究范围内的数据集包含 48.36 万用户,3.89 亿条手机信令数据。同时,这些用户产生了 180.7 万个出行端点,平均每名用户每日产生 3.7 个出行端点。假设第一个出行端点和最后一个出行端点均为居住地,则每人每天产生 2.7 次出行,符合城市出行强度的合理阈值范围。

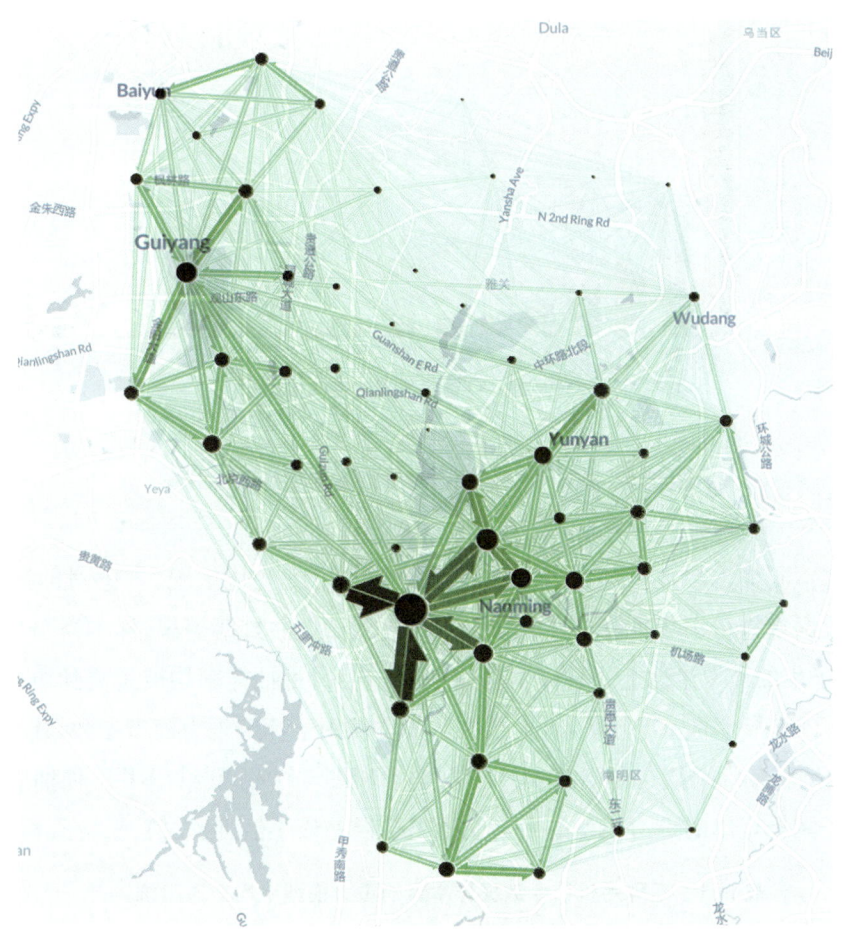

图 6-4　基于手机信令全样数据集的现状 OD 分布期望线

利用手机信令数据得到的现状出行距离分布如图 6-5 所示。为验证出行距离分布的合理性,该识别结果首先与贵阳市城市规划院提供的相同范围内居民出行调查结果进行对比。对比结果如图 6-5 所示,可以看出,出行距离分布占比最高的是第一个距离区间,即小于 2 km 的出行,随后,各区间的出行距离占比逐渐下降。本书进一步对距离分布进行函数拟合,拟合结果为幂函数 $y=0.579x^{-1.695}$,相关系数 $R^2=0.9944$。由此可见,该出行距离分布趋势符合幂函数特征。同时可以看出,本书所提出的识别算法得到的出行距离分布与居民出行调查结果较为接近,所有距离区间的占比误差平均值在

0.6%左右,其从侧面反映出该出行距离分布识别结果存在较高的可靠度。因此,本书构建的双约束重力模型以负幂函数作为阻抗函数,以 OD 矩阵的 MSE 最小作为模型收敛准则。

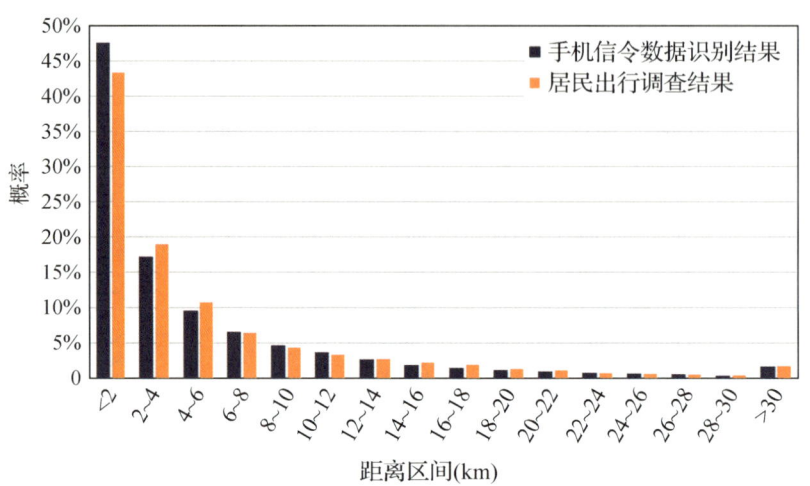

图 6-5　基于手机信令全样数据集的出行距离分布

为研究不同样本量数据标定得到的重力模型的精度变化情况,本书对前述处理好的手机信令数据集进行子集抽样。本次共随机抽取了 19 种数据子集,样本量分别为 5%～95%,每种子集的样本量比上一种样本量递增 5%,且每种抽样率均被重复随机抽取 15 次。基于第 6.2.3 节所述的标定方法,每个数据子集均被用于标定重力模型参数,并计算模型结果和对应数据子集的平均交通阻抗误差。表 6-1 和图 6-6 分别给出了每种抽样率下利用 15 个数据子集标定出的重力模型的平均交通阻抗误差最小值、最大值、平均值和方差。

表 6-1　不同手机信令数据样本量的重力模型平均交通阻抗误差

抽样率	最小值	最大值	平均值	方差
5%	0.000 122	0.000 135	0.000 128	1.399×10^{-11}
10%	0.000 124	0.000 132	0.000 129	2.882×10^{-12}
15%	0.000 126	0.000 133	0.000 129	1.869×10^{-12}
20%	0.000 126	0.000 133	0.000 129	3.018×10^{-12}
25%	0.000 127	0.000 133	0.000 13	2.491×10^{-12}
30%	0.000 128	0.000 130	0.000 129	7.078×10^{-13}
35%	0.000 128	0.000 131	0.000 13	3.731×10^{-13}
40%	0.000 128	0.000 130	0.000 129	2.296×10^{-13}

(续表)

抽样率	最小值	最大值	平均值	方差
45%	0.000 129	0.000 130	0.000 129	1.309×10^{-13}
50%	0.000 129	0.000 130	0.000 129	1.005×10^{-13}
55%	0.000 128	0.000 130	0.000 129	1.173×10^{-13}
60%	0.000 129	0.000 131	0.000 129	4.443×10^{-14}
65%	0.000 129	0.000 130	0.000 129	5.880×10^{-14}
70%	0.000 129	0.000 129	0.000 129	5.586×10^{-14}
75%	0.000 129	0.000 130	0.000 129	2.361×10^{-14}
80%	0.000 129	0.000 130	0.000 129	3.250×10^{-14}
85%	0.000 129	0.000 130	0.000 129	2.147×10^{-14}
90%	0.000 129	0.000 130	0.000 129	2.561×10^{-14}
95%	0.000 129	0.000 129	0.000 129	1.148×10^{-14}

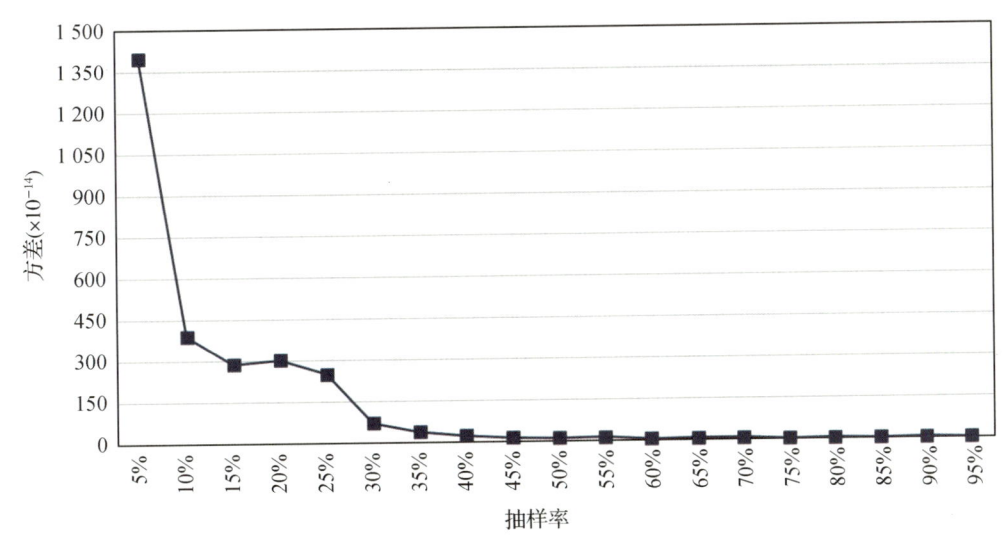

图6-6 不同手机信令数据样本量的重力模型平均交通阻抗误差

从表6-1可以看出,随着样本量增加,所标定出的重力模型的平均交通阻抗误差最小值逐渐增大并趋于稳定,而最大值逐渐减小并趋于稳定。这反映出重力模型的精度逐渐提高。同时,从图6-6可以看出,随着抽样率逐渐增加,平均交通阻抗误差的方差存在显著下降阶段。这反映出重力模型的精度稳定性也随着样本抽样率的增加而有所提升。基于该规律,我们可以得到以下结论:在抽样率较低时,虽然标定出的重力模型可能达到较为理想的精度,但是这依赖于能否获得完美的抽样样本,即抽样结果是否能够代表全样本的社会经济特征；而当抽样率较高时，即使存在一定抽样偏差，较大的样本覆盖率仍然能保证所标定出的重力模型达到较高的预测精度，即交通模型具有较高的稳定性和可靠度。综上所述，数据集抽样率对交通模型的预测可靠度存在显著影响。

6.2.3 不同抽样率条件下的重力模型预测可靠度

根据上一节的分析结果，样本量的增加能够提高所标定出的重力模型的预测精度和稳定性。然而，样本量的增加也意味着数据购买、采集和分析成本的增加。因此，平衡模型精度和数据采集成本一直是交通模型研究与实践应用中的一个关键问题。本节进一步研究不同抽样率和样本量下重力模型预测精度的变化情况，以寻找满足模型精度要求的最小样本量。

利用上一节得到的19种不同抽样率下的出行OD矩阵，本节基于第6.1节提出的重力模型标定方法，对双约束重力模型进行参数标定。图6-7展示了以5%、50%和95%抽样率数据下基于粒子群优化算法的重力模型迭代收敛过程。可见，模型标定使用的数据样本量越大，模型收敛越快。

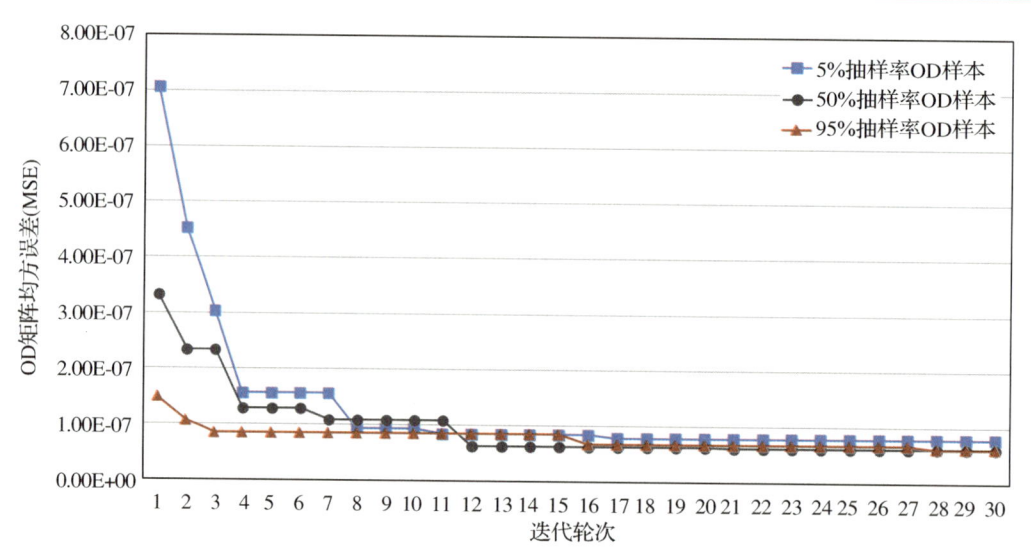

图6-7 不同手机信令数据抽样率的重力模型标定迭代过程

随后，本节以每种抽样率下的OD矩阵为基年数据，以第6.3.2节中全样样本量下的完整原始OD矩阵为未来场景，利用标定好的重力模型对未来年OD分布矩阵进行预测。所有抽样率下的重力模型预测结果均被用于与第6.2.2节中原始完整出行OD矩阵进行对比，相应的计算误差包括平均交通阻抗误差、OD矩阵方差、OD矩阵的MSE。图6-8～图6-10为不同抽样率下重力模型预测误差的变化趋势。

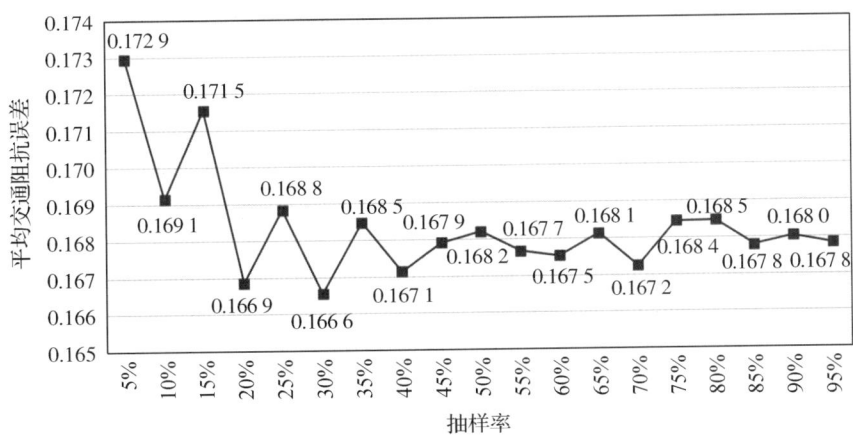

图 6-8 不同手机信令数据抽样率的重力模型平均交通阻抗误差

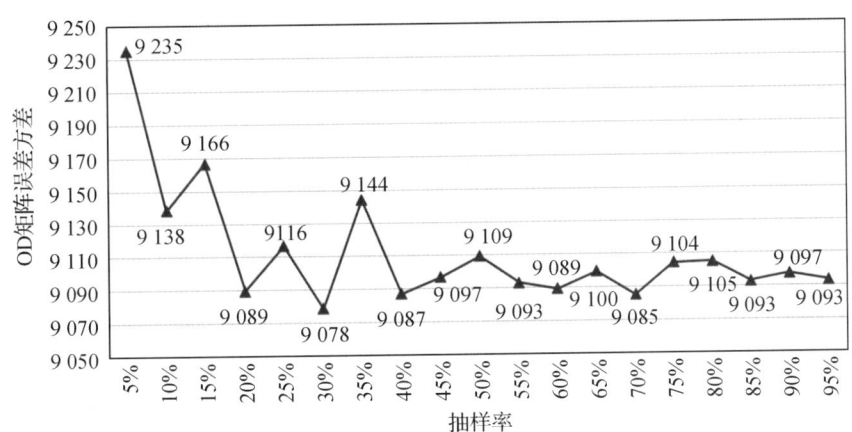

图 6-9 不同手机信令数据抽样率下重力模型预测结果的 OD 矩阵误差方差

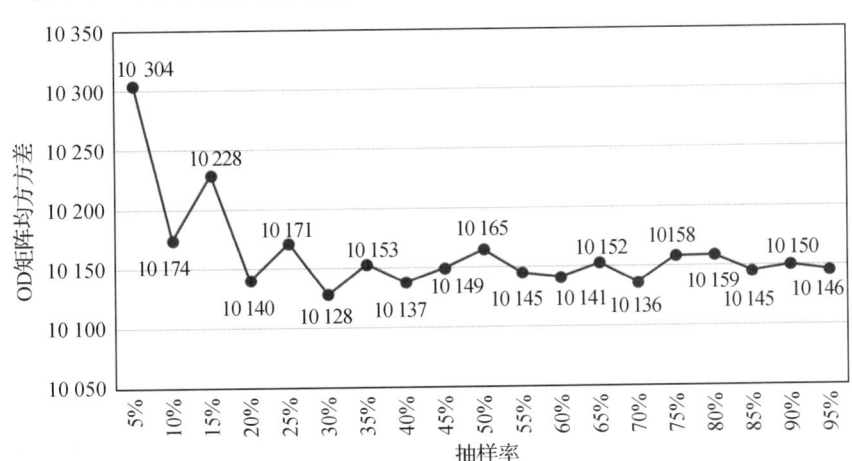

图 6-10 不同抽样率下重力模型预测结果的均方误差

可以看出，在抽样率较小时，模型预测精度会呈现较大幅度的波动，而在抽样率较大时，模型预测精度将在小范围内波动。总体上来看，随着抽样率增大，重力模型的预测精度呈现逐渐收敛的趋势。从样本抽样率的收敛阈值来看，不同的精度评估指标在不同的抽样率阈值上达到收敛状态。图6-8和图6-9展示了重力模型预测结果的平均交通阻抗误差和OD矩阵的MSE，可见误差在抽样率达到40%以后基本趋于平稳，仅在小范围上下浮动。图6-10展示了重力模型预测结果的OD矩阵的均方误差MSE，可见误差在抽样率达到35%以后基本趋于平稳。

为了进一步研究三种评价指标收敛的具体抽样率阈值，本书引入t检验评价图6-8~图6-10中不同抽样率下的三种评价指标序列值的显著性。对于OD矩阵的MSE，假设抽样率为5%~25%的结果数值序列与30%~95%的结果数值序列不存在显著差异，则此时t检验值结果为2.851，其大于t分布表中的标准值2.776（自由度为4，误差范围为0.025），因此拒绝原假设。这意味对于OD的MSE而言，30%抽样率是模型精度开始收敛的最小阈值，且抽样率大于30%的其他预测结果与30%抽样率的预测结果并无显著差异。同理，对于OD矩阵的MSE，假设抽样率为5%~35%的结果数值序列与40%~95%的结果数值序列不存在显著差异，则此时t检验值结果为2.515，大于t分布表中的标准值2.447（自由度为6，误差范围为0.025），因此拒绝原假设。而对于平均交通阻抗误差，任意抽样率都无法将图6-8中的数值结果切分为两段存在显著差异的数值序列。

综合上述研究，本书认为，[30%，40%]的样本抽样率是重力模型预测精度变化的一个重要转折区间。当样本抽样率小于这个区间时，重力模型的稳定性和可靠度较差，其预测精度受到抽样技术和样本质量的重要影响。当抽样率达到[30%，40%]以后，重力模型预测精度将进入收敛状态，仅在小幅度范围内波动，模型的稳定性和可靠性显著提高。即使样本抽样率显著增加至80%或90%，其标定出的模型预测精度也不会出现显著性的提升。因此，本书认为30%~40%可以是大数据环境下双约束重力模型标定的最合理抽样率区间。

6.3 OD识别可靠度对重力模型预测精度的影响

在手机信令数据环境下，出行端点识别可靠度决定了OD分布矩阵识别结果的可靠度，进而会对标定出的重力模型精度产生影响。这个过程存在从现状OD矩阵到预测OD结果的误差传递的可能。由于传统居民出行调查抽样率较低，重力模型的预测结果可靠度难以保证，因此，该误差传递规律未得到充分研究和验证。本节基于大样本下稳定的重力模型预测精度，研究不同OD识别算法对重力模型预测精度的影响，从而分析预测过程中的误差传递规律,即分析预测过程的误差传递结果是"误差叠加"还是"误差降低"。

首先,本节通过应用第 4.1.2 节提到的高精度(随机森林算法)和低精度(阈值规则)两种出行端点识别算法,计算得到两种 OD 矩阵识别结果。随后本节通过多个指标分析两种 OD 矩阵结果的差异。其次,两种 OD 矩阵均被用于对双约束重力模型进行标定,并预测全样本量下的出行 OD 分布矩阵。最后,本节对比分析了两个预测结果在多个指标上的差异性,并进一步分析该差异性相对于第一步现状 OD 矩阵差异性的变化趋势,从而探讨重力模型标定预测过程中的误差传递规律。

6.3.1 不同出行端点识别算法可靠度对比

根据第 6.2.2 节已经处理好的手机信令数据集(48.36 万用户,3.89 亿条手机信令数据),本节随机抽取 30% 的用户及对应数据样本作为数据子集,其中共包含 14.5 万用户,1.19 亿条手机信令数据。根据第 6.2.3 节的研究结论,该样本量能够保证所标定出的双约束重力模型的预测精度。为了研究不同可靠度的识别算法对于 OD 分布结果的影响规律,本节利用两种出行端点识别算法进行出行 OD 矩阵提取,两种算法分别如下。

(1) 基于阈值规则的出行端点识别算法。本次采用 Calabrese 等提出的基于空间约束规则的出行端点识别方法[1]。对于手机信令数据轨迹序列 $M_s = \{m_q, m_{q+1}, \cdots, m_z\}$,$q > z$,如果其满足 $\max[distance(p_{m_i}, p_{m_j})] < \Delta S$,$\forall q \leqslant i, j \leqslant z$,则 M_s 被判定为一组出行端点,所有定位点的形心坐标为该出行端点的坐标。根据 Calabrese 等的研究,ΔS 取 1 km。

(2) 基于随机森林算法的出行端点识别算法。即根据第 4.1.2 节提出的基于学习的出行端点识别算法,出行端点识别被转化为停留和移动的模式识别问题,融合 POI 数据等特征提升模型识别效果。

根据第 4.1.2 节的实证结果可知,基于阈值规则的识别算法总体可靠度较低,基于随机森林算法的识别算法总体可靠度较高。两种方法的查全率、查准率、多识别率和漏识别率如表 6-2 所列。可以看出,基于阈值规则的算法识别的查准率和查全率均未超过70%,且该方法多识别出行端点的可能性较高。基于随机森林算法的出行端点识别算法的多识别率和漏识别率均较小。

表 6-2 不同算法的出行端点识别可靠度结果

识别方法	查准率	查全率	多识别率	漏识别率
基于阈值规则	61.7%	66.2%	38.3%	33.8%
基于随机森林算法	90.7%	88.7%	9.3%	11.3%

6.3.2 算法可靠度对 OD 矩阵识别结果的影响

利用前述 30％抽样率随机获取的手机信令数据集(14.5 万人,1.19 亿条手机信令数据),本节分别应用高可靠度(基于随机森林算法)和低可靠度(基于阈值规则)两种出行端点算法,识别两种现状出行 OD,随后,OD 出行总量、出行距离分布、OD 矩阵相似性等指标被用于分析两种识别结果。

1. OD 出行总量

在出行总量方面,随机森林算法识别出的出行总量为 39.43 万次,基于阈值规则算法识别出的出行总量为 69.31 万次。基于阈值规则算法的识别结果是随机森林算法的 1.76 倍。虽然表 6-2 已经显示出,相较于随机森林算法,基于阈值规则算法的多识别率高出 29％,漏识别率高出 22.5％,但其出行总量的识别误差率(76％)显著高于基于小样本的实证研究。

2. 平均出行次数

尽管两种算法识别的是同一个数据集,但其识别出的居民出行总量却相差较大,这造成两种识别结果的平均出行次数也存在较大差异。其中,随机森林算法识别出的平均出行次数为 2.72 次,而基于阈值规则算法识别出的平均出行次数为 4.78 次。即基于阈值规则的算法会过高地估计了个体的出行频率,这可能与手机信令数据的时空分布、基站连接特征、基站密度等多种因素的共同作用相关。

3. 出行距离分布

图 6-11 为两种现状出行 OD 结果的出行距离分布。随机森林算法识别出的平均出行距离为 4.91 km,其中 0~2 km 的出行者占比为 48.7％。阈值规则算法识别出的平均

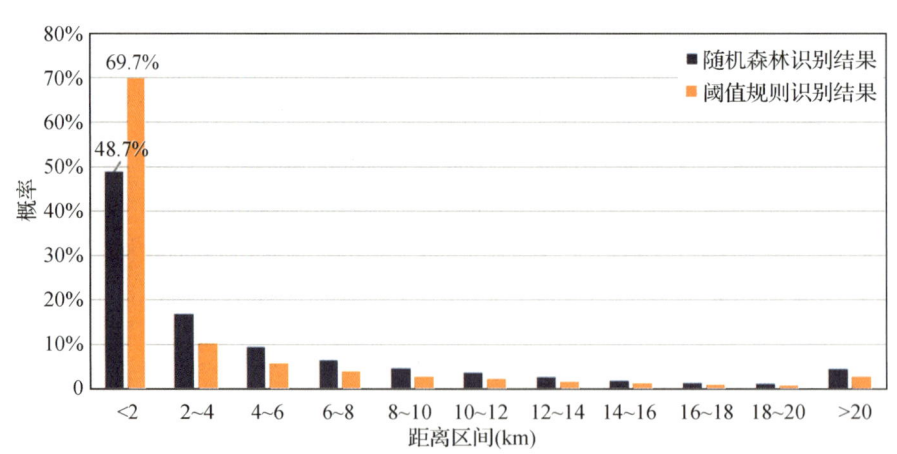

图 6-11　不同算法可靠度识别的出行 OD 距离分布

出行距离为 3.3 km,其中 0~2 km 的占比为 69.7%。对比图 6-10 与图 6-5 后发现,随机森林算法识别的出行距离分布识别结果更接近全样数据集和居民出行调查的分布结果,而基于阈值规则算法的出行距离分布结果则与两种分布结果相差较大,尤其是首个距离区间的占比高出接近 20%。由此可看出,阈值规则算法会额外多识别出大量的短距离出行,而这些出行数量的增加对后续模型中交通阻抗参数的标定会产生较大影响。短距离出行增加的原因可能与手机信令数据定位精度较低、存在大量基站切换等情况相关。例如阈值规则等识别逻辑较简单的算法可能会把个体慢速步行、闲逛、购物等大范围活动过程识别为多个出行端点,从而增加短距离出行的比例。

4. OD 矩阵相关性

为直观对比两个 OD 矩阵空间分布特征的相似性,本节首先将 OD 出行量矩阵转化为 OD 出行比例矩阵,即 OD 表中每个单元格中的数字为该 OD 出行量占出行总量的比例。随后,本节将两个 OD 表中的数据分别转化为一个一维数组,分别记为 X 和 Y,并计算这两个一维数组的 pearson 相关系数 r_{xy},从而分析这两个 OD 表的相关性。对于任意两个一维数组 X 和 Y,pearson 相关系数 r_{xy} 的计算式如式(6-14)~式(6-17)所示。

$$r_{xy} = \frac{\text{Cov}(X, Y)}{S_X S_Y} \tag{6-14}$$

$$\text{Cov}(X, Y) = \frac{\sum_{i=1}^{n}(X_i - \overline{X})(Y_i - \overline{Y})}{n-1} \tag{6-15}$$

$$S_x = \sqrt{\frac{\sum_{i=1}^{n}(X_i - \overline{X})^2}{n-1}} \tag{6-16}$$

$$S_y = \sqrt{\frac{\sum_{i=1}^{n}(Y_i - \overline{Y})^2}{n-1}} \tag{6-17}$$

式中,$\text{Cov}(X, Y)$ 代表 X 和 Y 的协方差;S_x 和 S_y 分别代表 X 和 Y 的样本标准差;$\overline{X}$ 和 $\overline{Y}$ 分别代表 X 和 Y 的样本均值。

经计算,高可靠度算法(随机森林算法)和低可靠度算法(阈值规则算法)得到两个 OD 矩阵的 pearson 相关系数为 0.955,即两个 OD 矩阵空间分布特征的线性相关性较高,可以理解为两个 OD 矩阵在空间分布上存在较高的相似性。为了进一步直观地对比两个 OD 矩阵的空间分布特征,本节将 OD 期望线进行可视化呈现,如图 6-12 所示。从总的出行空间分布来看,随机森林算法和阈值规则算法得到的 OD 结果呈现相同的趋势。但是,如紫色虚线框范围所示,由于阈值规则算法多识别出大量短距离出行,中心城区和新城区内部的邻近交通小区间表现出更强的出行联系强度。这符合二者在出行距离分布上的差异性,即阈值规则算法得到的短距离出行分布比例更高。

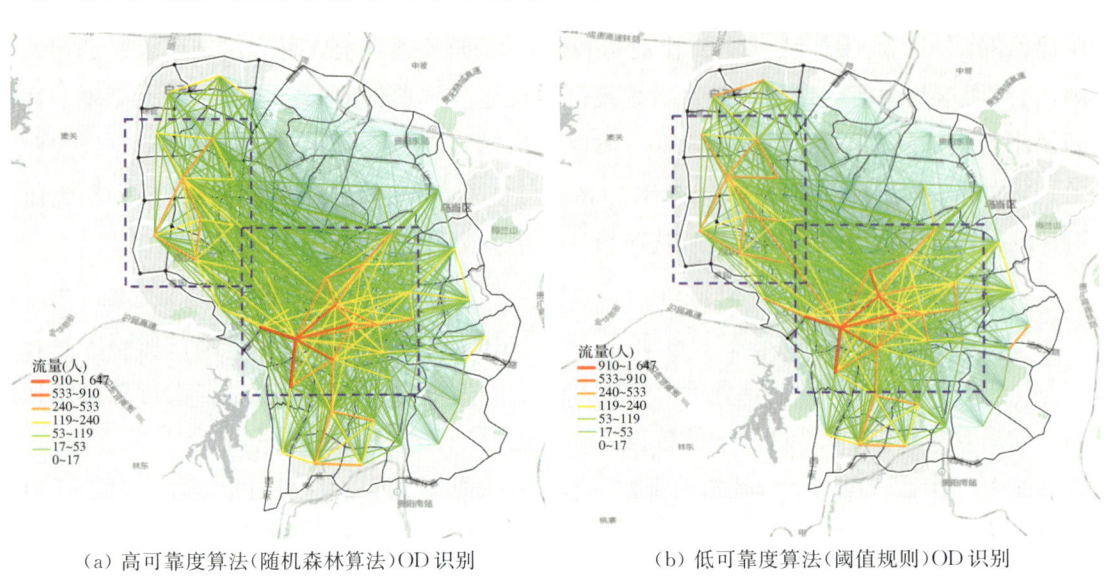

(a) 高可靠度算法(随机森林算法)OD识别　　　(b) 低可靠度算法(阈值规则)OD识别

图 6-12　不同可靠度算法得到的 OD 分布期望线

总的来看,出行端点识别算法的可靠度水平对于 OD 识别结果的可靠度存在显著影响。虽然 OD 分布期望线特征差异不甚明显,但算法可靠度的提升对于 OD 出行总量、出行平均次数、出行距离分布等关键指标则表现出显著影响。而且对于这些指标,算法实证误差在大数据环境下存在被放大的可能性。特别是,出行距离分布等参数误差会进一步显著影响交通模型的参数标定结果和模型预测精度。可见,论证不同通信及城市环境下出行端点和出行 OD 的识别可靠度及精度,是基于大数据的交通模型构建与需求分析的重要基础。

6.3.3　算法可靠度提升对模型预测结果的影响

基于第 4.1 节中提到的高低可靠度算法得到的两种 OD 矩阵,本节分别对双约束重力模型进行标定,随后预测并对比全样本数据下的出行 OD 分布,包括出行距离分布、OD 矩阵相关性等特性。该分析的目的是比较两种现状 OD 矩阵的差异性,以及基于重力模型的 OD 预测结果差异性的变化趋势,从而验证重力模型的预测过程在误差传递过程中起到了扩大作用还是抑制作用。由于两个重力模型的预测样本完全相同,所以,预测的出行总量和平均出行次数相同。本次从出行距离分布和 OD 矩阵相关性的角度对比分析两种预测结果的差异性。

1. 出行距离分布

图 6-13 所示为两个重力模型预测结果的出行距离分布统计。可见，相较于现状出行距离分布，重力模型预测结果的距离分布误差呈现增加的趋势。在第一个距离区间中，两个重力模型预测结果的占比误差达到 23.66%，大于图 6-11 中所示的现状误差 21%。因此从出行距离分布来看，重力模型处理过程起到误差叠加的效果，即预测 OD 结果的差异性大于模型标定前的现状 OD 结果差异性。

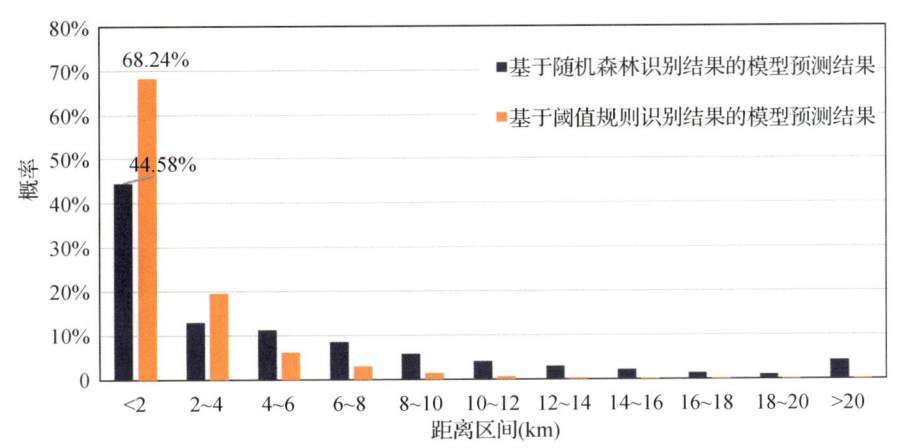

图 6-13 基于不同现状 OD 矩阵的重力模型预测结果的距离分布

2. OD 矩阵相关性

经计算，重力模型预测得到的两个 OD 矩阵的 pearson 相关系数为 0.891。相较于现状出行 OD 分布，两种 OD 分布矩阵的相似性下降 0.064，即预测结果间的差异性进一步扩大。图 6-14 所示为两个重力模型的预测 OD 分布期望线的可视化分析。其中，紫色椭圆形虚线框内是中心城区与城市新区的主要联系廊道。由于低可靠度的阈值规则算法显著增加了现状 OD 结果中的短距离出行的比例，其标定出的重力模型的 OD 预测结果也呈现该趋势。在图 6-14(b) 中，中心城区与城市新区在未来的联系强度较低，这不符合城市发展的一般趋势。而图 6-14(a) 所示中的城市新区与中心城区之间呈现出较强的联系强度发展趋势，符合城市发展规律。

综上所述，在现状出行特征识别阶段，高可靠度算法得到的各项识别结果，如出行总量、出行频率、出行距离分布等，其准确率和合理性都高于低可靠度算法的识别结果。从出行总量的误差来看，小样本实证数据下的识别模型准确率差异会在大数据环境下产生更大的识别结果误差。也就是说，大数据环境下的现状出行特征识别过程似乎存在"误差叠加"效应，个体交通出行链特征识别模型可靠度的提升会显著提高基于大数据的现状出行识别结果的合理性。

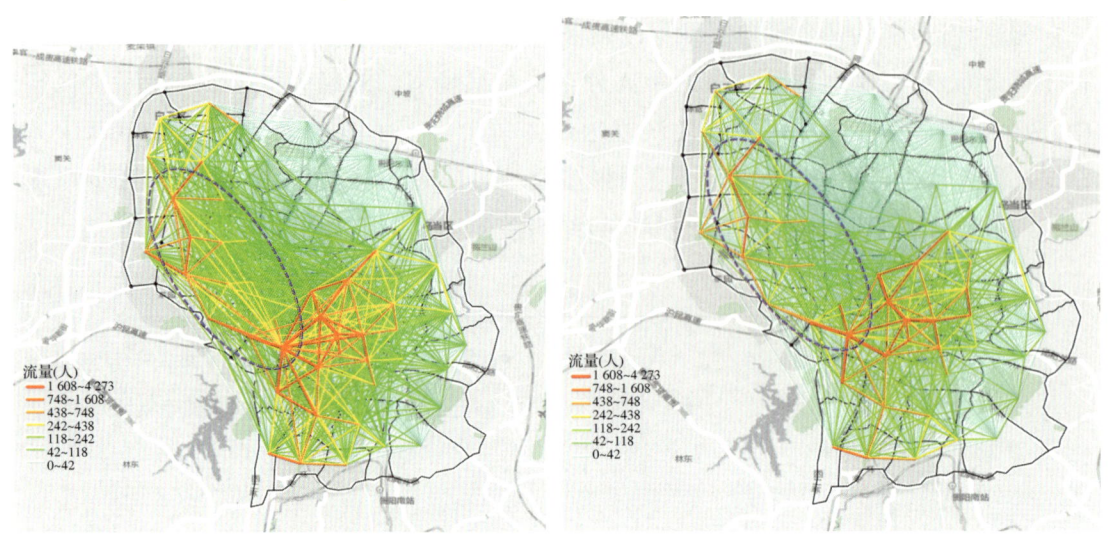

(a) 高可靠度算法（随机森林算法）标定预测 OD　　　　(b) 低可靠度算法（阈值规则）标定预测 OD

图 6-14　基于不同算法可靠度识别结果标定的重力模型预测 OD 分布期望线

在重力模型标定和预测阶段，两种算法得到的 OD 结果标定出的重力模型精度差异又会进一步增大。这体现在两种算法得到的现状 OD 矩阵相关系数为 0.955，而标定出的两种重力模型的预测 OD 分布矩阵相关系数为 0.891，相比产生下降。从这一点可以看出，重力模型的预测过程也存在"误差叠加"的效应。不同可靠度算法识别结果之间的差异会被模型预测过程进一步扩大，进而影响模型预测结果的合理性和可靠性。

因此，从识别算法构建到现状出行特征提取，再到重力模型标定和预测的整个基于大数据的交通模型应用过程存在"误差叠加"的误差传递规律。出行端点识别算法可靠度的尽可能提高，各种通信和城市环境下出行端点和出行 OD 等基础信息识别精度的提升，均是后续基于大数据的交通模型构建与交通需求分析的重要基础。

第7章

基于"通信—交通"集成仿真的出行特征提取敏感性分析

不同影响因素环境下的识别效果敏感性是技术可靠度的重要表现。本章依托真实的手机切换协议与控制准则,提出了多种出行环境、系统参数可控的人流、交通流和通信信号一体化仿真平台体系与检验方法。构建平台突破了真实环境下难以调整通信网络参数和布局进行实证研究的局限,能够实现对定位频率、基站密度等技术参数的敏感性分析、优化以及仿真评估等技术手段。最终,平台的应用能够提升手机数据分析结果在政府决策和交通治理中的精度、信度和稳定性。

7.1 手机信令数据仿真平台改进

在第4.3节中,介绍了"通信—交通"集成仿真平台基本框架与理论体系,本节在此基础上优化其通信事件数据仿真模块,保证产生的信令数据更符合实际情况,并利用优化平台评估移动通信网络参数对算法提取效果的影响。

7.1.1 当前仿真平台缺陷分析及验证

在第4.3节提出的平台中,信噪比最大化是每个通信事件所连接基站的判定准则。在式(4-37)所示的信噪比计算式中,只有路径损耗 P_L 和阴影衰落 S 为变量,其他均为常数。而根据式(4-38),路径损耗 P_L 是基站与轨迹点间距离 d 的单调增函数,即轨迹点距离基站越近,路径损耗越小。阴影衰落 S 作为一个标准正态分布随机数与 4 dB 的乘积,对信噪比的计算结果影响较小。因此,对于一个给定的已加载通信事件的轨迹点 s,根据式(4-37),距离越近的通信基站对应的信噪比越大。从仿真结果来看,这有可能导致加载通信事件的轨迹点会极大概率地连接距离最近的基站。

显然,上述情况与实际并不相符。无论是通信原理还是真实数据的分析结果,个体并不一定会连接距离自己最近的基站。从通信原理上分析,附近基站的通信负荷强度较高、手机移动端移动速度较大、通信信号扰动等诸多原因,都可能导致手机被移动通信网络分配连接到较远处的通信基站。从第3.2节所述手机信令数据定位误差分析结果中也可以看出,个体与通信基站间的距离误差并不是单调递减的,个体手机甚至有一定概率会连接到1.5～2.5 km处较远距离的通信基站。因此,若仿真平台中的轨迹点只能连接距离自身坐标最近的通信基站,则变相地大幅度降低了手机信令数据的定位误差,导致基于仿真手机信令数据的出行信息识别算法或模型的评估结果过于理想。

为验证当前仿真平台的缺陷,本节对城市中一条真实的出行路径进行仿真分析,结果如图7-1所示。其中,蓝色点为通信基站位置,黄色方向线指出了通信基站的连接顺序。图7-1(a)所示为原始的出行轨迹与通信基站连接序列情况。在出行过程中,个体大部分时刻会连接距离较近的基站,但是并非均为附近距离最小的基站,在某些时刻还会连接到距离较远的基站。这可能是由于受到建筑物遮蔽、电磁波折射、反射等原因,也可能是因为周边基站负荷较大而导致远处基站的信号质量相对更好。图7-1(b)所示则为

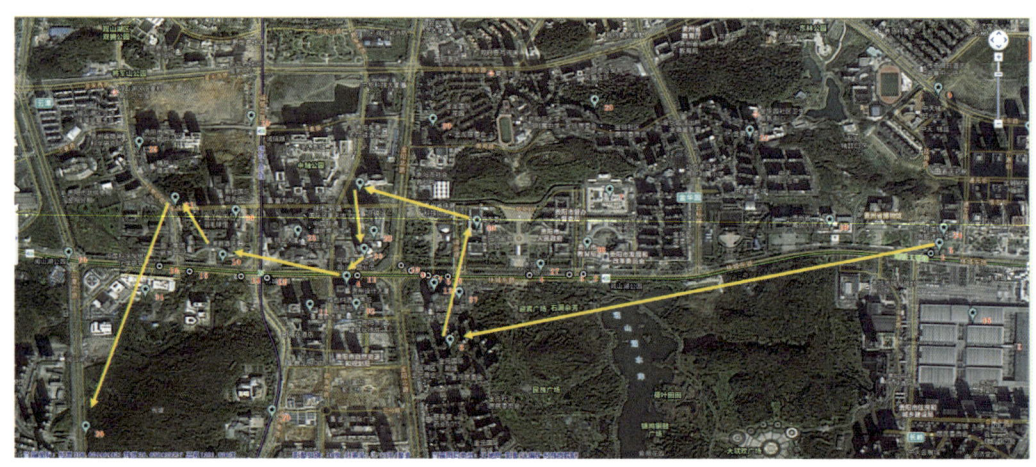

(a) 真实出行轨迹及通信基站连接情况

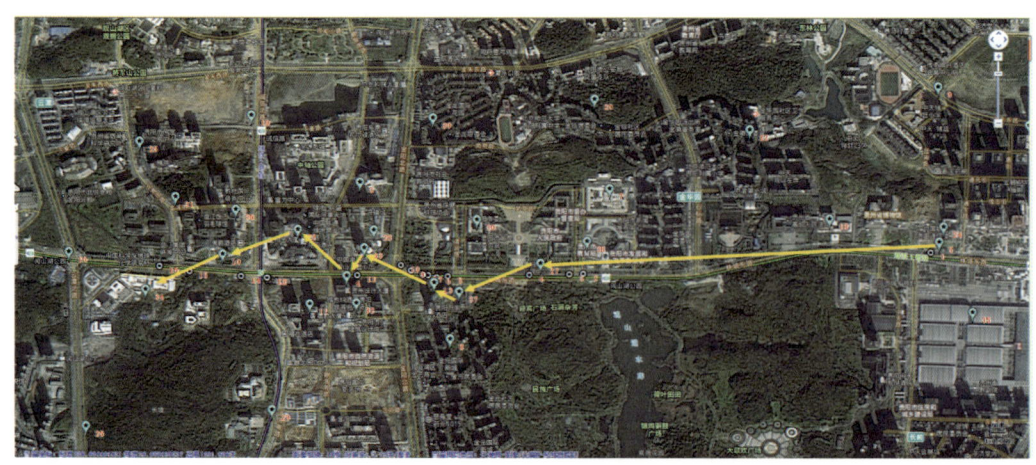

(b) 基于SNR最大化的通信基站连接情况仿真结果

图7-1 当前仿真平台的仿真案例示意

当前仿真平台的仿真结果。可以看出,在仿真得到的通信基站连接序列中,个体基本上只连接了轨迹点周边距离最近的基站。这是当前仿真平台以信噪比最大作为通信基站判定准则的直接结果。如前所述,这与真实情况存在较大的差异。这种差异变相降低了手机信令数据的定位误差,使得基于仿真数据的识别技术精度评估效果存在较大的误差,如对出行端点距离误差、OD匹配、路径识别等的精度评估等。

本节后续从集计角度,分析当前模型得到的手机信令数据与真实数据的定位误差间的差异。分析过程以志愿者真实出行路线为基础,在该城市云岩区、南明区、观山湖区、花溪区和乌当区等不同基站密度区域进行重复的出行轨迹仿真和手机信令数据仿真测试,共得到出行轨迹1 000条。图7-2所示是仿真得到的手机信令数据定位误差分析结果,其中信令数据误差是指仿真轨迹点坐标与对应通信基站坐标间的距离误差。可以看出,当前仿真平台得到的手机信令数据定位误差较小,接近90%的数据定位误差都在400 m以下。而真实手机信令数据只有64.4%左右的数据定位误差在400 m以下。该统计结果也反映出,当前手机信令数据仿真平台得到的数据定位误差较为理想,与真实数据的定位误差分布存在较大差异。

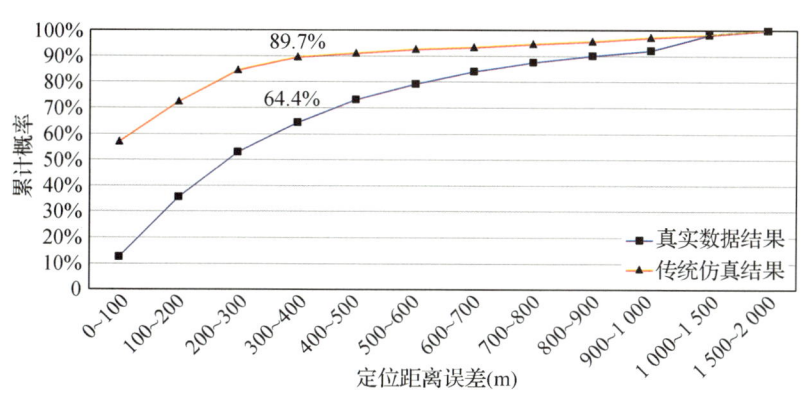

图7-2 真实手机信令数据与当前仿真平台仿真数据的定位误差结果对比

因此,针对当前手机信令数据仿真平台存在的缺陷,本书拟对基于无线信道模型的通信基站连接模块进行改进,以仿真得到在基站连接距离与真实情况更为接近的手机信令数据。

7.1.2 集成仿真平台的改进与评估

1. 优化思路与方法

在保持当前仿真平台中的交通出行轨迹仿真和通信事件加载模块这两个步骤和相关子模型的基础上,本书主要对通信基站连接模型进行改进。改进目标是使手机信令仿真数据在基站连接距离分布特征方面与真实数据的分布特征更加接近。本书在完成前两步仿真并得到已加载通信事件的出行轨迹数据后,通过以下两个步骤确定每个通信事件所连接的通信基站:①基于真实的基站连接距离累积概率函数,利用轮盘赌算法生成每个通信事件的基站连接距离,以该距离搜索备选基站。②针对所有备选基站,利用4G-LTE环境下的无线信道模型及相关搜索规则,进一步选择并确定当前时刻的服务基站。

1) 通信基站连接距离仿真与基站候选集确定

首先,对于已经确定加载通信事件的轨迹点,平台为其设置一个服从真实概率分布的基站连接距离。该距离决定了该轨迹点与所连接通信基站间的空间距离。随后,平台利用第3.2节中拟合得到的不同基站密度下的基站连接距离分布函数,为每个确定加载通信事件的仿真轨迹点生成通信基站连接距离,并搜索构建该轨迹点的连接基站候选集,具体步骤如下。

步骤1:对于确定加载通信事件的轨迹点,平台以轨迹位置坐标为圆心,计算周边1 km圆形范围内的通信基站密度 i,并根据式(7-1)选择对应的基站连接距离计算式。

$$y = \begin{cases} 1.27 \times 10^{-6} \times e^{13.57x} + 0.1486 \times e^{1.589x}, & 1 \leqslant i \leqslant 40 \\ 3.99 \times 10^{-7} \times e^{13.99x} + 0.1218 \times e^{1.971x}, & 41 \leqslant i \leqslant 80 \\ 5.29 \times 10^{-15} \times e^{33.23x} + 0.1358 \times e^{1.47x}, & 81 \leqslant i \leqslant 120 \\ 1.94 \times 10^{-15} \times e^{33.95x} + 0.09872 \times e^{1.92x}, & 121 \leqslant i \leqslant 160 \\ 1.22 \times 10^{-15} \times e^{34.4x} + 0.03732 \times e^{2.897x}, & 161 \leqslant i \leqslant 200 \\ 7.52 \times 10^{-15} \times e^{32.94x} + 0.088 \times e^{1.626x}, & 201 \leqslant i \leqslant 240 \\ 4.95 \times 10^{-16} \times e^{34.53x} + 0.04418 \times e^{2.671x}, & 241 \leqslant i \leqslant 280 \\ 3.55 \times 10^{-15} \times e^{32.75x} + 0.103 \times e^{0.5381x}, & 281 \leqslant i \leqslant 320 \\ 1.1 \times 10^{-15} \times e^{33.66x} + 0.08662 \times e^{1.338x}, & 321 \leqslant i \leqslant 360 \\ 1.572 \times 10^{-15} \times e^{33.4x} + 0.08473 \times e^{1.168x}, & 361 \leqslant i \leqslant 400 \\ 0.05991 \times e^{1.784x}, & 401 \leqslant i \leqslant 440 \\ 1.43 \times 10^{-6} \times e^{11.99x} + 0.0436 \times e^{1.467x}, & 441 \leqslant i \leqslant 480 \\ 7.93 \times 10^{-9} \times e^{17.31x} + 0.0466 \times e^{1.461x}, & 481 \leqslant i \leqslant 520 \\ 4.76 \times 10^{-16} \times e^{34.24x} + 0.054 \times e^{1.065x}, & 521 \leqslant i \leqslant 560 \\ 3.66 \times 10^{-6} \times e^{10.49x} + 0.03682 \times e^{1.344x}, & 561 \leqslant i \leqslant 600 \end{cases} \quad (7\text{-}1)$$

步骤2:平台生成一个(0,1)区间内的随机数 x 作为该轨迹点的累计概率输入值,并根据式(7-1)计算出该轨迹点对应的通信基站连接距离 y。

步骤3：平台计算该轨迹点位置与周边 n 个通信基站位置的空间距离 $d_1,d_2,\cdots,d_n$，并以各基站的空间距离最接近连接仿真距离 y 为判断准则，选取距离最接近的前5个基站组成备选基站集 H，即 $H=\{BS_1,BS_2,BS_3,BS_4,BS_5\}$。

2) 4G-LTE 无线信道模型及连接基站判定

在当前手仿真平台中，路径损耗 P_L 均使用 WINNERII 模型。该模型属于 GSM 无线通信环境下的经验信道模型。随着 4G-LTE 通信原理与无线场景的变化，基于广泛测量建立的经验信道模型也产生较大变化。根据研究文献，本书针对城区、郊区和开阔地带分别选择不同的无线信道模型[94]。

对于城区环境，本书选择 COSTHata 模型作为路径损耗模型的具体形式，计算过程如式(7-2)所示：

$$PL_c[dB]=(44.9-6.55\lg h_b)\lg d+46.3+33.9\lg f_c-13.82\lg h_b-a(h_m)+C_0 \tag{7-2}$$

式中，h_b 是以 m 为单位的基站天线高度；f_c 是以 MHz 为单位的载波频率；d 是以 km 为单位的基站和轨迹点间距离；C_0 是修正因子，其计算过程如式(7-3)所示，其他参数仍采用表 4-10 中的设定值。

$$C_0=0.8+(1.1\times\lg f_c-0.7)\times h_{ms}-1.56\times\lg f_c \tag{7-3}$$

对于郊区和开阔地，本书选择 Hata 模型作为路径损耗模型。其中，郊区路径损耗模型如式(7-4)所示，开阔地的路径损耗模型如式(7-5)所示：

$$PL_s[dB]=PL_u-2\left(\lg\frac{f_c}{28}\right)^2-5.4 \tag{7-4}$$

$$PL_o[dB]=PL_u-4.78(\lg f_c)^2+18.33\lg f_c-40.94 \tag{7-5}$$

在完成 4G-LTE 无线信道路径损耗模型优化的基础上，平台仍采用第 4.3.2 节中的式(4-37)计算信噪比，并判断每个通信事件所连接的通信基站。对于任意轨迹点 n，首先判断备选基站集 $H=\{BS_1,BS_2,BS_3,BS_4,BS_5\}$ 中，是否存在上一个轨迹点 $n-1$ 所连接的基站 BS_{n-1}。如果存在，则轨迹点 n 也连接该基站。如果不存在，则平台将计算轨迹点 n 处所有备选基站的信噪比，并以信噪比最大的基站作为轨迹点 n 的服务基站。

相较于当前仿真平台，通过上述两个步骤优化后的无线通信仿真平台生成的基站连接距离将更加符合真实情况下手机信令数据的基站连接距离特征。同时，通过与前一个轨迹点的通信基站连接关系的判定，平台保证了类似仿真环境下基站连接的稳定性和平顺性，避免了因基站的频繁切换带来的数据失真。

2. 优化效果评估

1) 仿真平台有效性评估

为了验证改进后的仿真平台生成的手机信令数据的有效性，本书利用某志愿者的真实出行数据进行测试。

先根据该志愿者真实的出行路径和交通状态，将其加载至仿真平台中，得到与该次出行真实手机信令数据相对应的仿真手机信令数据。通过对比志愿者 GPS 出行轨迹数据、真实手机信令数据和仿真手机信令数据，对手机信令数据仿真的有效性进行分析。

图 7-3 所示为某次出行的真实通信基站连接结果与优化后仿真数据的通信基站连接结果。其中，由于仿真平台中的信令数据产生间隔是以第 3.2 节中真实手机信令数据定位频率为基础，利用轮盘赌算法根据概率分布随机生成的。因此，仿真结果中的信令数据量和相邻信令数据时间间隔的分布与真实分布几乎完全一致。这表明仿真信令数据在时间分布上与真实数据情况能保持较好的一致性。

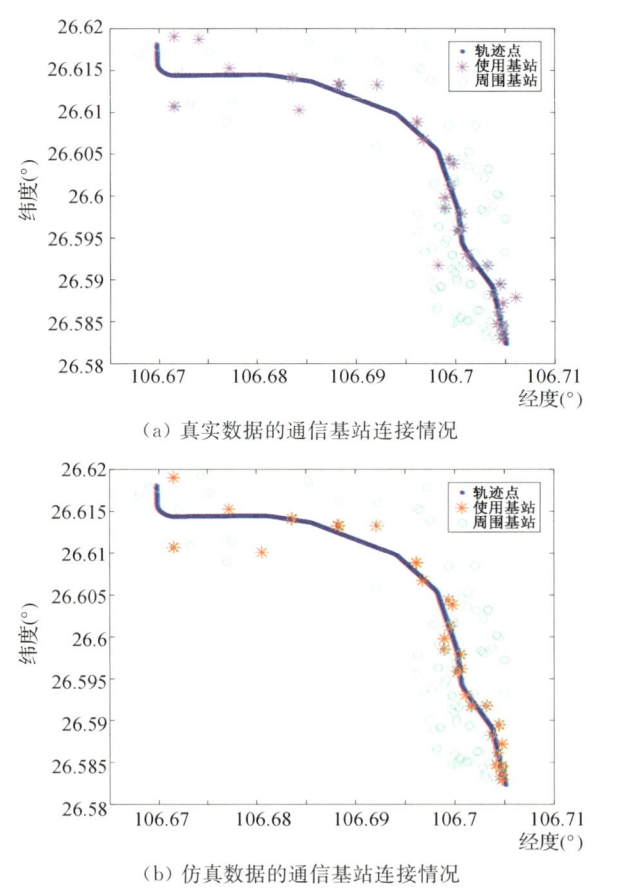

(a) 真实数据的通信基站连接情况

(b) 仿真数据的通信基站连接情况

图 7-3 真实数据与优化仿真数据的基站连接情况

随后，在通信基站连接和切换规律对比上，优化平台通过对仿真环境中通信连接距离和对数阴影衰落差等关键参数进行针对性调整，仿真数据的信令定位误差分布以及基站连接距离与真实数据保持相似。可以看出，尽管优化仿真平台中，信令数据定位点与真实数据并不完全一致，但整体呈现类似定位轨迹分布。

2）仿真平台改进效果对比评估

为验证仿真平台优化效果，本书利用改进后的手机信令数据仿真平台对真实出行轨迹进行仿真。仿真结果如图7-4所示，可以看出，该个体在出行过程中的基站连接距离波动程度显著增加。即仿真结果不再是仅连接轨迹点周边距离较近的通信基站，而是有可能连接到距离较远的通信基站。虽然仿真结果与真实的基站连接情况仍然有差异，但是已经能在一定程度上模拟实际通信环境偶然因素导致的基站连接距离波动现象。

(a) 真实出行轨迹及通信基站连接情况

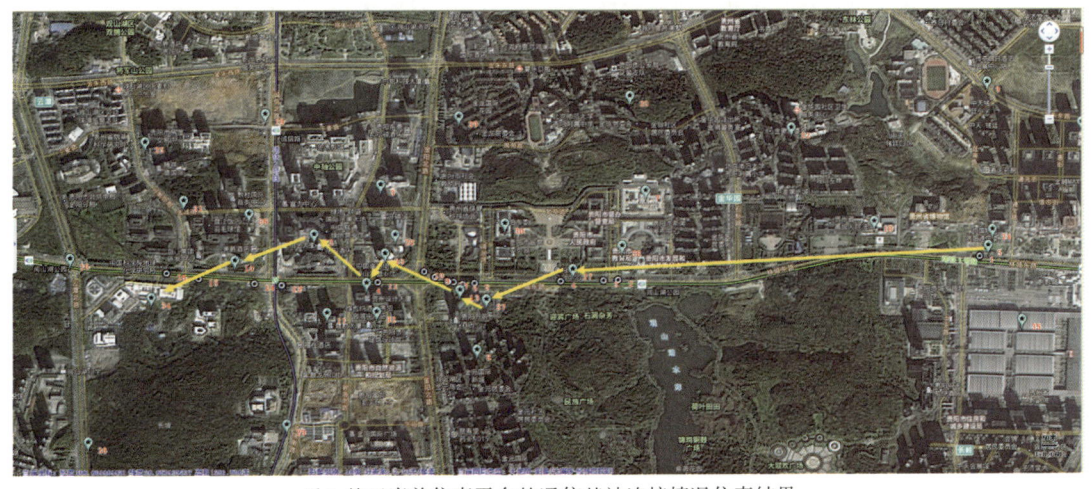

(b) 基于当前仿真平台的通信基站连接情况仿真结果

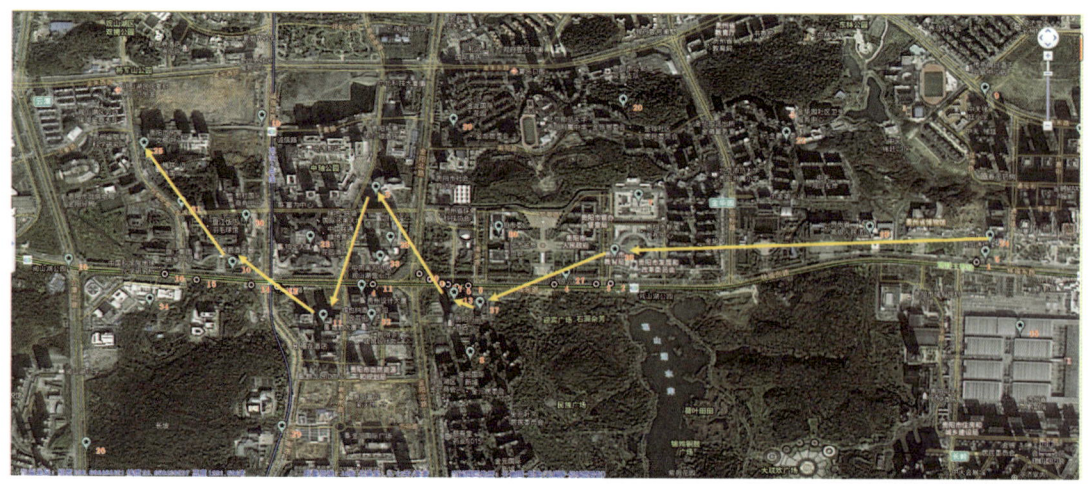

(c) 基于改进后仿真平台的基站连接情况仿真结果

图 7-4　手机信令数据仿真平台改进效果对比

随后,本书进一步从集计角度对手机信令数据仿真平台的改进效果进行测试与验证。本书继续以志愿者真实出行路线为基础,通过优化后的仿真平台重新仿真得到1 000条出行轨迹。图7-5所示为优化的仿真轨迹点坐标与对应通信基站坐标间的距离误差。可以看出,由于优化后的仿真平台引入了通信基站连接距离约束,大约有70%的数据定位误差在400 m以内,即仿真得到的手机信令数据定位误差与真实数据的定位误差更加接近,在定位误差分布规律上呈现出更高的一致性。这保证了后续基于仿真数据的出行信息识别模型评估结果更加客观。

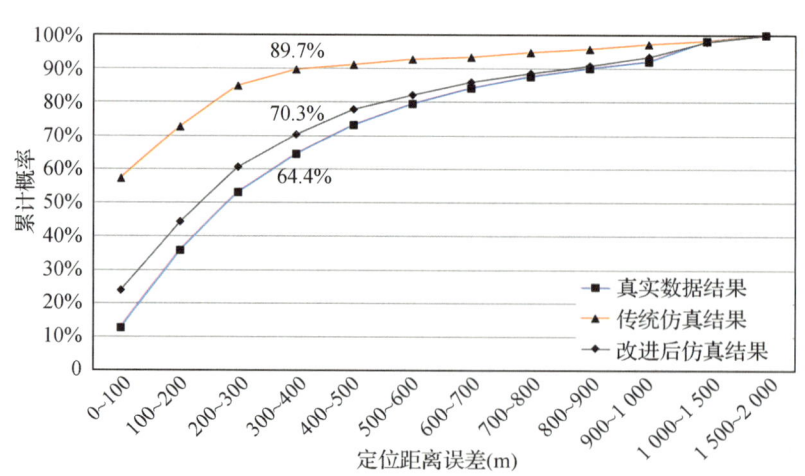

图 7-5　改进后的手机信令数据仿真平台效果对比

不可否认的是,无论是交通仿真还是移动通信信号仿真,其都是基于现实场景数据构建的理想模型。尽管本书提出的优化仿真平台在通信基站布局、数据产生频率和空间定位误差等方面尽量与真实情况保持一致。但由于真实环境更加复杂多样,优化仿真平台仍难以完全复刻真实的通信环境。但考虑在后续对关键技术参数(通信扰动、基站密度等)敏感性分析中,研究目标多是在某固定通信场景下改变相关技术参数,以分析技术方法识别效果的变化趋势。因此,优化的仿真平台作为某种较为理想的通信环境,能够满足技术参数变化对识别效果趋势影响分析的要求。

7.2 定位频率对交通出行信息识别的影响

7.2.1 不同定位频率下手机信令数据特征

定位频率是手机信令数据定位质量的重要影响因素,决定个体出行活动轨迹信息被记录的频繁程度,从而影响识别技术应用效果。本书以相邻数据的平均时间间隔反映一组手机信令数据的定位频率。当定位频率比较低的时候,例如相邻数据的时间间隔超过了1h,那么,居民在这1h内的出行活动信息无法从手机信令数据中识别出来。早期2G移动通信环境下,有学者对话单数据(一种早期手机信令数据)的定位频率进行统计,发现相邻数据的平均时间间隔达到了8.2h。如此低的定位频率自然无法实现个体交通出行信息的提取。然而,随着移动通信技术的发展,根据本书第3.2节的统计结果,当前手机信令数据的平均定位频率已经达到小于60s的水平,其中位数甚至能达到20s以内。在这种定位频率下,居民在城市中开展各类活动产生的时空位置变化能够被手机信令数据充分地捕捉和记录下来。随着5G移动通信技术的普及,手机信令数据的定位频率有望得到进一步的提高。

本书对同步数据采集试验中某志愿者在2019年12月19日产生的手机信令数据进行随机抽取,以展示不同定位频率手机信令数据的时空分布特征。该志愿者该日产生1083条手机信令数据,本书在此基础上随机选择814条、543条、271条、109条和54条数据组成手机信令数据集。这五组手机信令数据集的相邻数据平均时间间隔分别约为100s、130s、200s、380s、850s和1440s。包括原始数据集在内,这六组手机信令数据轨迹的时空分布特征如图7-6所示。可以看出,当定位频率下降至原始信令数据频率的75%和50%(即814条和543条)时,虽然局部位置可能发生关键数据缺失,但是我们仍然能从轨迹点的连续程度和稀疏程度上大致判断其出行状态是停留还是移动。当定位频率下降到25%(271条)以下之后,尽管出行端点的位置仍然可以被大致看出,但大量出行过程中的数据缺失可能导致出行方式的识别精度显著下降。当日信令数据仅有54

条时,每条数据产生时的个体出行状态已难以被判别。

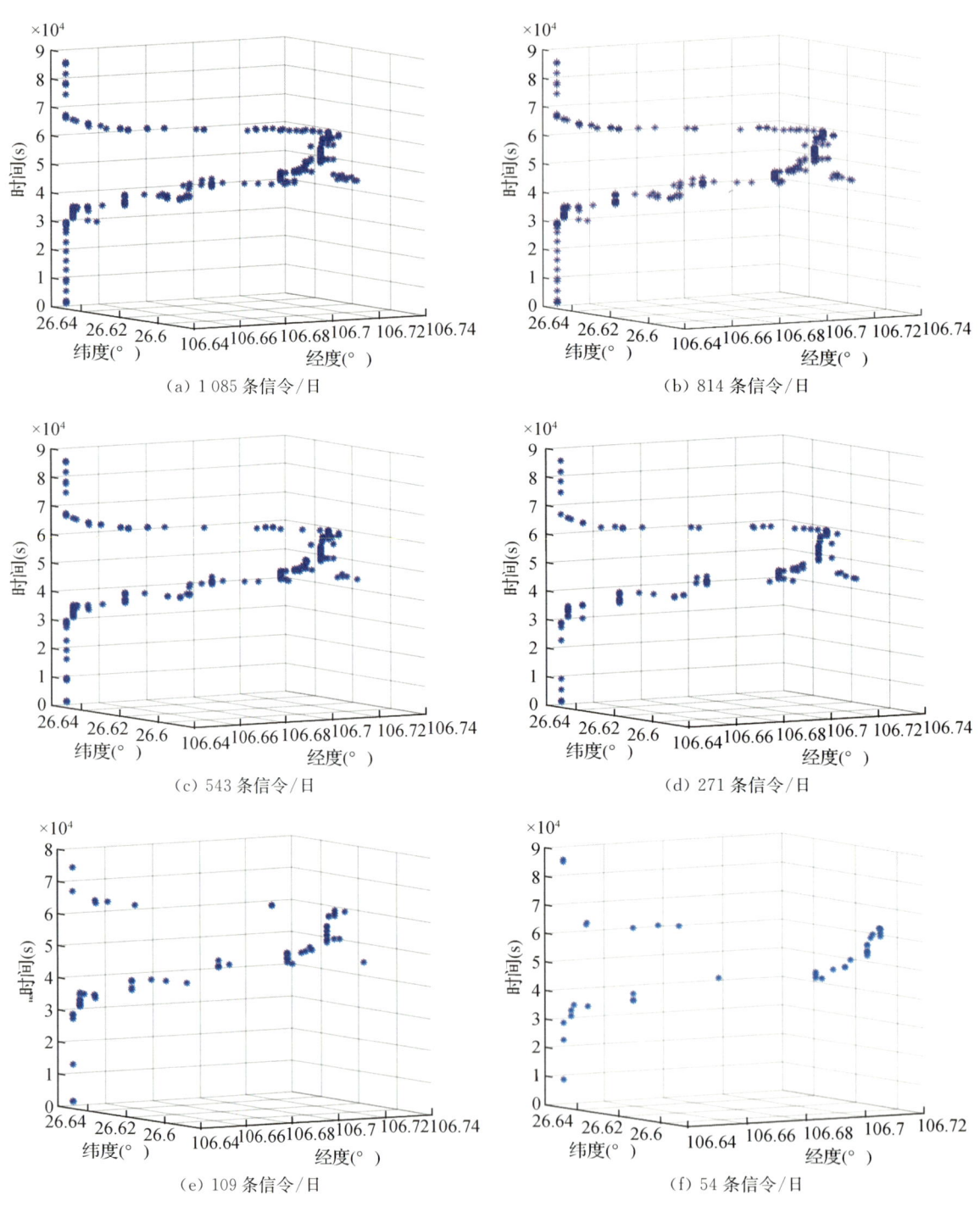

图 7-6　不同定位频率下手机信令数据轨迹示意

因此，本书对同步采集的志愿者手机信令数据集进行随机抽样处理，共获得九组稀疏化处理后的手机信令数据集，各数据集对应的定位频率分别为 50 s、60 s、90 s、120 s、150 s、180 s、240 s、300 s、600 s。基于这九组拥有不同定位频率的手机信令数据集，本书基于提出的出行端点、出行方式和出行路径识别模型，评估交通出行信息识别效果随定位频率变化的敏感性规律。

7.2.2 不同定位频率下交通出行信息识别敏感性分析

1. 出行端点识别敏感性分析

本节以识别效果最优的随机森林算法为例，分析出行端点识别敏感性。图 7-7 展示了基于不同定位频率手机信令数据集的出行端点识别查准率和查全率识别结果。总的来看，随着定位频率从 50 s/条下降至 600 s/条，查准率与查全率均呈现下降趋势。查准率在定位频率大于或等于 90 s/条时较为稳定，保持在 90% 左右，而在定位频率低于 90 s/条后开始出现明显下降。查全率则呈现较为明显的下降趋势。从下降幅度来看，查准率下降 27.3%，查全率下降 47.5%，可见查全率对定位频率体现出更高的敏感性。这主要是因为随着定位频率逐渐降低，大量短时停留的非通勤端点产生的手机信令数据在时空分布上更加稀疏，其速度、密度等特征属性无法与步行等慢速出行的特征属性区分开，导致该类端点被漏识别的比例越来越高，从而显著影响了查全率。而随着定位频率下降，模型识别出来的端点更多的是居家或办公等停留时间较长的出行端点。这部分出行端点长时间且更稳定地连接周边的通信基站，对应的速度、密度、POI 变化情况等特征属性较为稳定。即使定位频率下降，这部分出行端点的特征属性也和其前后出行段的特征属性存在较为明显的差异，因此其对定位频率体现出更低的敏感性。这也是在相同频率下查准率高于查全率的主要原因。

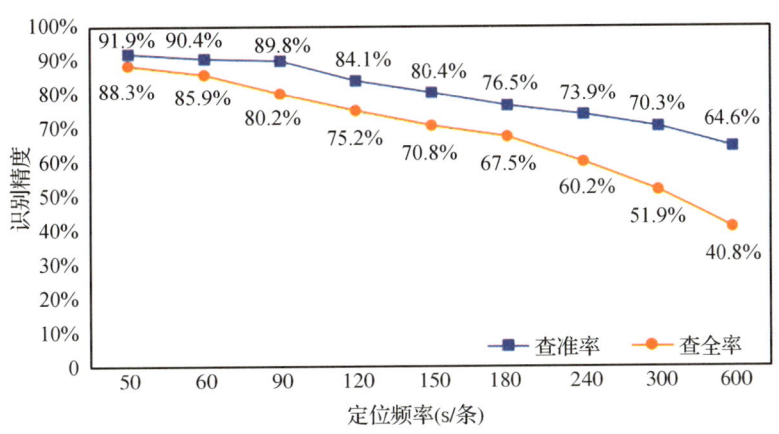

图 7-7 不同定位频率下出行端点查准率和查全率识别结果

图 7-8 和图 7-9 展示了不同定位频率下出行端点识别时间误差和距离误差的识别结果。可以看出，随着定位频率降低，出行端点的到达时间和离开时间的识别误差均呈现上升趋势，到达时间误差由 8.1 min 上升至 20.1 min，离开时间误差由 7.2 min 上升至 15.2 min。原因主要是定位频率降低后，出行端点处产生的首末信令轨迹点与实际到达和出发时刻间的时间差增大。而随着定位频率降低，出行端点的识别距离误差呈现下降趋势，这与根据经验预想的变化趋势相反。经过详细研究后发现，随着定位频率降低，居家或办公类的出行端点在识别结果中的占比越来越高。这部分出行端点在停留期间活动范围小，定位精度相对较好，导致出行端点的距离误差表现出随定位频率降低而提高的趋势。

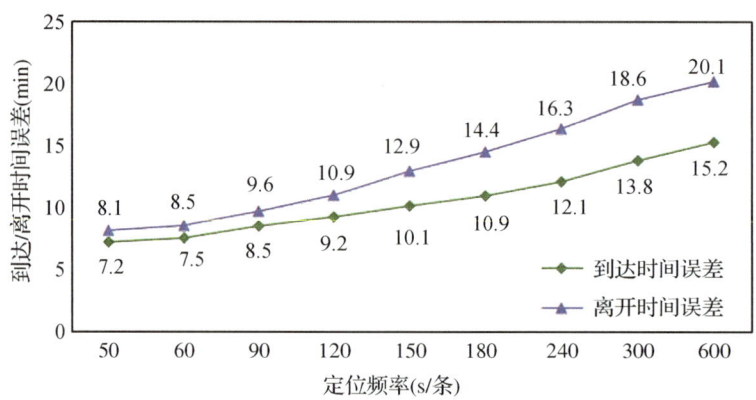

图 7-8 不同定位频率下出行端点到达/离开时间误差识别结果

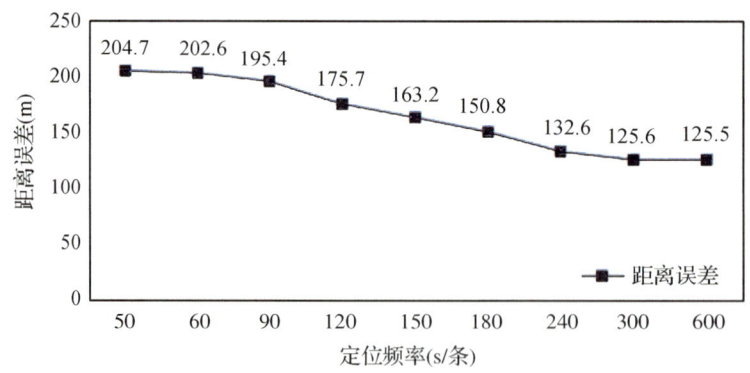

图 7-9 不同定位频率下出行端点距离误差识别结果

2. 出行方式识别敏感性分析

本书以综合评价指标 F-score 为对比指标，分析不同定位频率手机信令数据集的出行方式识别结果差异。图 7-10 展示了不同定位频率下交通方式识别结果的 F-score 变化。可以看出,随着定位频率的降低,各交通方式的识别精度均呈现下降趋势。当定位频率由 50 s/条降低至 600 s/条时,步行和汽车的 F-score 分别由 94.9% 和 93.9% 下降至 72.2% 和 69.9%,各自下降 22.7% 和 24%;而非机动车与公共交通的 F-score 分别由 87.5% 和 83.3% 下降至 54.4% 和 47.5%,各自下降 33.1% 和 35.8%。由此可见,四种交通方式对定位频率的敏感性并不相同。步行和汽车对定位频率的敏感性相对较小,而非机动车与公共交通的敏感性相对较大,其中公共交通的敏感性最高。这可能是由于步行与汽车在平均移动速度及出行距离方面与其他两种交通方式存在较大差异。即使定位频率降低,GRU 神经网络也能够通过总体出行距离和平均速度等基本特征准确识别步行与汽车出行。非机动车在移动速率与出行距离等特征方面与公共交通存在重叠范围,公共交通则在移动速率与出行距离等特征方面与非机动车、小汽车均存在重叠范围。当手机信令数据定位频率降低时,非机动车和公共交通出行时的手机信令数据轨迹越来越稀疏,其提取的速度、距离等出行特征越来越相似,对应的识别精度也显著下降。

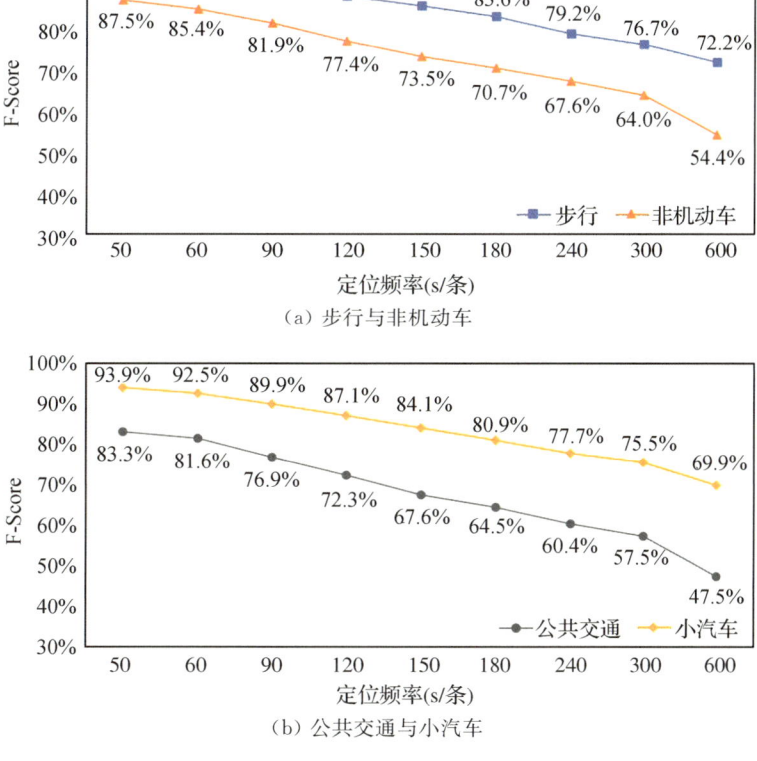

图 7-10 仿真实验下不同定位频率下交通方式识别结果仿真

从定位频率来看,当定位频率高于 60 s/条时,四种交通方式的识别精度均大于 80%,识别效果基本保持稳定。当定位频率低于 60 s/条后,四种交通方式的识别精度会较为明显地下降。当定位频率低于 300 s/条后,识别模型对非机动车和公共交通的识别精度将分别下降至 64.0% 和 57.5%,识别结果基本失去实际应用价值。当定位频率下降至 600 s/条后,识别模型对非机动车和公共交通的识别结果已经进一步降低至 50% 左右,已经失去模型构建的意义和价值。

手机信令数据是交通大数据中最有望实现全面、动态、连续监测居民出行活动特征的大数据类型,具有重要的应用价值和潜力。与此同时,如第 4.2 节所述,手机信令大数据的数据量也非常庞大,这也导致在基于手机信令数据的城市级大数据平台应用中,手机信令数据集会带来非常高的计算资源消耗和分析成本。因此,从节约计算成本、提高计算效率和保证计算精度等多角度出发,大数据平台在预处理时,可以考虑只选取定位频率满足筛选阈值要求的用户个体进行出行信息提取和分析。基于图 7-10 展示的敏感性结论,本书认为,可以将 60~120 s/条作为相对最优的用户筛选阈值。一方面,根据第 3.2.2 节图 3-9 所示,信令数据日平均定位频率高于 120 s/条(即白天时段信令条数大于 450 条)的用户占全体用户比例达到 57%。因此将定位频率低于 120 s/条的用户排除在大数据分析对象以外,能够同时保证大数据分析的样本量、准确性和客观性。另一方面,对于定位频率高于 60 s/条的用户,平台可以考虑将其数据稀疏化至 60 s/条。这样,既能保证分析结果的准确性不受影响,又能提高整体计算效率,减少计算资源消耗。

3. 出行路径识别敏感性分析

为探索出行路径识别算法失效的定位频率阈值,本书进一步对同步采集的手机信令数据进行随机稀疏化处理,额外增加两组定位频率分别为 720 s 和 900 s 的手机信令数据。本书基于提出的出行路径识别模型,对不同定位频率的数据集进行分析,并统计路段查准率、路段查全率和距离准确率三项指标,结果如图 7-11 所示。可以看出,当定位频率高于 180 s/条,即相邻数据的平均时间间隔小于 3 min 时,三项评价指标下降幅度均较小。路段查准率、路段查全率和距离准确率分别从 87.6% 下降至 85.4%、从 80.7% 下降至 77.3% 和从 79.4% 下降至 76.5%,均在 3% 以内。当定位频率大于 180 s/条后,三项评价指标才开始显著下降。当定位频率达到 900 s/条后,三项评级指标均下降至 50% 左右。

若以相关指标低于 50% 作为识别模型失效的评价阈值,则本书提出的出行路径识别模型在手机信令数据定位频率下降至 900 s,即相邻手机信令数据时间间隔大于 15 min 后,将会失效。与出行端点识别失效临界值 300 s 和出行方式识别失效临界值 900 s 相比,出行路径识别模型对于定位频率的鲁棒性更强,敏感性相对较小。其主要原因可能是由于 4G 手机信令数据定位频率较高,居民在城市中出行时会经常出现多条手机信令

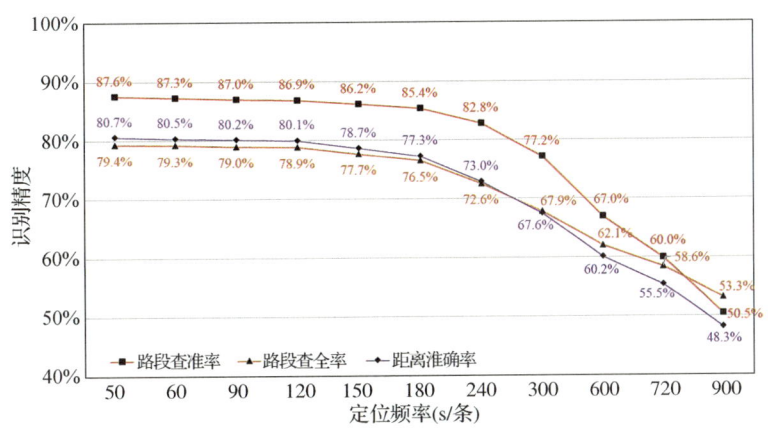

图 7-11 不同定位频率下出行路径识别结果仿真

数据对应同一个路段的情况。这种情况下，即使手机定位频率下降，例如多条手机信令数据稀疏化为一条数据，该条数据对应的路段还是有可能被识别出来，因此，居民完整的出行路径也仍有较大概率能够被识别出来。这也是手机信令数据定位频率从 50 s 下降至 180 s 时路段查准率、查全率和距离准确率变化幅度并不大的重要原因。

7.3 通信基站密度对交通出行信息识别的影响

7.3.1 不同基站密度下手机信令数据特征

基站密度是手机信令数据定位质量的另一个重要影响因素。手机信令数据只能以基站位置坐标代替居民真实位置坐标，二者之间的距离可以看作是手机信令数据的定位误差。如第 3.2 节所述，中心城区、新区、郊区等不同区域的基站密度存在较大差异。基站密度越高的区域，手机信令数据的定位误差越小，更有可能提高对出行端点等出行信息的识别效果。而在基站密度低的区域，每个基站的服务覆盖范围较大，甚至可能达到 2 km 以上。在这种情况下，短距离出行有可能只途经少数几个基站，甚至可能只在一个基站的服务覆盖范围内完成。此时，基站间没有发生切换，该次出行也就无法被识别出来。因此，研究不同基站密度下对出行端点、出行方式等出行信息的识别效果，对于手机信令数据在不同城市环境下的实际应用具有指导意义。

本书以每平方千米内通信基站的个数作为基站密度的衡量指标。图 7-12 展示了四种基站密度水平的通信蜂窝小区覆盖范围仿真结果，分别为 200 个/km^2、150 个/km^2、100 个/km^2 和 50 个/km^2。可以看出，每个基站的覆盖范围并不是理想的六边形，而是根据周边通信环境呈现不规则的形状,且相邻通信基站的服务范围边界呈现锯齿状的交错形态。这符合真实客观环境下的基站覆盖范围波动现象。当基站密度较高时,每个基站的覆盖范围较小,个体定位精度较高。随着基站密度下降,每个基站的覆盖范围逐渐变大,个体定位精度随之下降。其中,红点代表了出行端点位置。如图 7-12(a)所示,当基站密度为 200 个/km^2,即使该个体连接了周边其他距离更远的基站,如出行端点东北侧蓝色覆盖范围的基站,其定位误差也相对较小。相反地,当基站密度为 50 个/km^2,即使个体在出行端点处稳定连接距离最近的基站,如图 7-12(d)中黄色覆盖范围的基站,其定位误差也相对更高。因此,通信基站密度对手机信令数据的定位精度具有直接和显著的影响,进一步影响个体交通出行信息的识别精度。

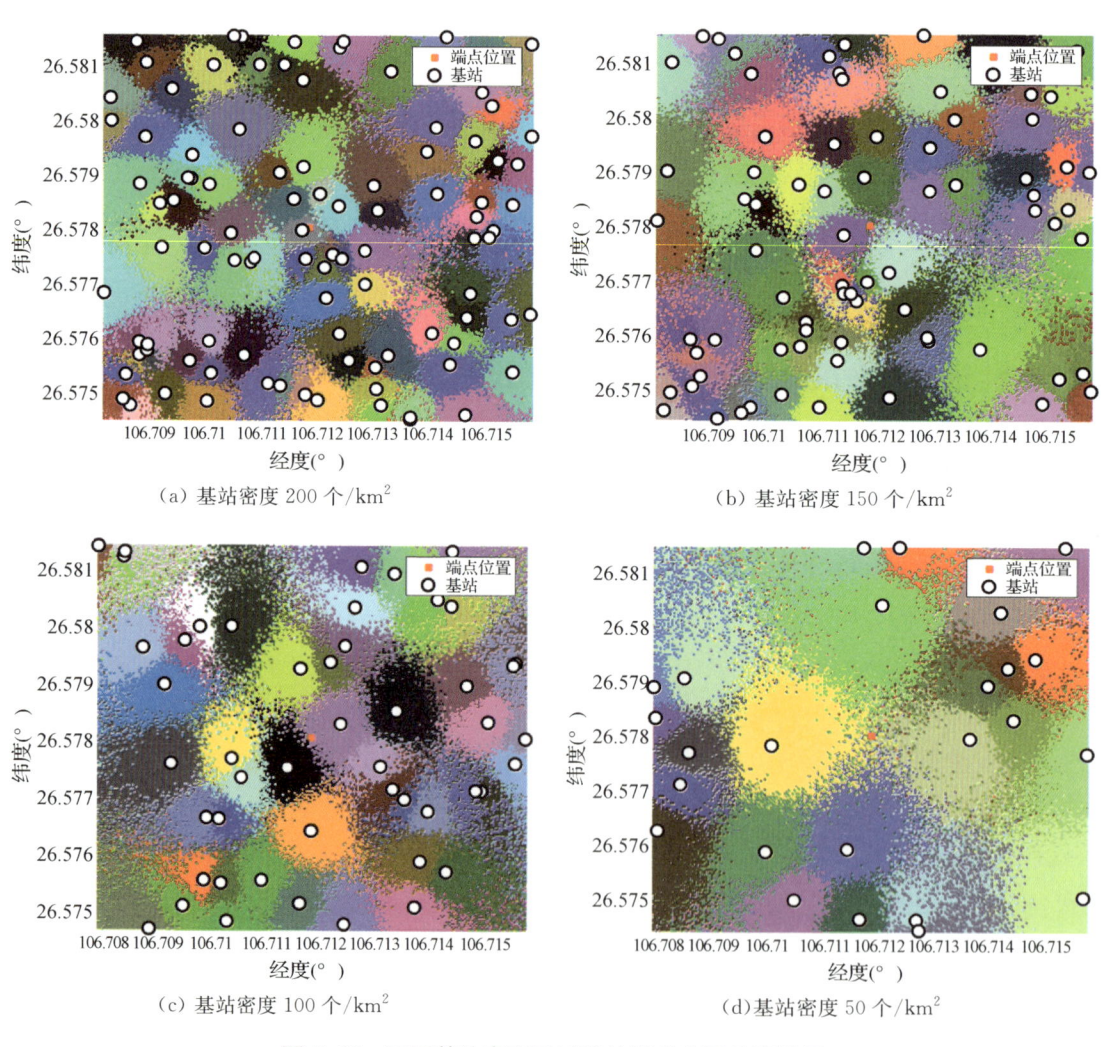

图 7-12 不同基站密度区域基站覆盖范围仿真结果

本书进一步利用构建的"通信—交通"仿真平台构建各种基站密度环境，研究个体出行信息识别效果随基站密度的变化规律。由于出行端点是由个体在某个区域长时间停留产生，因此其可以根据停留区域周边基站密度进行分类和敏感性研究。对于出行端点识别的敏感性分析，本书构建了12种基站密度区域，基站密度以50个/km^{2}为步长，呈现从0个/km^{2}到600个/km^{2}不等的情景。而出行方式和出行路径识别涉及个体在城市中的不断移动过程，一次出行属于哪种基站密度区域难以精确定义。因此，对于出行方式和出行路径识别的敏感性分析，本书根据基站密度分布实际情况，研究城市中心区（400～600个/km^2）、城市新区（200～400个/km^2）、城市郊区（0～200个/km^2）三类区域对出行方式和出行路径识别精度的影响趋势。

7.3.2　不同基站密度下交通出行信息识别敏感性分析

1. 出行端点识别敏感性分析

本书以识别效果最优的随机森林算法为例，分析通信基站密度对出行端点识别的敏感性。本书开展的数据同步采集实验基本覆盖了贵阳市所有密度区域，但是由于出行人数与实验规模有限，部分区域采集到的样本量较少。因此，本书根据志愿者真实出行路线在手机信令数据仿真平台中进行路径加载，利用仿真平台生成不同基站密度下的手机信令数据集，并对出行端点识别结果进行统计分析。其中，基站密度以50个/km^{2}为步长，从0～600个/km^{2}划分为12个区间。本书在统计所有端点所在区域的基站密度后，再分别统计对应的基站密度区间的识别结果。

图7-13展示了不同基站密度下出行端点识别查准率与查全率的变化情况。随着通信基站密度上升，查全率呈现从78.3%增加至91.6%的逐步上升趋势。当基站密度较低时，若两个相邻的出行端点距离较近，这两个出行端点可能会连接同一个基站，造成端点漏识别现象发生。而随着基站密度增加，个体在两个出行端点处可能分别连接不同的基站，漏识别现象得以减少，出行端点的查全率出现提升。随着基站密度上升，查准率发生先下降后上升的现象。这是因为当连接基站的覆盖范围较大时，个体停留时大部分情况下只能稳定地连接该基站，不会触发频繁切换，也较少产生出行端点多识别现象。随着基站密度增加，个体在停留期间连接周边多个基站的概率增加，可能发生一个端点被识别为两个或更多的情况，从而导致查准率降低。随着基站密度继续上升，虽然个体可能连接周边多个基站，但是这些基站距离较近，手机信令数据对应的速度、密度、POI变化情况等特征属性也更加稳定，查准率将持续上升。

图7-14和图7-15展示了仿真环境下不同基站密度的出行端点识别时间误差和距离误差的变化情况。从图7-14可以看出，随着基站密度不断增加，到达时间和离开时间识别误差逐渐降低，分别从8.3 min和10.6 min下降至5.3 min和6.8 min，下降幅度分

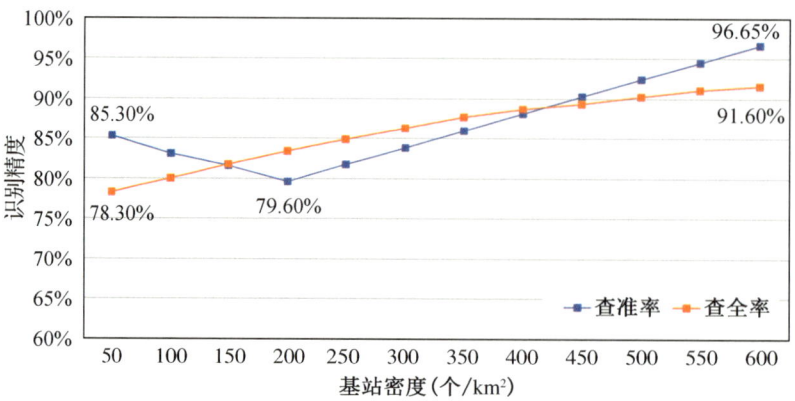

图 7-13　不同基站密度下出行端点查准率和查全率识别结果仿真

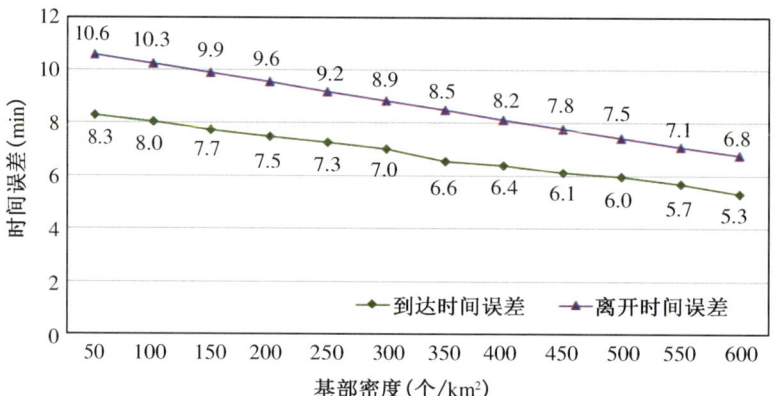

图 7-14　不同基站密度下出行端点到达/离开时间误差变化仿真实验

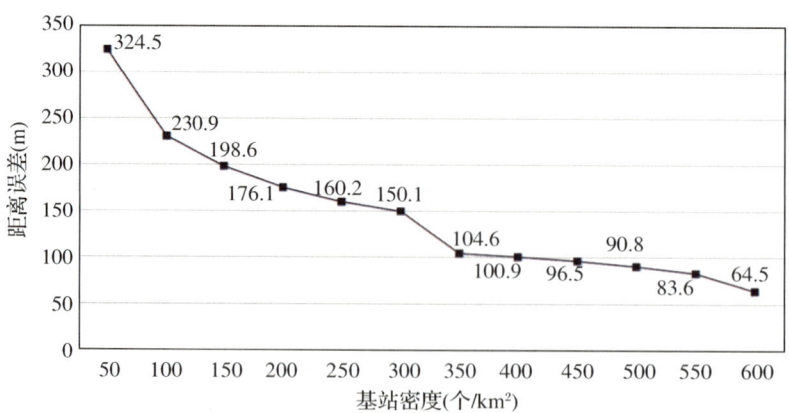

图 7-15　不同基站密度下出行端点距离误差变化仿真实验

别为 3.0 min 和 3.8 min。从图 7-15 可以看出，随着基站密度逐渐增加，出行端点识别结果的平均距离误差呈现下降趋势。误差从 $[0,50]$ 个/km^2 环境下的 324.5 m 下降至 $[550,600]$ 个/km^2 环境下的 64.5 m。这是因为基站密度增加，定位误差逐渐减小，识别的出行端点位置与真实位置距离越来越近。总的来看，时间误差对于基站密度的敏感性更小，距离误差对于基站密度的敏感性更大。

2. 出行方式识别敏感性分析

根据真实通信基站的分布情况，本书分别选择城市中心区（400~600 个/km^2）、城市新区（200~400 个/km^2）、城市郊区（0~200 个/km^2）三类区域进行手机信令数据仿真。其中，中心城区包括云岩区和南明区，城市新区主要为观山湖区，城市郊区包括乌当区和花溪区。根据志愿者真实出行路线和相关路况信息，本书首先在相关区域加载道路流量和出行轨迹，生成手机信令仿真数据。随后本书基于提出的出行方式识别模型，对不同基站密度区域的手机信令数据集进行分析。

本书以综合评价指标 F-score 为对比指标，分析不同定位频率手机信令数据集的出行方式识别结果差异。不同城市区域（基站密度）的出行方式识别结果如图 7-16 所示。总的来看，出行区域的基站密度越高，出行方式识别效果越好。在基站密度高的区域出行时，个体手机会频繁产生通信基站间的切换，位置轨迹变化信息能够被详细记录，以充分反映不同出行方式在出行距离、出行时间、移动速率和基站连接频率等特征方面的差异。而基站密度低的区域中，每个基站的覆盖范围较大，个体手机出行时连接的通信基站个数较少，不同交通方式之间的移动速度等特征差异无法充分反映，识别效果也相对较低。从结果来看，不同区域之间的交通出行方式识别精度变化幅度在 10% 以内。这说明出行方式识别对基站密度区域的敏感性相对较小，其主要原因是本书提出的出行方式识别模型考虑了每次出行 OD 之间的距离、时间和平均速度等信息。由于 OD 间的出行距离、出行时间和平均速度本身就能够在一定程度上反映不同交通方式之间的差异，因此，即使基站密度降低，不同出行之间的 OD 类特征信息也能够在一定程度上保证出行方式识别结果的准确率，即提升了模型的识别效果和鲁棒性。

表 7-1 给出了不同交通方式在不同城市区域的识别结果。可以看出，从中心城区到城市郊区，四种出行方式的识别效果变化趋势并不一致。其中，步行的平均识别精度下降最大，下降幅度为 14.6%。经研究后发现，随着基站密度下降，步行距离能够覆盖的基站个数也越来越少。在基站密度极低的情况下，步行可能只经过个别基站，甚至有可能只在一个基站的范围内活动。这种情况导致步行无法被识别出来，从而使得城市郊区的步行识别效果会显著降低。相反，由于郊区快速路、主干路或公路较多且路况较好，相较于公交车，小汽车在郊区的平均移动速度优势更大。因此，小汽车在三类区域的识别效果差异并不明显，整体识别效果仅下降约 2.3%。基于类似的原因，在郊区等基站密度较

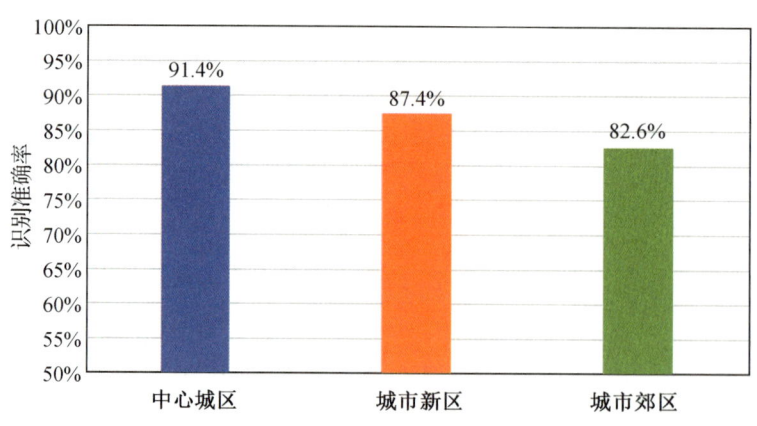

图 7-16 不同城市区域的交通出行方式仿真实验识别结果(F-score)

低区域,公共交通比非机动车在出行速度、出行距离等方面的优势更加明显,更容易被识别出来,因此,公共交通的整体识别效果较非机动车更优。

表 7-1 不同城市区域出行方式仿真实验识别结果(F-score)

区域	步行	非机动车	公共交通	小汽车
中心城区	96.10%	90.30%	85.10%	93.90%
城市新区	90.20%	83.70%	82.90%	92.50%
城市郊区	81.50%	78.20%	78.80%	91.60%

3. 出行路径识别敏感性分析

与上一节所得出行方式识别敏感性分析相似,本书基于提出的"通信—交通"一体化仿真平台,分别选择城市中心区(400～600 个/km²)、城市新区(200～400 个/km²)、城市郊区(0～200 个/km²)三类区域对出行路径识别效果的变化规律进行研究。

除基站密度外,不同的城市区域在道路网络密度、交通流状态等特征方面也存在显著差异,而这些特征对出行路径的识别结果均存在一定影响。表 7-2 列出了以路段查准率、路段查全率和路段准确率作为评价指标,不同区域的出行路径识别结果统计结果。一方面,从中心城区到城市郊区,路段查全率和距离准确率均略有下降,总体下降幅度在 3% 以内。相较于出行端点和出行方式,出行路径识别总体上对于通信基站密度和城市区域类型的敏感性较低。由于城市中心区的通信基站密度较高,个体出行信令数据被频繁地记录,能够较密集地反映出行个体在城市路网中的移动轨迹。在城市郊区,虽然较低的基站密度使得个体出行轨迹的空间解析度显著下降,但是,城市郊区的路网密度也相对较低,出行路径的识别难度也相应下降。因此,不同城市区域的出行路径路段查全率和距离准确率的识别结果差异并不显著。另一方面,从路段查准率指标来看,城市郊区的路段查准率反而高于中心城区和城市新区。经过分析后发现,城市郊区路网密度较低,道路类型主要以快速路、主干路和公路为主,个体的平均出行速度较高,各路段间的转换关系较为明确,因而城市郊区的出行路径不容易出现多识别。同时,个体在郊区的出行距离一般较长,且城市郊区的通信基站通常沿道路两侧布设,基站布局形态有利于出行路径的识别。因此,各类因素的综合叠加使得城市郊区出行路径的路段查准率高于中心城区和新区。

表 7-2　不同城市区域出行路径仿真实验识别结果

区域	路段查准率	路段查全率	距离准确率
中心城区	88.90%	79.75%	81.82%
城市新区	89.47%	78.73%	80.03%
城市郊区	93.76%	77.86%	79.51%

7.4　基站密度与交通小区耦合影响下的 OD 精度识别影响

7.4.1　OD 识别精度的影响因素分析

出行 OD 数据反映了城市交通的出行需求与分布,是交通规划与管理的重要基础数据。在利用手机信令数据识别出行 OD 时,研究人员一般需要先识别出个体的出行停留点顺序及位置坐标,再将所有出行停留点按顺序匹配至交通小区中,最后提取出行 OD 信息。从该原理分析,通信基站密度和交通小区划分尺度都对基于手机信令数据的 OD 识别精度存在影响。

1. 通信基站密度

手机信令数据只能以基站位置轨迹近似代替个体真实轨迹,识别出的端点位置可能存在距离误差。当个体出行停留点靠近交通小区中心时,只要距离误差不超过交通小区半径,就不会产生 OD 识别误差。但是,当个体停留点位于交通小区边缘时,该距离误差就可能导致个体停留点被错误地匹配到旁边的交通小区,从而产生 OD 识别的误差。而由图 7-15 可知,随着基站密度由 600 个/km^2 减少至 50 个/km^2,该距离误差可能从 64.5 m 增加至 324.5 m,即出行端点识别的距离误差会受到基站密度的显著影响。假设交通小区范围不变,当基站密度较高时,出行端点距离误差较小,交通小区因错误匹配进而导致 OD 识别错误的概率相对较低。但当基站密度较低时,个体停留点会产生较大的距离误差,OD 识别误差的概率就会大大增加。因此,基站密度是个体出行 OD 识别精度的一个重要影响因素。

2. 交通小区划分尺度

交通小区划分尺度是影响基于手机信令数据的 OD 识别精度的另一项重要因素。对于基站密度不变的固定区域，当交通小区划分范围较大时，即使存在一定的出行端点识别距离误差，其识别得到的位置坐标也可能包含在交通小区范围内。而当交通小区划分的范围较小时，出行端点的距离误差就很容易导致识别的出行端点坐标落在其所处交通小区以外的区域，造成 OD 识别误差增大。

因此，基于手机信令数据的出行 OD 识别精度受到通信基站密度和交通小区划分尺度两大因素的耦合影响。通常情况下，这两个因素之间也存在一定的关联关系。基站密度较低的区域通常位于城市郊区或外围区域，对应的交通小区尺度通常也越大。而基站密度较高的区域通常位于城市中心区，对应的交通小区规模也相对较小。因此，对基站密度和交通小区划分尺度耦合影响下的 OD 识别精度变化规律的研究，对手机信令数据在交通小区划分和交通规划中的应用具有重要作用。

7.4.2 基站密度与交通小区耦合仿真实验

本节以贵阳市二环路内为研究区域进行分析。该区域覆盖了基站密度从 0～600 个/km²（步长为 50 个/km²）范围内的 12 种密度水平区域，能够保证仿真实验环境覆盖所有基站密度水平。为了验证基站密度和交通小区尺度两大因素对出行 OD 识别精度的耦合影响规律，本书采用变量控制方法，并利用第 4.3 节和第 7.1 节构建的"通信—交通"一体化仿真平台进行仿真实验，详细仿真步骤如下。

（1）在研究范围内搜索满足基站密度要求的网格单元。本书首先将研究区域划分为 500 m×500 m 网格，加载真实的通信基站网络分布位置数据，并计算得到如图 7-17 所示的每个网格基站密度。随后，本书以基站密度为第一个变量，在研究范围内随机搜索满足 0～600 个/km²（步长为 50 个/km²）的 12 种基站密度水平的网格。其中，每种密度水平网格选择 3 个，共计选择 36 个网格。

（2）为每个网格设置不同尺度的交通小区。本书以交通小区的半径为第二个变量，对于已经选择的任意一个网格，以该网格点中心为形心设置圆形的交通小区。交通小区半径以 100 m 为步长，逐渐增加至 3 000 m，即每个网格获得 30 种不同交通小区尺度的场景。最终，本书形成 108 个不同地理位置、不同基站密度、不同交通小区尺度的仿真环境和实验场景。

（3）为每种仿真实验情景生成停留点并仿真生成手机信令数据。对于任意仿真实验场景，本书在其交通小区范围内随机设置 100 个出行端点作为真实出行端点，随后利用构建的仿真平台生成对应的手机信令数据，并针对该仿真数据识别其停留位置，作为出行端点识别结果。图 7-18 所示为基站密度为 150 个/km² 的网格单元、交通小区半径为

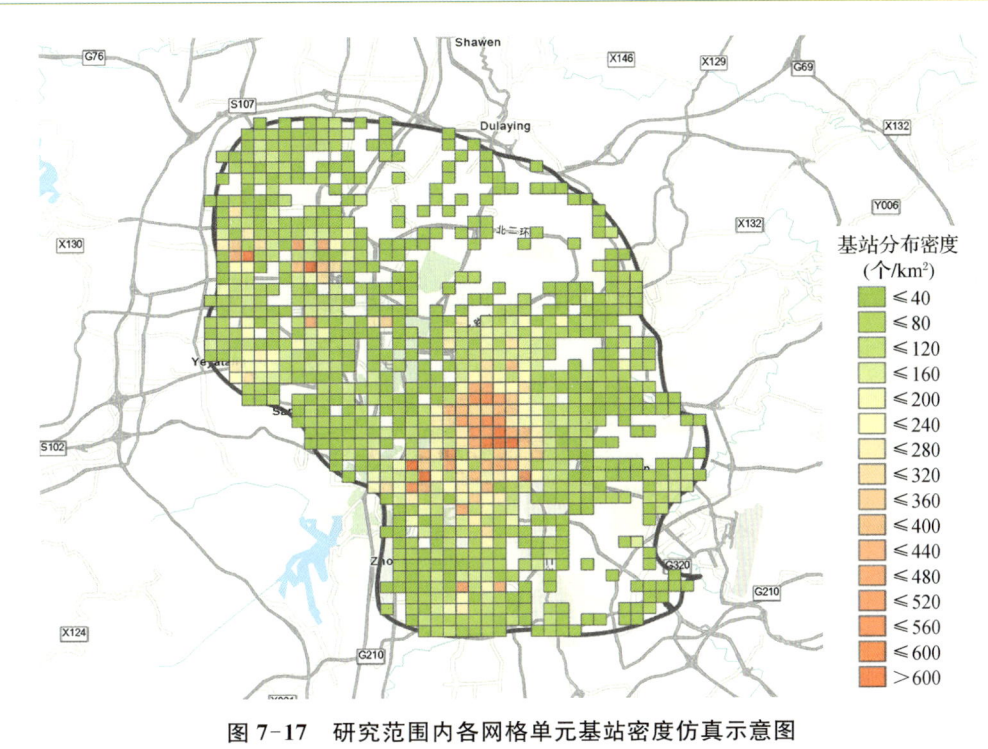

图 7-17 研究范围内各网格单元基站密度仿真示意图

300 m 场景下的部分仿真结果。其中，P_i 为真实出行端点；P_i' 为基于仿真手机信令数据识别得到的出行端点；深蓝色圆圈为交通小区边界。可以看出，由于存在识别距离误差，共有三个出行端点未被匹配到正确的交通小区内。

图 7-18 某仿真实验场景下出行端点仿真结果

（4）统计 OD 识别结果。针对所有出行端点仿真实验结果，本书分别统计在不同的通信基站密度和不同的交通小区尺度下出行 OD 的识别准确率。

7.4.3　耦合影响下的出行 OD 识别精度敏感性分析

图 7-19 所示为不同通信基站密度与交通小区半径耦合影响下的出行 OD 识别准确率的变化情况。其中每一条曲线代表一种基站密度区间，横坐标为交通小区半径，纵坐标为对应的二者耦合影响下的出行 OD 识别准确率变化趋势。由于篇幅有限，研究结果通过两张图片进行展示。

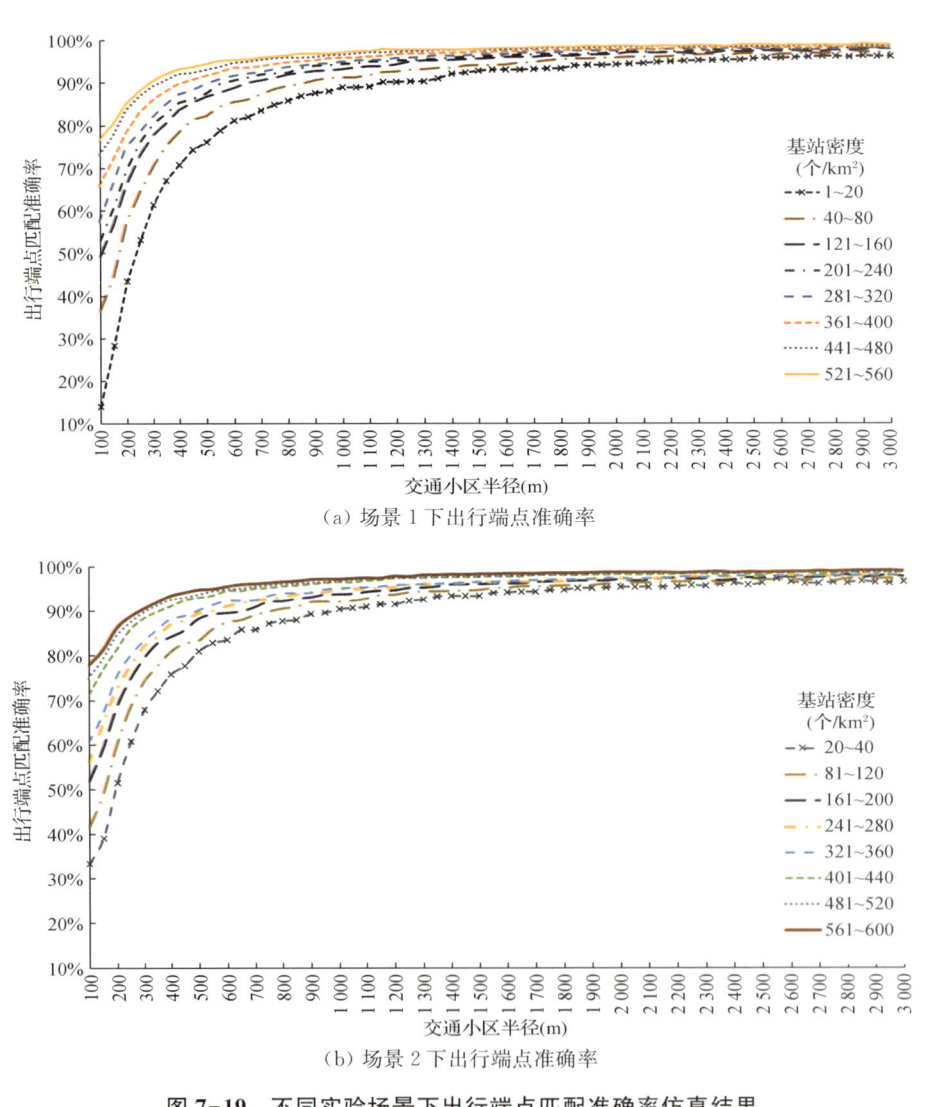

(a) 场景 1 下出行端点准确率

(b) 场景 2 下出行端点准确率

图 7-19　不同实验场景下出行端点匹配准确率仿真结果

首先，由图 7-19 可以看出，出行 OD 识别精度与通信基站密度及交通小区尺度均呈现正相关的关系。以交通小区半径为 1 000 m 为例，当基站密度从小于 20 个/km^2 增加至 600 个/km^2 时，出行 OD 匹配精度将从 88% 增加至 97%。这是由于通信基站密度越高，手机信令数据的定位精度高，使得出行端点的识别精度得到提升。以基站密度为 300 个/km^2 为例，当交通小区半径从 100 m 增大至 3 000 m 时，出行 OD 的匹配精度由 57.3% 增大至 98.2%。这是由于更大的交通小区尺度能够包容更高的出行端点距离误差，从而提升了出行 OD 的匹配精度。

其次，在同一基站密度下，随着交通小区半径的增加，出行 OD 识别精度的提升呈现"边际效益"逐渐降低的趋势。以基站数量为 160~200 个/km^2 为例，出行 OD 匹配精度由 60% 提高至 80% 时，交通小区半径需要增加 150 m；而当匹配精度由 90% 提高至 95% 时，交通小区半径则需要增加 600 m。

最后，由于通信基站密度和交通小区尺度共同影响出行 OD 的识别精度，当其中一个影响因素产生变化时，另一个影响因素也需要作相应调整才能保证交通出行 OD 的识别精度不变。即随着从城区到郊区的基站密度不断降低，只有交通小区尺度的持续增大才能保持出行 OD 的识别精度不会下降。以随机选择的三个区域为例，为了保证出行 OD 匹配精度大于 90%，老城区（594 个/km^2）、金融城（363 个/km^2）和清水江（99 个/km^2）三个区域的交通小区半径推荐最小值分别为 350 m，500 m 和 800 m。由此也可以看出，与传统的交通小区划分尺度相比，基于手机信令数据的交通小区划分方法可以生成更加精细的交通小区划分方案。即使在以清水江为代表的郊区，交通小区尺度为 800 m 时，出行 OD 识别精度也可能达到 90%。同时，手机信令数据具有抽样率更高、样本均衡性更好的优势。结合本书提出的个体出行链识别方法，未来有望实现抽样率更高、划分尺度更加精细、样本均衡性更好和 OD 识别精度更高的交通小区级出行 OD 分布信息。这一优势为利用手机大数据提升"四阶段"交通需求分析模型的精度提供了可能性。

需要注意的是，由于一次出行包含出行起点和讫点，只有当起讫点都准确匹配到交通小区中时，此次出行的 OD 才算与交通小区成功匹配。因此，若要满足一次出行 OD 识别成功的概率在 80% 以上，则每个端点的 OD 匹配准确率要高于 90%（90%×90%＞80%）。因此，在基于手机信令数据开展交通需求分析时，研究人员可根据实际需求，参考图 7-19 中所示数据选择合适的交通小区半径。

第 8 章

结论与展望

基于手机信令数据的分析是交通大数据领域有望全面实时、广域、动态追踪监测居民交通出行特征的技术。然而，尽管当前手机大数据分析成果繁多，可信度实证研究仍然比较缺乏。这造成特征提取结果可信度不足，甚至可能背离真实情况，进而可能导致判断与决策失误。因此，这类技术长期未能在业内形成足够的共识，未能被交通政府管理部门广泛采用作为可信依据，长此以往，将难以深入支撑交通理论模型研究以及交通治理决策。对此，本书综合运用识别算法优化理论研究、同步对比精度实证研究和技术敏感性仿真评估等研究方法，针对基于 4G/5G 手机信令数据的个体交通出行链信息识别模型优化和可靠度评估展开闭环技术研究，力争全面揭示客观真实环境及不同技术参数环境下的技术可靠度水平，形成一套可靠度较高且适用性较强的基于 4G/5G 手机信令数据的个体交通出行链信息提取新技术，支撑城市交通治理的精细化决策和效果评估。

在常规真实环境下，本书提出识别算法特征提取效果较优。在出行端点识别方面，提出算法的查全率和查准率分别提升 15% 以上，达到 85%～90%。通过考虑基站方位角，端点停留位置的平均距离误差从 268 m 优化至 186.7 m，误差降低约 30.3%。在出行方式识别方面，对于步行、非机动车、公交车和小汽车四种交通方式，提出算法的总体查准率、查全率和 F-score 均能达到 90% 左右，相较于既有方法提升约 6% 左右。在出行路径识别方面，提出算法的路段查全率为 79.4%，路段查准率为 87.6%，距离准确率为 80.7%，提升 10%～15%。

在此基础上，本书通过搭建"通信—交通"一体化集成仿真平台，评估不同算法对通信参数的敏感性。最终发现，出行端点、出行方式、出行路径三类出行信息对定位频率的敏感性存在显著差异。三类出行信息识别模型失效的定位频率分别为 300 s/条、600 s/条和 900 s/条。在实际应用中，本书建议以 60 s/条作为个体筛选和数据清洗的阈值，最大不宜超过 120 s/条。三类特征对基站密度表现出不同的敏感性趋势。随着通信基站密度上升，出行端点查全率呈现逐步上升的趋势，查准率则产生先下降后上升的现象，二者的最大变化幅度分别为 12.0% 和 18.3%，出行端点的距离误差则从 324.5 m 下降至 64.5 m。而随着出行区域从中心城区到城市郊区，出行方式的识别准确率下降 8.8%，体现出其对基站密度较低的敏感性。出行路径的三项评价指标则表现出更低的敏感性趋势,变化幅度在3%内。总体而言,个体出行链信息识别模型对定位频率的敏感性更高,对基站密度的敏感性相对较低。此外,出行OD识别精度与通信基站密度及交通小区尺度均呈现正相关的关系。而在统一OD识别精度水平下,两个因素间则呈现负相关趋势。

最后,本书探索了识别方法可靠度提升对城市出行特征及交通模型精度的影响规律。以基于重力模型的交通分布预测为例,本书提出大数据环境下基于粒子群优化算法的重力模型标定方法,通过优化标定过程中的模型收敛准则,提升模型精度和标定效率。对于OD样本抽样率而言,当抽样率小于30%时,重力模型的稳定性和可靠度较差。当抽样率大于40%后,重力模型预测精度和稳定性显著提高且进入收敛状态。因此,本书建议以[30%,40%]的样本抽样率为交通规划应用实践中的最佳抽样率区间。对于OD识别算法而言,其可靠度水平对于出行距离分布等模型标定需要关键参数会产生重要影响。此外,在重力模型标定和预测过程中,存在"误差叠加"的传递效应。在大数据环境下,不同可靠度算法的现状识别结果间的误差大于小样本实证数据下的算法误差,而现状识别结果间的差异又会被模型预测过程扩大,从而影响模型的预测精度,最终影响基于大数据分析结果的交通规划管理决策。因此,在出行特征识别阶段尽可能提高识别算法的可靠度,是保证后续交通模型构建效果和精度的重要基础。

后续,笔者将继续探索密集手机信令数据在如下几个方向的实践应用。

1. 基于手机信令数据的区域交通一体化预测模型分析构建

城市群、都市圈区域联合一体化发展成为当前城市发展的趋势,如成渝地区双城经济圈综合交通一体化规划、粤港澳大湾区综合交通一体化规划等区域交通规划正逐渐开始兴起。由于区域出行时间跨度长、距离范围广,区域出行链信息特征与城市出行在出行停留时长、出行时间、出行距离等指标参数方面都存在显著差异。手机信令数据可对个体区域出行进行长时间、连续性观测,通过长期数据特征挖掘,实现对各项区域出行指标的合理范围进行测算,进而精细化提取区域交通出行端点、出行OD和出行方式。同时,若提取识别的现状区域交通出行特征能够作为区域交通需求预测模型构建的基础,则有助于形成针对区域交通生成、分布和方式选择等不同阶段的模型参数标定,提升预测精度。

(1) 在区域出行信息采集方面,目前由传统出行调查缺陷所导致的模糊主观粗放式的数据质量瓶颈难以满足新时期复杂交通问题的分析需求。特别在城市群区域层面,当前仍缺乏系统数据的采集方法。大数据技术为区域出行特征分析带来契机,但多种交通数据相互校验、融合的方法仍有待探索,以形成支撑城市群交通出行特征分析的交通大数据采集与融合技术方法。

(2) 在区域规划模型体系方面,目前的模型无法实现针对城市群的区域交通需求分析。传统四阶段模型由于其集计偏差、对外部条件变化敏感度低等固有缺陷，在分析不同于城市通勤出行的区域交通方面存在较大不适应性，无法满足城市群发展进程中的区域交通规划、政策、建设和管理等一系列决策分析需要。因此，现阶段亟须探索开发适用于城市群区域的交通模型体系。

2. 融合多源数据的新一代非集计活动模型构建

随着我国城市已逐渐由大建设转向大治理阶段，区域发展也需要更加科学合理的规划方案。一方面，在个体活动及出行模式逐渐多元化的今日，从个体全出行链角度，以人为本探索分析活动变化规律与实时交通需求受到政府管理者的关注和重视。然而，传统四阶段模型忽略个人属性差异对出行选择的影响，无法解释出行行为与个人属性间的内在机理，因此，其渐渐难以适用于交通精细化治理的需要，迫切需要通过从预测理念、预测方法、模型结构及应用体系架构等多层级进行更新优化。通过深入挖掘个体出行及活动选择依据与分析流程，后续研究须从非集计角度构建完善的预测体系，并逐步向模型应用优化和管理决策拓展。最终交通需求分析手段将从理论层面、实践层面进行探索革新。另一方面，移动通信技术的飞速发展使得现阶段手机信令等大数据具有理想的观测时间长度与覆盖广度，基本能够长期、动态、高效识别个体全日活动链特征。但目前基于单一手机数据的交通分析成果还无法对城市现阶段密集路网环境下多元化、复杂化出行行为的深入探索，难以应用于全部出行情况。因此需要以手机数据为基础，深入融合刷卡、GPS等多源感知大数据，实现具有综合交通方式出行链特征的大规模动态提取，为活动模型等交通模型演进与优化提供有力支撑。

对此，后续实践研究方向将在基于4G/5G高密手机信令等交通大数据的出行链特征提取基础上，以新一代基于活动的非集计交通模型为目标，构建并实证优化手机数据驱动的交通活动模型和基于大数据的活动决策与微观行为仿真平台。研究将充分实证探索适用于我国多样化城市规模、出行模式及特征的需求分析理论及模型技术体系，分析活动模型对我国交通需求分析治理适用性，最终探索形成能够替代城市四阶段法进行城市交通需求分析的模型理论及手段，评估交通规划方案与治理的管控措施。

3. 融合手机信令数据的道路交通出行碳排放监测研究展望

道路级碳监测对促进交通结构优化、引导居民出行向低碳转型具有重要价值意义。现阶段，既有技术手段难以实现道路级碳排放和个体出行全方式碳排放的科学有效测算。道路级碳排放监测的实现依赖精确和全样的道路交通运行特征、车速和路径识别结果，然而，浮动车、线圈、视频等数据通常难以持续、准确、全样监测道路交通特征参数。例如，浮动车数据相关分析技术已经比较成熟，但其覆盖率通常较低。目前，这方面可供使用的数据仅有出租车、部分公交车、两客一危车辆（即旅游包车，三类以上班线客车，运输危险化学品、烟花爆炸、民用爆炸物品的道路专用车）、网约车和其他特种车辆，而占道路交通绝大多数的私家车运行特征往往难以掌握。随着5G技术的迅速发展,以手机信令为主、融合浮动车等多源数据的道路交通流特征和车辆运行特征提取技术成为可能,其识别精度也有望大大提升。在此背景下,面向交通出行碳排放实时监测需求,探索高密度手机信令数据条件下的交通流参数提取技术成为当前主要研究的热点之一,这有助于为行业管理部门制定低碳交通政策提供支撑。此外,在识别个体出行特征的基础上,依托手机信令数据全链条、全天候的特点,探索科学核算个体出行碳排放和减碳量相关方法论也具有重要的研究价值,这对摆脱现阶段碳普惠积分机制的简单粗暴无奈之举具有重大推进。同时,该研究也对提升碳普惠机制的吸引力有重要支撑作用,更有助于交通出行领域"碳达峰、碳中和"目标的顺利实现。

4. 交通大仿真体系构建与应用展望

在经历几十年的快速发展时期后,我国城市规模和功能形态结构都逐渐趋于稳定,如何构建适用于我国城市发展特色的标准化交通特征分析预测的技术工具和仿真构架成为行业关注。然而,目前这类平台多仅针对城市局部范围,模拟的交通参与者数量有限,仿真数据类型也相对单一,因此其难以有效适用于我国现阶段复杂交通环境,无法实证评估不同交通政策的实施方案效果,也无法为政府进行精细化交通应急管控、交通治理决策、交通规划以及行业制定相关方案建议。

对此,本书提出如图8-1所示的交通大仿真体系构想。该体系通过融合微观交通流仿真、多代理活动链仿真、网络数据仿真与移动通信事件仿真等多源交通大数据模型及仿真平台,构建多场景、全方位的综合性大仿真体系。该体系不仅可以为优化改进相关交通模型提供数据支撑和敏感性评估手段,还可以支撑政府进行精细化交通应急管控、交通治理决策以及行业相关方案的建议制定。

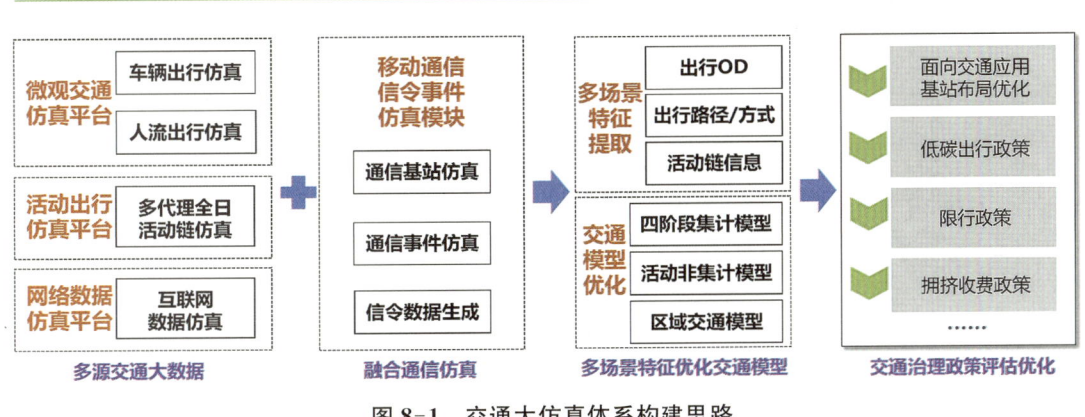

图 8-1 交通大仿真体系构建思路

多源交通大数据仿真模块是本交通大仿真体系构成的核心。该体系首先包括常用的微观交通仿真平台，以实现小区域路网级别车辆、行人的微观驾驶、移动行为等的模拟，从而获取交通流速度、密度、流量等交通流参数。其次，该体系包含基于多代理（Multi-agent）的全日多模式活动仿真平台，可以从宏观、中观、微观全角度，精细、动态模拟个体层级未来全日多模式活动及出行信息，仿真每个时刻下的个体活动状态、路网流量等特征。基于此，该仿真体系可以进行城市任意区域、场景下交通出行特征信息提取。借助上述仿真得到的交通出行特征信息，相应的交通模型可以得到进一步优化，如传统四阶段交通需求预测模型、基于活动的交通模型以及区域交通模型等。最后，多种交通治理政策评估优化得以实现，包括面向交通应用的通信基站布局优化、低碳出行政策、拥挤收费以及限行政策等。

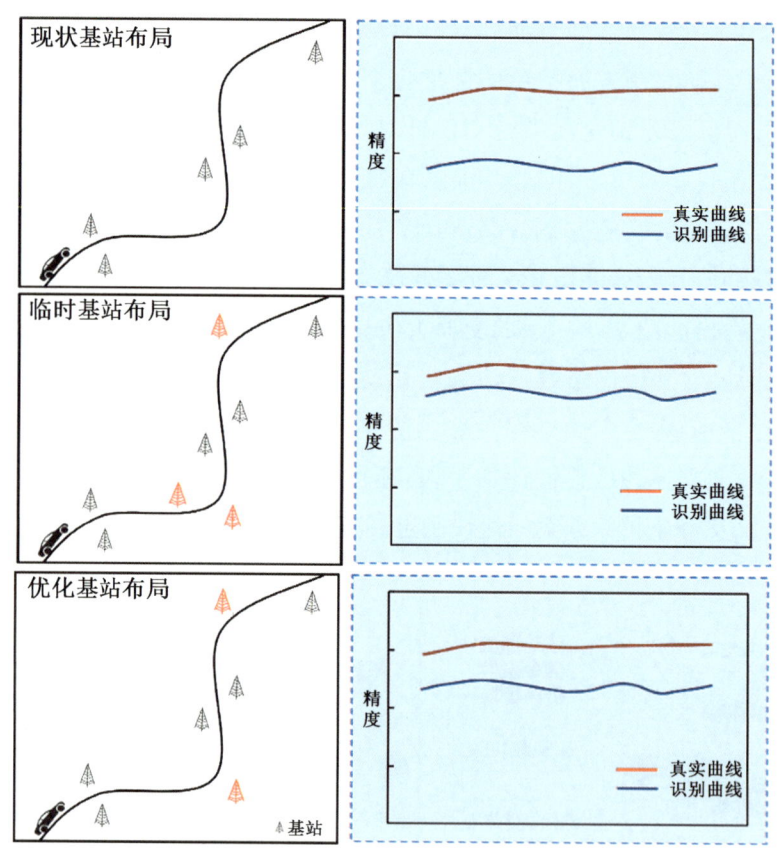

图 8-2　不同基站布局网络下数据采集精度效果提升

图 8-2 所示为通过大仿真体系探索不同基站布局网络下数据采集精度效果示意。由本书可知，交通信息挖掘可靠度强依赖于基站网络的布局，但现阶段通信基站网络布局仅考虑通话连续性与质量服务，部分区域的出行特征提取效果有限。而通过对基站布

局位置点位、基站数量、方向角等基站关键参数进行模拟仿真，研究人员能够提取不同基站布局方案下的交通出行端点、出行方式、出行分布和出行流量等交通出行信息，并结合交通标准和规范要求对交通信息提取精度和可靠度进行评估。最终，面向智慧交通的通信基站网络布局协同优化技术方法得以形成，以支撑运营商的可移动式临时基站布设调整与固定基站设备建设。

参 考 文 献

[1] CALABRESE F, DI LORENZO G, LIU L, et, al. Estimating origin-destination flows using mobile phone location data[J]. IEEE Pervasive Computing, 2011, 10(4): 36-44.

[2] TSUI S Y A, SHALABY A S. Enhanced system for link and mode identification for personal travel surveys based on global positioning systems[J]. Transportation Research Record: Journal of the Transportation Research Board, 2006, 1972(1): 38-45.

[3] SCHLAICH J, OTTERSTATTER T, FRIEDRICH M. Generating trajectories from mobile phone data[C]//Proceedings of the 89th annual meeting compendium of papers, Transportation Research Board of the National Academies. 2010.

[4] WANG M H, SCHROCK S D, VANDER BROEK N, et, al. Estimating dynamic origin-destination data and travel demand using cell phone network data[J]. International Journal of Intelligent Transportation Systems Research, 2013, 11(2): 76-86.

[5] 吴亦政. 基于手机定位信息和出行调查的动态OD获取方法[D]. 北京: 北京交通大学, 2014.

[6] 宋璐. 基于手机定位数据的交通OD分布研究[D]. 南京: 东南大学, 2015.

[7] ZHENG Y. Trajectory data mining: an overview[J]. ACM Transactions on Intelligent Systems and Technology, 2015, 6(3): 1-41.

[8] NI L, WANG X, CHEN X. A spatial econometric model for travel flow analysis and real-world applications with massive mobile phone data[J]. Transportation Research Part C: Emerging Technologies, 2018, 86: 510-526.

[9] 杨飞, 姜海航, 姚振兴, 等. 基于手机信令数据的出行端点识别效果评估[J]. 西南交通大学学报, 2021, 56(5): 928-936.

[10] POONAWALA H, KOLAR V, BLANDIN S, et, al. Singapore in motion: insights on public transport service level through farecard and mobile data analytics[C]//the 22nd ACM SIGKDD International Conference. 2016.

[11] WANG H, CALABRESE F, LORENZO G D, et, al. Transportation mode inference from anonymized and aggregated mobile phone call detail records[C]//International IEEE Conference on Intelligent Transportation Systems. 2010.

[12] ALEXANDER L, JIANG S, MURGA M, et, al. Origin-destination trips by purpose and time of day inferred from mobile phone data[J]. Transportation Research Part C: Emerging Technologies, 2015, 58: 240-250.

[13] CHEN C, BIAN L, MA J. From traces to trajectories: How well can we guess activity locations

from mobile phone traces？[J]. Transportation Research Part C：Emerging Technologies，2014，46：326-337.

[14] 吴子啸. 基于手机数据的出行链推演算法[J]. 城市交通，2019，17(3)：11-18.

[15] JIANG H，YANG F，ZHU X，et，al. Improved F-DBSCAN for trip end identification using mobile phone data in combination with base station density［J］. Journal of Advanced Transportation，2022，2022：1-17.

[16] BERNSTEIN D，KORNHAUSER A L. An Introduction to map matching for personal navigation assistants[C]. 1996.

[17] WHITE C E，BERNSTEIN D，KORNHAUSER A L. Some map matching algorithms for personal navigation assistants[J]. Transportation Research Part C：Emerging Technologies，2000，8(1-6)：91-108.

[18] TAYLOR G，BLEWITT G，STEUP D，et，al. Road reduction filtering for GPS-GIS navigation [J]. Transactions in GIS，2001，5(3)：193-207.

[19] HUABEI YIN，WOLFSON O. A weight-based map matching method in moving objects databases ［C］//Proceedings. 16th International Conference on Scientific and Statistical Database Management，2004. Santorini Island，Greece：IEEE，2004：437-438.

[20] BLAZQUEZ C A，VONDEROHE A P. Simple Map-matching algorithm applied to intelligent winter maintenance vehicle data［J］. Transportation Research Record：Journal of the Transportation Research Board，2005，1935(1)：68-76.

[21] QUDDUS M A，NOLAND R B，OCHIENG W Y. A high accuracy fuzzy logic based map matching algorithm for road transport[J]. Journal of Intelligent Transportation Systems，2006，10(3)：103-115.

[22] PINK O，HUMMEL B. A statistical approach to map matching using road network geometry，topology and vehicular motion constraints［C］//2008 11th International IEEE Conference on Intelligent Transportation Systems. Beijing，China：IEEE，2008：862-867.

[23] OBRADOVIC D，LENZ H，SCHUPFNER M. Fusion of map and sensor data in a modern car navigation system[J]. The Journal of VLSI Signal Processing Systems for Signal，Image，and Video Technology，2006，45(1-2)：111-122.

[24] WU C，THAI J，YADLOWSKY S，et，al. Cell path：fusion of cellular and traffic sensor data for route flow estimation via convex optimization[J]. Transportation Research Procedia，2015，7：212-232.

[25] BONNETAIN L，FURNO A，EL FAOUZI N E，et，al. TRANSIT：Fine-grained human mobility trajectory inference at scale with mobile network signaling data[J]. Transportation Research Part C：Emerging Technologies，2021，130：103257.

[26] 杨飞. 基于手机切换定位的道路行程车速采样提取技术研究[M]. 北京：科学出版社，2013.

[27] 赖见辉. 基于移动通信定位数据的交通信息提取及分析方法研究[D]. 北京：北京工业大学，2014.

[28] LV M，CHEN L，SHEN Y，et，al. Measuring cell-id trajectory similarity for mobile phone route classification[J]. Knowledge-Based Systems，2015，89：181-191.

[29] 周常勇. 基于移动信令数据的城市交通出行轨迹匹配技术[D]. 成都：西南交通大学，2016.

[30] LI S，LI G，CHENG Y，et，al. Urban arterial traffic status detection using cellular data without cellphone GPS information[J]. Transportation Research Part C：Emerging Technologies，2020，114：446-462.

[31] GUO Y，YANG F，JIN P J，et，al. Vehicle travel path recognition in urban dense road network environments by using mobile phone data[J]. Transportmetrica A：Transport Science，2021：1-21.

[32] SOHN T，VARSHAVSKY A，LAMARCA A，et，al. Mobility detection using everyday GSM traces[M]//DOURISH P，FRIDAY A. UbiComp 2006：Ubiquitous Computing. Berlin，Heidelberg：Springer，2006，4206：212-224.

[33] 张博. 基于手机网络定位的OD调查的出行方式划分研究[D]. 北京：北京交通大学.

[34] XU D，SONG G，GAO P，et，al. Transportation modes identification from mobile phone data using probabilistic models[M]//TANG J，KING I，CHEN L，et，al. Advanced Data Mining and Applications. Berlin，Heidelberg：Springer，2011，7121：359-371.

[35] HO K C，CHAN Y T. Solution and performance analysis of geolocation by TDOA[J]. IEEE Transactions on Aerospace and Electronic Systems，1993，29(4)：1311-1322.

[36] DANAFAR S，PIORKOWSKI M，KRYSCZCUK K. Bayesian framework for mobility pattern discovery using mobile network events[C]//2017 25th European Signal Processing Conference (EUSIPCO). Kos，Greece：IEEE，2017：1070-1074[2022-03-06].

[37] 钟舒琦，邓如丰，邓红平，等. 基于兴趣点与导航数据的手机信令数据出行方式识别[J]. 中山大学学报：自然科学版，2020，59(3)：10.

[38] LAI W K，KUO T H，CHEN C H. Vehicle speed estimation and forecasting methods based on cellular floating vehicle data[J]. Applied Sciences，2016，6(2)：47.

[39] SHEN LI；GUOFA LI；YANG Cheng；Bin Ran. Urban arterial traffic status detection using cellular data without cellphone GPS information. Transportation research part C：emerging technologies，2020，114：446-462.

[40] XU D，WEI C，PENG P，et al. GE-GAN：A novel deep learning framework for road traffic state estimation[J]. Transportation Research Part C Emerging Technologies，2020，117：102635.

[41] Z. YANG，J. ZHENG，W. YU，Y. Xiao，J. Li and T. Li，Car-Following Behavior Based on LiDAR Trajectory Data at Urban Intersections[J]. IEEE Systems Journal，18(1)：438-449.

[42] DENG Y，CAO Q，REN G，et al. Vehicle trajectory reconstruction incorporating probe and fixed

sensor data[J]. Journal of Transportation Engineering, Part A. Systems, 2023(9): 149.

[43] UMTS Forum [EB]. http://www.umts-forum.org/.

[44] 陈晓光. 基于手机信令数据的出行端点识别误差与交通小区划分尺度研究[D]. 成都: 西南交通大学, 2020.

[45] 胡永恺. 基于手机信令的轨道交通乘客出行行为分析方法研究[D]. 南京: 东南大学, 2017.

[46] CHIN K, HUANG H, HORN C, et al. Inferring fine-grained transport modes from mobile phone cellular signaling data[J]. Computers, Environment and Urban Systems, 2019, 77: 101348.

[47] BOLBOL A, CHENG T, TSAPAKIS I, et, al. Inferring hybrid transportation modes from sparse GPS data using a moving window SVM classification[J]. Computers, Environment and Urban Systems, 2012, 36(6): 526-537.

[48] BANTIS T, HAWORTH J. Who you are is how you travel: A framework for transportation mode detection using individual and environmental characteristics[J]. Transportation Research Part C: Emerging Technologies, 2017, 80: 286-309.

[49] ZHOU Y, YANG C, ZHU R. Identifying trip ends from raw GPS data with a hybrid spatio-temporal clustering algorithm and random forest model: a case study in Shanghai[J]. Transportation Planning and Technology, 2019, 42(8): 739-756.

[50] YANG J, KANG S, CHON K. The map matching algorithm of GPS data with relatively long polling time intervals[J]. Journal of the Eastern Asia Society for Transportation Studies, 2005, 6: 2561-2573.

[51] WANG Z, HE S Y, LEUNG Y. Applying mobile phone data to travel behaviour research: A literature review[J]. Travel Behaviour and Society, 2018, 11: 141-155.

[52] CALABRESE F, DIAO M, DI LORENZO G, et al. Understanding individual mobility patterns from urban sensing data: A mobile phone trace example[J]. Transportation Research Part C: Emerging Technologies, 2013, 26: 301-313.

[53] JIANG S, FIORE G A, YANG Y, et al. A review of urban computing for mobile phone traces: Current methods, challenges and opportunities [C]//Proceedings of the ACM SIGKDD International Conference on Knowledge Discovery and Data Mining, 2013.

[54] CALABRESE F, COLONNA M, LOVISOLO P, et al. Real-time urban monitoring using cell phones: A case study in Rome[J]. IEEE Transactions on Intelligent Transportation Systems, 2011, 12(1): 141-151.

[55] WANG F, CHEN C. On data processing required to derive mobility patterns from passively-generated mobile phone data[J]. Transportation Research Part C: Emerging Technologies, 2018, 87: 58-74.

[56] BREIMAN L. Random Forest[J]. Machine Learning, 2001, 45(1): 5-32.

[57] LU Z, LONG Z, XIA J, et, al. A random forest model for travel mode identification based on

mobile phone signaling data[J]. Sustainability, 2019, 11(21): 5950.

[58] CHENG L, CHEN X, DE VOS J, et. al. Applying a random forest method approach to model travel mode choice behavior[J]. Travel Behaviour and Society, 2019, 14: 1-10.

[59] REBOLLO J J, BALAKRISHNAN H. Characterization and prediction of air traffic delays[J]. Transportation Research Part C: Emerging Technologies, 2014, 44: 231-241.

[60] YIN D, CHEN T, LI J, et. al. Road traffic prediction based on base station location data by Random Forest[C]//2018 3rd International Conference on Communication and Electronics Systems (ICCES). Coimbatore, India: IEEE, 2018: 264-270.

[61] QUINLAN J R. Induction of decision trees[J]. Machine Learning, 1986, 1(1): 81-106.

[62] HOCHREITER S, SCHMIDHUBER J. Long short-term memory [J]. Neural Computation, 1997, 9(8): 1735-1780.

[63] L LIU F G, ZHENG J Z, ZHENG L L, et al. Combining attention-based bidirectional gated recurrent neural network and two-dimensional convolutional neural network for document-level sentiment classification[J]. Neurocomputing, 2020, 371: 39-50.

[64] 韩恒贵. 基于深度学习的 IGBT 故障预测研究[D]. 北京: 北京交通大学, 2019.

[65] 刘洋. 基于 GRU 神经网络的时间序列预测研究[D]. 成都: 成都理工大学, 2017.

[66] BAUM L E, EAGON J A. An inequality with applications to statistical estimation for probabilistic functions of Markov processes and to a model for ecology[J]. Bulletin of the American Mathematical Society, 1967, 73(3): 360-363.

[67] VITERBI A. Error bounds for convolutional codes and an asymptotically optimum decoding algorithm[J]. IEEE Transactions on Information Theory, 1967, 13(2): 260-269.

[68] 中华人民共和国国务院. 国务院关于调整城市规模划分标准的通知[EB]. (2014-10-29). http://www.gov.cn/zhengce/content/2014-11/20/content_9225.htm.

[69] 中国主要城市道路网密度与运行状态监测报告(2021年)[R]. 住房和城乡建设部城市交通基础设施监测与治理实验室, 2021.

[70] 章玉, 于雷叫, 赵娜乐, 等. SPSA 算法在微观交通仿真模型 VISSIM 参数标定中的应用[J]. 交通运输系统工程与信息, 2010, 10(4): 44-49.

[71] CHEN B, SONG Y, JIANG T, et al. Real-time estimation of population exposure to PM2.5 using mobile- and station-based big data[J]. International Journal of Environmental Research and Public Health, 2018, 15(4).

[72] 陈小鸿, 陈先龙, 李彩霞, 等. 基于手机信令数据的居民出行调查扩样模型[J]. 同济大学学报: 自然科学版, 2021, 49(1): 86-96.

[73] 唐小勇, 周涛, 刘晏霖. 基于手机信令的重庆主城职住关系评价[J]. 城乡规划: 城市地理学术版, 2016(A01): 276-279,290.

[74] 刘杰, 胡显标, 傅丹丹, 等. 基于无线通信网络的人员出行信息分析系统设计与应用[J]. 公路交通

科技,2009(S1):151-154.

[75] 吴祥国,余清星,韦翀. 大数据背景下重庆市综合交通模型维护升级[J]. 城市交通,2016,14(2):51-58.

[76] WIDHALM P,YANG Y,ULM M,et al. Discovering urban activity patterns in cell phone data[J]. Transportation,2015,42(4):597-623.

[77] 韩昭蓉,黄廷磊,任文娟,等. 基于Bi-LSTM模型的轨迹异常点检测算法[J]. 雷达学报,2019,8(1):36-43

[78] NEEDLEMAN S B,WUNSCH C D. A general method applicable to the search for similarities in the amino acid sequence of two proteins[J]. Journal of molecular biology,1970,48(3):443-453.

[79] NEWSON P,KRUMM J. Hidden markov map matching through noise and sparseness[C]// Proceedings of the 17th ACM SIGSPATIAL International Conference on Advances in Geographic Information Systems — GIS'09. Seattle,Washington:ACM Press,2009:336.

[80] YUAN J,ZHENG Y,ZHANG C,et,al. An Interactive-voting based map matching algorithm[C]//2010 Eleventh International Conference on Mobile Data Management. Kansas City,MO,USA:IEEE,2010:43-52.

[81] MOHAMED R,ALY H,YOUSSEF M. Accurate real-time map matching for challenging environments[J]. IEEE Transactions on Intelligent Transportation Systems,2017,18(4):847-857.

[82] MIWA T,KIUCHI D,YAMAMOTO T,et,al. Development of map matching algorithm for low frequency probe data[J]. Transportation Research Part C:Emerging Technologies,2012,22:132-145.

[83] SONG R,LU W,SUN W,et,al. Quick map matching using multi-core CPUs[C]// Proceedings of the 20th International Conference on Advances in Geographic Information Systems — SIGSPATIAL'12. Redondo Beach,California:ACM Press,2012:605.

[84] 成都市交通发展研究院. 成德眉资区域出行报告[R]. 成都:成都市交通发展研究院,2021.

[85] 毛海虓. 中国城市居民出行特征研究[D]. 北京:北京工业大学,2005.

[86] ROSE J G. The calibration of trip distribution models-a new philosophy[J]. Urban Studies,1975,12(3):335-338.

[87] 都国报,廖勇,郭倩倩. 空间重力模型标定方法与使用范围的研究[J]. 铁道运输与经济,2009,31(001):87-90.

[88] 闫小勇. 一种改进的重力模型标定方法[J]. 交通信息与安全,2003,21(004):93-95.

[89] HYMAN,M G. The calibration of trip distribution models[J]. Environment & Planning,2008,1(1):105-112.

[90] KENNEDY J,EBERHART R C. Particle swarm optimization[C]//IEEE International Conference on Neural Networks. 1995.

[91] PEARSON D F, STOVER V G, BENSON J D. A procedure for estimation of trip length frequency distributions: Report No.: TTI-2-10-74-17-1[R]. Texas Transport Institute, 1974.

[92] CELIK H M. Sample size needed for calibrating trip distribution and behavior of the gravity model [J]. Journal of Transport Geography, 2010, 18(1): 183-190.

[93] TIERNEY K, DECKER S, PROUSSALOGLOU K, et, al. Travel survey manual [M]. Cambridge Systematics, Washington D. C., 1996.

[94] 蒋远, 汤利民. TD-LTE原理与网络规划设计[M]. 北京: 人民邮电出版社, 2012.